2014 职(执)业资格考试辅导丛书

Gonglu Gongcheng Shiyan Jiance Renyuan Kaoshi

Moni Lianxi yu Tijie

公路工程试验检测人员考试
模拟练习与题解

Cailiao

(一)《材料》

张爱勤　温淑莲　朱　霞　编

人民交通出版社

内 容 提 要

本书依照《公路水运工程试验检测人员考试大纲》(2014 年版),根据公路工程试验检测人员考试《材料》科目的要求编写了大量练习题,并配有两套模拟试题。

本书适合于公路工程试验检测人员考前复习之用。

图书在版编目(CIP)数据

公路工程试验检测人员考试模拟练习与题解. 1, 材料 / 张爱勤, 温淑莲, 朱霞编. —北京 : 人民交通出版社, 2013.3

ISBN 978-7-114-10486-2

Ⅰ. ①公… Ⅱ. ①张… ②温… ③朱… Ⅲ. ①道路工程—试验—资格考试—题解②道路工程—检测—资格考试—题解③道路工程—工程材料—材料试验—资格考试—题解④道路工程—工程材料—检测—资格考试—题解 Ⅳ. ①U41-44②U414.03-44

中国版本图书馆 CIP 数据核字(2013)第 058796 号

书　　名:公路工程试验检测人员考试模拟练习与题解(一)《材料》
著 作 者:张爱勤　温淑莲　朱　霞
责任编辑:毛　鹏　刘永超
出版发行:人民交通出版社
地　　址:(100011)北京市朝阳区安定门外外馆斜街 3 号
网　　址:http://www.ccpress.com.cn
销售电话:(010)59757973
总 经 销:人民交通出版社发行部
经　　销:各地新华书店
印　　刷:北京市密东印刷有限公司
开　　本:787 × 1092　1/16
印　　张:15.75
字　　数:378 千
版　　次:2013 年 3 月　第 1 版
印　　次:2014 年 5 月　第 2 次印刷
书　　号:ISBN 978-7-114-10486-2
定　　价:36.00 元

前　言

为更好地推进公路工程试验检测人员考试的顺利开展，不断提高试验检测从业人员的专业技术水平和整体素质，2007年人民交通出版社组织编写了《公路工程试验检测人员考试模拟练习与题解》系列丛书。《材料》作为其中的一个分册，在七年的使用中受到了试验检测应试人员的普遍欢迎。

2014年，交通运输部重新修订了《公路水运工程试验检测人员考试大纲》(2014年版)，除相关考试内容有所变化外，考试题型与2013年的考试题型相同，分为单选题、判断题、多选题、综合题四种类型，且试卷全部采用客观题的考核形式。

为满足广大应考者的备考需要，本书在上一版的基础上做了精心设计与针对性的修改。特色如下：本书主要分为练习题与模拟试题两大部分。在练习题部分增加了综合题，以客观题的形式编写，并在答案中附有详细的题解。问答与计算题仍然以主观题的形式给出，目的在于采用这种形式可以为应考者提供比较全面和系统的知识，更加利于应考人员系统而细致地复习；在模拟试题部分，全部采用客观题的形式编写，与2014年新版考试大纲的题型完全一致。只要应考者认真对待练习题部分所涉及的知识，便可以信心百倍地迎接模拟试题部分自我测验的挑战。

本书的编写，在内容和形式上紧扣2014年新版《公路水运工程试验检测人员考试大纲》，按单选题、判断题、多选题和综合题四种类型编写了大量的实用性的练习题与考试模拟试题，以帮助应考者在百忙中进行针对性的复习与自测。

本书在内容上以适度的基本理论知识为基础，注重实际操作和实际应用知识的训练，以提高应考者分析和解决工程实际问题的能力。相信通过本书的学习，能够有效地提高应考者的学习效率，积极地促进试验检测从业人员的专业技术和整体素质提升，以适应日益发展的公路工程建设的需求。

本书由山东交通学院土木工程学院张爱勤、温淑莲、朱霞编写，具体分工为：

张爱勤编写集料、水泥和水泥混凝土、沥青和沥青混合料、钢材、石料部分，并负责全书的统稿与修订工作；温淑莲编写土工、土工合成材料部分；朱霞编写基层、底基层材料部分。

在本书的修订中，吸纳了广大读者和人民交通出版社反馈的宝贵意见，修正了一些错误，增补了新的考点与题型，使本书得到了进一步完善，在此谨表衷心的感谢。

预祝应考者取得好的考试成绩！

编　者

2014 年 4 月

目　录

第一部分　考 试 说 明

第二部分　练　习　题

第三部分　练习题答案与题解

第四部分 模拟试题

第五部分 模拟试题答案

第一部分 考 试 说 明

一、考试说明

（一）考试大纲

具体内容请查阅《公路水运工程试验检测人员考试大纲》(2013 年版)。

（二）考试题型

《材料》考试题型共有四种形式：单选题、判断题、多选题和综合题。

1. 单选题：每道题目有四个备选项，要求参考人员通过对题干的审查理解，从四个备选项中选出唯一的正确答案。每题 1 分。

2. 判断题：每道题目列出一个可能的事实，通过审题给出该事实是正确还是错误的判断。每题 1 分。

3. 多选题：每道题目所列备选项中，有 2 个或 2 个以上正确答案，每题 2 分。选项全部正确得满分，选项部分正确按比例得分，出现错误选项该题不得分。

4. 综合题：设 5 大题 25 小题，内容包括试验检测原理、试验操作、案例分析及计算题等。每小题有四个备选项，要求考生从中选出一个或一个以上正确答案，每小题 2 分，选项全部正确得分，出现漏选或错误选项均不得分。

（三）科目设置

《材料》每套试卷设置单选题 30 道、判断题 30 道、多选题 20 道、综合题 5 道，总计 150 分，考试时间 120 分钟。

（四）考试内容比例

《材料》科目考试包括：土工试验 20%，集料 10%，水泥和水泥混凝土 25%，沥青和沥青混合料 25%，基层、底基层材料 5%，钢材 5%，石料 5%，土工合成材料 5%。

二、参考资料

试验检测工程师（员）

1. 中华人民共和国行业标准. 公路土工试验规程(JTG E40—2007). 北京：人民交通出版社，2007.

2. 中华人民共和国行业标准. 公路工程集料试验规程(JTG E42—2005). 北京：人民交通出版社，2005.

3. 中华人民共和国行业标准. 公路工程沥青及沥青混合料试验规程(JTG E20—2011). 北京：人民交通出版社，2011.

4. 中华人民共和国行业标准. 公路工程水泥及水泥混凝土试验规程(JTG E30—2005). 北京：人民交通出版社，2005.

5. 中华人民共和国国家标准. 通用硅酸盐水泥(GB 175—2007). 北京：中国标准出版社，2007.

6. 中华人民共和国行业标准. 公路工程无机结合料稳定材料试验规程（JTG E51—2009）. 北京：人民交通出版社,2009.

7. 中华人民共和国行业标准. 公路工程岩石试验规程（JTG E41—2005）. 北京：人民交通出版社,2005.

8. 中华人民共和国行业标准. 公路工程土工合成材料试验规程（JTG E50—2006）. 北京：人民交通出版社,2006.

9. 中华人民共和国行业标准. 公路沥青路面施工技术规范（JTG F40—2004）. 北京：人民交通出版社,2004.

10. 中华人民共和国行业标准. 公路水泥混凝土路面施工技术规范（JTG F30—2003）. 北京：人民交通出版社,2003.

11. 中华人民共和国行业标准. 公路路面基层施工技术规范（JTJ 034—2000）. 北京：人民交通出版社,2010.

12. 中华人民共和国行业标准. 公路路基施工技术规范（JTG F10—2006）. 北京：人民交通出版社,2006.

13. 中华人民共和国国家标准. 金属材料　拉伸试验　第1部分：室温试验方法（GB/T 228.1—2010）. 北京：中国标准出版社,2010.

14. 中华人民共和国国家标准. 金属材料　弯曲试验方法（GB/T 232—2010）. 北京：中国标准出版社,2010.

15. 中华人民共和国国家标准. 混凝土外加剂（GB 8076—2008）. 北京：中国标准出版社,2008.

16. 中华人民共和国国家标准. 混凝土外加剂应用技术规范（GB 50119—2003）. 北京：中国标准出版社,2013.

17. 中华人民共和国行业标准. 建筑砂浆基本性能试验方法标准（JGJ/T 70—2009）. 北京：中国建筑工业出版社,2009.

18. 中华人民共和国行业标准. 砌筑砂浆配合比设计规程（JGJ/T 98—2010）. 北京：中国建筑工业出版社,2010.

19. 中华人民共和国行业标准. 普通混凝土配合比设计规程（JGJ 55—2011）. 北京：中国建筑工业出版社,2011.

20. 中华人民共和国国家标准. 水泥化学分析方法（GB/T 176—2008）. 北京：中国标准出版社,2008.

21. 交通部公路科学研究院. 公路工程水泥混凝土外加剂与掺合料应用技术指南（交公便字[2006]02号）. 北京：人民交通出版社,2006.

22. 中华人民共和国国家标准. 建设用卵石、碎石（GB/T 14685—2011）. 北京：中国标准出版社,2011.

23. 中华人民共和国国家标准. 建设用砂（GB/T 14684—2011）. 北京：中国标准出版社,2011.

24. 中华人民共和国国家标准. 水泥标准稠度用水量、凝结时间、安定性检验方法（GB/T 1346—2011）. 北京：中国标准出版社,2011.

25. 中华人民共和国行业标准. 公路桥涵施工技术规范(JTG/T F50—2011). 北京:人民交通出版社,2011.

26. 中华人民共和国国家标准. 钢筋混凝土用钢 第1部分:热轧光圆钢筋(GB 1499.1—2008). 北京:中国标准出版社,2008.

27. 中华人民共和国国家标准. 钢筋混凝土用钢 第2部分:热轧带肋钢筋(GB 1499.2—2007). 北京:中国标准出版社,2007.

28. 中华人民共和国国家标准. 钢筋混凝土用钢 第3部分:钢筋焊接网(GB/T 1499.3—2010). 北京:中国标准出版社,2010.

29. 中华人民共和国行业标准. 钢筋焊接及验收规程(JGJ 18—2012). 北京:中国建筑工业出版社,2012.

30. 中华人民共和国行业标准. 钢筋焊接接头试验方法标准(JGJ/T 27—2001). 北京:中国建筑工业出版社,2001.

31. 中华人民共和国行业标准. 公路土工合成材料应用技术规范(JTG/T D32—2012). 北京:人民交通出版社,2012.

32. 交通运输部工程质量监督局,交通运输部职业资格中心. 公路工程试验检测人员考试用书 材料. 北京:人民交通出版社,2014.

第二部分　练　习　题

一、单项选择题 （四个备选项中只有一个正确答案，每题1分）

1. 土工筛粗细筛的分界粒径是（ ）。

A. 0.5mm B. 0.074mm C. 2mm D. 0.075mm

2. 做液塑限试验时，土应过（ ）筛孔。

A. 2mm B. 0.5mm C. 0.25mm D. 5mm

3. 粗粒组含量多于总质量（ ）的土为粗粒土。

A. 50% B. 30% C. 40% D. 60%

4. 重型击实试验击实锤质量为（ ）。

A. 4.5kg B. 2.5kg C. 5kg D. 5.5kg

5. 塑性指数表达式为（ ）。

A. $I_p = w_L - w_p$ B. $I_p = w_p - w_L$

C. $I_p = \frac{w - w_p}{w_L - w_p}$ D. $I_p = \frac{w - w_L}{w_L - w_p}$

6. 含粗粒越多的土，其最大干密度越（ ）。

A. 大 B. 小 C. 不变 D. 不一定

7. 塑限试验时土中有机质含量不大于（ ）。

A. 2% B. 0.5% C. 0.25% D. 5%

8. 土的含水率试验标准方法是（ ）。

A. 酒精燃烧法 B. 烘干法 C. 比重法 D. 风干法

9. 压缩试验土样侧向（ ）。

A. 无变形 B. 有变形 C. 无限制 D. 不一定

10. 承载板法测土的回弹模量时，每次加载时间为（ ）。

A. 1h B. 1min C. 10min D. 30min

11. 土的压缩系数 a 表达式为（ ）。

A. $a = \frac{e_1 - e_2}{p_2 - p}$ B. $a = \frac{e_1 - e_2}{\lg p_2 - \lg p_1}$

C. $a = \frac{1 + e_1}{E_s}$ D. $\frac{1 + e_1}{a}$

12. 筛分法与沉降分析法的分界粒径是（ ）。

A. 2mm B. 0.074mm C. 0.5mm D. 5mm

13. 交通部《公路土工试验规程》（JTG E40—2007）规定液塑限试验锥重与入土时间为（ ）。

A. 100g，5s B. 100g，10s C. 76g，8s D. 76g，10s

14. 用烘干法测土的含水率时，烘箱温度为（ ）。

A. 100～105℃ B. 105～110℃

C. 100 ~ 110℃　　D. 90 ~ 95℃

15. 承载比一般采用贯入量(　)时的单位压力与标准压力之比。

A. 2.5mm　　B. 5mm　　C. 3mm　　D. 4.5mm

16. 土的压缩指数 C_c 的表达式为(　)。

A. $C_c = \frac{e_1 - e_2}{p_2 - p_1}$　　B. $C_c = \frac{e_1 - e_2}{\lg p_2 - \lg p_1}$

C. $C_c = \frac{1 + e_1}{E_s}$　　D. $C_c = \frac{1 + e_1}{a}$

17. 击实曲线位于饱和曲线(　)。

A. 左下侧　　B. 右上侧　　C. 交叉　　D. 右下侧

18. 下列哪种土宜采用干筛分法进行颗粒分析？(　)

A. 无凝聚性土　　B. 含黏粒砂砾土

C. 粒径小于 0.074mm 的土　　D. 上述土均可

19. 下列哪种土宜采用水筛分法进行颗粒分析？(　)

A. 无凝聚性土　　B. 含黏粒砂砾土

C. 粒径小于 0.074mm 的土　　D. 上述土均可

20. 已知某土液限 $w_L = 40\%$，塑限 $w_p = 20\%$，则该土塑性指数为(　)。

A. 15　　B. 20　　C. 20%　　D. 30

21. 测某土含水率时，盒 + 湿土质量为 200g，烘干后盒 + 干土质量为 150g，盒质量为 50g，该土含水率为(　)。

A. 50%　　B. 33%　　C. 40%　　D. 无法计算

22. 环刀法测土密度，环刀与土合质量为 205g，环刀质量为 100g，环刀容积为 100cm^3，则土的密度为(　)。

A. 1.05g/cm^3　　B. 0.95g/cm^3　　C. 1.25g/cm^3　　D. 1.35g/cm^3

23. 土的干密度表达式为(　)。

A. $\rho_d = \frac{\rho}{1 + e}$　　B. $\rho_d = \frac{\rho}{1 + w}$

C. $\rho_d = \frac{\rho}{1 + \rho_s}$　　D. $\rho_d = \frac{\rho}{1 + \rho_{sat}}$

24. 已知某土 $d_{10} = 0.02$mm，$d_{30} = 0.25$mm，$d_{60} = 0.35$mm，则该土的不均匀系数为(　)。

A. 25　　B. 17.5　　C. 20　　D. 15

25. 已知某土 $d_{10} = 0.02$mm，$d_{30} = 0.25$mm，$d_{60} = 0.35$mm，则该土的曲率系数为(　)。

A. 11.3　　B. 8.9　　C. 10.6　　D. 2.3

26. 下列哪种试验方法可测定土的液限？(　)

A. 滚搓法　　B. 液塑限联合测定法

C. 收缩试验　　D. 缩限试验

27. 液塑限联合测定，锥入时间为(　)。

A. 10s　　B. 5s　　C. 8s　　D. 15s

28. 用100g锥测定土的界限含水率，土达液限时，锥入深度为（ ）。

A. 10mm B. 20mm C. 15mm D. 25mm

29. 下列哪个指标可以判断土层天然固结状态？（ ）

A. 先期固结压力 B. 固结系数

C. 压缩模量 D. 压缩指数

30. 土的CBR值指试料贯入量达2.5mm时，单位压力对哪种材料压入相同贯入量时荷载强度的比值？（ ）

A. 标准砂 B. 标准碎石

C. 标准材料 D. 标准合成材料

31. 做CBR试验时，为求得最大干密度与最佳含水率，应采用哪种击实试验方法？（ ）

A. 重型 B. 轻型

C. 重型或轻型均可 D. 无法确定

32. CBR试验，泡水后试件吸水量 W_a 为（ ）。

A. W_a = 泡水后试件质量 - 泡水前试筒和试件质量

B. W_a = 泡水前试筒和试件质量 - 泡水后试筒和试件质量

C. W_a = 泡水后试筒和试件质量 - 泡水后试筒质量

D. W_a = 泡水后试筒和试件质量 - 泡水前试筒和试件质量

33. 固结试验预压荷载为（ ）。

A. 2.0kPa B. 10kPa C. 1.0kPa D. 5.0kPa

34. 直剪试验慢剪速度为（ ）。

A. 0.2mm/min B. 0.02mm/min

C. 0.08mm/min D. 0.8mm/min

35. 由直剪试验结果可知，土的黏聚力 c 为（ ）。

A. 纵坐标上的截距 B. 直线的倾角

C. 直线的斜率 D. 直线峰点值

36. 做CBR试验时，荷载板共需加几块？（ ）

A. 6块 B. 4块 C. 8块 D. 10块

37. 承载板法测土的回弹模量时，预压应进行（ ）。

A. 1min B. 1~2min C. 2min D. 3min

38. 测定土的回弹模量时，每级荷载下的回弹变形值为（ ）。

A. 加载读数 - 卸载读数 B. 加载后读数 - 加载前读数

C. 卸载后读数 - 卸载前读数 D. 以上均不正确

39. 测定土的回弹模量时，卸载多久进行读数？（ ）

A. 1min B. 1~2min C. 2min D. 3min

40. 进行酸碱度试验时，需制备土悬液，该悬液土样应过多大孔径筛？（ ）

A. 1mm B. 2mm C. 0.074mm D. 0.5mm

41. 酸碱度试验时，土悬液土水比为（ ）。

A. 1∶3 B. 1∶4 C. 1∶5 D. 1∶6

42. 直剪试验得到的直线是强度指标的确定依据，该直线是哪两个量的关系线？（　）

A. 位移与强度　B. 位移与剪应力
C. 垂直压力与抗剪强度　D. 抗剪强度与干密度

43. 进行土的烧失量试验时，试验温度为（　）。

A. 900℃　B. 950℃　C. 980℃　D. 1000℃

44. 已知某烘干土样质量为1.790g，灼烧后质量为1.726g，则烧失量为（　）。

A. 4.532%　B. 3.536%　C. 4.326%　D. 3.526%

45. 渗透试验目的是测定土的哪个指标？（　）

A. 水头梯度　B. 渗透系数
C. 渗透流量　D. 水头差

46. 下列哪个指标能反映土的可塑性大小？（　）

A. 液性指数　B. 塑性指数
C. 塑限　D. 液限

47. 哪个指标可以判定黏土所处的稠度状态？（　）

A. 液性指数　B. 塑性指数
C. 塑限　D. 液限

48. 下列哪个指标能反映土中水充满孔隙的程度？（　）

A. 含水率　B. 饱和度
C. 孔隙比　D. 孔隙率

49. 当土的饱和度为1时，该土称为（　）。

A. 完全干燥土　B. 完全饱和土
C. 天然土　D. 特殊土

50. 当土的饱和度为0时，该土称为（　）

A. 完全干燥土　B. 完全饱和土
C. 天然土　D. 特殊土

51. 土的三相中，不计其质量的一相是（　）。

A. 液相　B. 固相　C. 气相　D. 每相都计质量

52. 反应土渗透性强弱的指标是（　）。

A. 水头梯度　B. 渗透系数　C. 渗透速度　D. 渗透流量

53. 下列哪个指标反映级配曲线上土粒分布范围？（　）

A. 曲率系数　B. 不均匀系数　C. 塑性指数　D. 粒径

54. 下列哪个指标反映级配曲线上土粒分布形状？（　）

A. 曲率系数　B. 不均匀系数
C. 塑性指数　D. 粒径

55. 塑性图是哪两个指标的关系曲线？（　）

A. $h_p—w_L$　B. $I_p—w_P$　C. $w_P—w_L$　D. $I_p—w_L$

56. 手捻试验可测定细粒土的哪方面性质？（　）

A. 强度　B. 粒度成分　C. 塑性　D. 密实度

57. 搓条试验时,土条搓得越细而不断裂,则土的塑性( )。

A. 越高　　B. 越低

C. 与土条粗细无关　　D. 上述答案均不正确

58. 制备土样时,已知试样湿土质量为 m,含水率为 w,则该土样干土重为( )。

A. $m_s = m \times (1 + w)$　　B. $m_s = \frac{m}{1 + w}$

C. $m_s = m - m \times w$　　D. 以上答案均不正确

59. 今预制备含水率为 w 的试件,现有土含水率为 w_L,质量为 m,需加多少水可制备预定含水率的试件?( )

A. $m_w = (w - w_L) \times m$　　B. $m_w = \frac{m}{1 + w_L} \times (w - w_L)$

C. $m_w = \frac{m}{1 + w} \times (w - w_L)$　　D. $m_w = m(1 + w) \times (w - w_L)$

60. 制备某体积为 V 的试件,试件要求干密度为 ρ_d,含水率为 w,则制备该试件所需湿土质量为( )。

A. $m = (1 + w)\rho_d \times V$　　B. $m = \rho_d \times V$

C. $m = \frac{\rho_d \times V}{1 + w}$　　D. $m = \rho_d \times V \times w$

61. 蜡封法测土的密度,已知试件质量为 62.59g,蜡封试件质量为 65.86g,蜡封试件水中质量为 27.84g,蜡体积为 3.56cm^3,水密度为 1g/cm^3,则该土密度为( )。

A. 1.82g/cm^3　　B. 1.79g/cm^3

C. 1.84g/cm^3　　D. 1.81g/cm^3

62. 灌砂法测定土的干密度,已知试洞中湿土质量为 4031g,试洞内灌进砂质量为 2233.6g,标准砂密度为 1.28g/cm^3,则该土密度为( )。

A. 2.12g/cm^3　　B. 2.29g/cm^3

C. 2.31g/cm^3　　D. 2.35g/cm^3

63. 已知某土饱和密度为 2.38g/cm^3,水密度为 1g/cm^3,则该土浮密度为( )。

A. 2.38g/cm^3　　B. 3.38g/cm^3

C. 1.38g/cm^3　　D. 2.06g/cm^3

64. 孔隙比是指( )。

A. $e = V_v/V_s$　　B. $e = V_v/V$　　C. $e = V_s/V_v$　　D. $e = V_s/V$

65. 做液塑限联合测定试验时,由液限查得塑限锥入深度 h_p,由 h_p 在 h-w 关系线(两条线)上查得两个含水率,其数值分别为 10% 与 14%,则该土塑限为( )。

A. 10%　　B. 14%　　C. 12%　　D. 试验作废

66. 液塑限联合测定试验中,测某含水率下土样锥入深度,应测( )。

A. 1 次　　B. 2 次　　C. 3 次　　D. 4 次

67. 做筛分试验时,各级筛上和筛底土总质量与筛前试样质量之差,不应大于( )。

A. 1%　　B. 2%　　C. 3%　　D. 5%

68. 土的简易鉴别方法，可用哪种方法代替筛分法确定土粒组成？（ ）

A. 搓条法　　B. 目测法

C. 手捻法　　D. 摇振反应

69. 通过手捻试验结果，下列哪种土的塑性高？（ ）

A. 稍有滑腻感，有砂粒，捻面稍有光泽　　B. 手感滑腻，无砂，捻面光滑

C. 稍有黏性，砂感强，捻面粗糙　　D. 无法判断

70. 搓条试验，将含水率略大于塑限的湿土块揉捏并搓成土条，下列哪种土的塑性高？（ ）

A. 能搓成 1mm 土条　　B. 能搓成 1～3mm 土条

C. 能搓成 3mm 土条　　D. 无法判断

71. 液塑限试验，若三点不在同一条直线上，应如何处理？（ ）

A. 试验作废　　B. 通过液限点与其他两点连成两条直线

C. 连成三角形　　D. 以上说法均不正确

72. 用 100g 锥，测定土的界限含水率时，土的塑限锥入深度如何确定？（ ）

A. 5mm　　B. 10mm

C. 由液限查 w_1-h_p 曲线查得　　D. 无法确定

73. 滚搓法测土的塑限，土条搓至直径达多少时，产生裂缝并开始断裂时土的含水率为塑限？（ ）

A. 2mm　　B. 3mm　　C. 5mm　　D. 1mm

74. 击实试验时，击实功按下式计算（ ）。

A. 锤重×落高×击数　　B. 筒体积×击数

C. 落高×锤重　　D. 锤重×击数×筒高

75. 击实曲线左段与右段的关系为（ ）。

A. 左陡右缓　　B. 左缓右陡

C. 两段相同　　D. 不一定

76. 渗透试验整理出的关系线是哪两个量的关系线？（ ）

A. e-k　　B. Q-k　　C. Q-V　　D. q-Q

77. 土中粗、细粒组含量相同时，土定名为（ ）。

A. 粗粒土　　B. 细粒土

C. 中粒土　　D. 以上均不对

78. 某种土，不均匀系数 $C_u=3$，曲率系数 $C_c=2$，则该土级配（ ）。

A. 不良　　B. 良好　　C. 一般　　D. 合格

79. 每种土都有成分代号，当由两个基本代号构成时，第一个代号表示土的（ ）。

A. 副成分　　B. 主成分

C. 次要成分　　D. 没有意义

80. 每种土都有成分代号，当由三个基本代号构成时，第一个代号表示土的（ ）。

A. 副成分　　B. 主成分

C. 次要成分　　D. 没有意义

81. 每种土都有成分代号，当由两个基本代号构成时，第二个代号表示土的（ ）。

A. 副成分　　B. 主成分
C. 次要成分　　D. 没有意义

82. 土的最佳含水率与下列哪个含水率比较接近？（ ）

A. 液限　　B. 塑限
C. 天然含水率　　D. 饱和状态时含水率

83. 下列哪种土的含水率可以用密度法测定？（ ）

A. 黏质土　　B. 砂类土
C. 粉质土　　D. 细粒土

84. 司笃克斯定理认为，土粒粒径增大，则土粒在水中沉降速度（ ）。

A. 不变　　B. 加快
C. 减慢　　D. 没有关系

85. 同一种土的密度 ρ、土颗粒密度 ρ_s、干密度 ρ_d 三者之间的关系是：（ ）。

A. $\rho > \rho_s > \rho_d$　　B. $\rho_s > \rho > \rho_d$
C. $\rho_d > \rho_s > \rho$　　D. $\rho > \rho_d > \rho_s$

86. 下列哪个条件满足时，水的密度为 $1g/cm^3$？（ ）

A. 4℃时蒸馏水　　B. 4℃时纯净水
C. 0℃时饮用水　　D. 4℃时饮用水

87. 土的相对密度在数值上等于（ ）。

A. 土颗粒密度　　B. 土的密度
C. 土的干密度　　D. 土的饱和密度

88. 砂土处于最疏松状态时，其孔隙比为（ ）。

A. e_{max}　　B. e_{min}　　C. e　　D. D_r

89. 蜡封试件空中质量与水中质量之差，数值上等于（ ）（$\rho_w = 1g/cm^3$）。

A. 蜡封试件的体积　　B. 蜡的体积
C. 试件（不包括蜡）的体积　　D. 蜡的质量

90. 灌砂法测试洞的体积是通过什么方法求得的？（ ）

A. 灌进标准砂的质量　　B. 挖出土的质量
C. 灌砂筒的质量　　D. 含水率测定

91. 筛分试验时，取总土质量 300g，筛完后，各级筛及筛底筛余量之和为 290g，则该试验结果（ ）。

A. 满足要求　　B. 试验作废
C. 无法判断　　D. 以上说法均不正确

92. 计算土的级配指标时，d_{60} 指（ ）。

A. 通过率是 40% 所对应的粒径　　B. 通过率是 60% 所对应的粒径
C. 通过率是 30% 所对应的粒径　　D. 上述答案均不正确

93. 黏土中掺加砂土，则土的最佳含水率将（ ）。

A. 升高　　B. 降低　　C. 不变　　D. 无法确定

94. 下列关于缩限的说法，正确的是（　）。

A. 土的含水率达缩限后再降低，土体积不变

B. 土的含水率达缩限后再提高，土体积不变

C. 土的含水率达缩限后再降低，土强度不变

D. 土的含水率达缩限后再提高，土强度不变

95. 已知某砂土 $e_{max}=1.40$，$e_{min}=0.70$，$e=1.10$，则相对密实度 D_r 为（　）。

A. 0.56　B. 0.43　C. 0.48　D. 0.40

96. 常水头渗透试验，500s 渗透流量为 $100m^3$，两测压孔高度为 10cm，水位差为 2.0cm，土样断面积为 $70cm^2$，则渗透系数为（　）。

A. 0.014cm/s　B. 0.025cm/s　C. 0.7cm/s　D. 0.56cm/s

97. 当给土不断增加击实功，土是否能被击实至饱和状态？（　）

A. 能　B. 不能

C. 无法确定　D. 上述答案均不正确

98. 土被击实时，土被压密，土体积缩小，是因为（　）。

A. 土中水和气体排出　B. 气体排出

C. 水排出　D. 土颗粒被压小

99. 表示垂直荷载作用下，土抵抗垂直变形能力的指标是（　）。

A. 回弹模量　B. 压缩模量

C. 压缩系数　D. 压缩指数

100. 土的固结速度与下列哪个指标有关？（　）

A. 渗透系数　B. 内摩擦角

C. 黏聚力　D. 承载比

101. 地基土固结完成后，不施加其他荷载，地基土是否会继续沉降？（　）

A. 会　B. 不会

C. 不一定　D. 上述答案均不正确

102. 下列哪种土不宜用环刀法测其密度？（　）

A. 黏质土　B. 细粒土　C. 粗粒土　D. 粉质土

103. 下列哪种土毛细水上升最高？（　）

A. 砂土　B. 黏质土　C. 粉质土　D. 砂类土

104. 下列用于评定土基承载能力的指标是（　）。

A. 塑性指数　B. 渗透系数

C. CBR 值　D. 曲率系数

105. 某土黏聚力 $c=10kPa$，内摩擦角 $\varphi=30°$，在 100kPa 压力作用下，其抗剪强度为（　）。

A. 67.74kPa　B. 80.56kPa　C. 69.56kPa　D. 75.36kPa

106. 下列几种土中，哪种土的黏聚力最大？（　）

A. 砂土　B. 砾石　C. 粉土　D. 黏土

107. 下列哪个工程问题与土的强度有关？（　）

A. 边坡稳定　B. 流沙　C. 管涌　D. 冻土

108. 压实土在什么状态下水稳定性最好？（ ）

A. 偏干 B. 最佳含水率 C. 偏湿 D. 不确定

109. 土工合成材料的常规厚度是指在多大压力下的试样厚度？（ ）

A. 20kPa B. 2kPa C. 200kPa D. 100kPa

110. 测定土工织物厚度时,试样加压后多久读数？（ ）

A. 5s B. 10s C. 20s D. 30s

111. 下列哪个指标表征土工织物的孔径特征？（ ）

A. 孔径 B. 有效孔径 C. 渗透系数 D. 通过率

112. 土工合成材料的有效孔径 O_{90} 表示（ ）。

A. 占总重 90% 的土颗粒通过该粒径 B. 占总重 10% 的土颗粒通过该粒径

C. 占总重 95% 的土颗粒通过该粒径 D. 占总重 5% 的土颗粒通过该粒径

113. 测定土工织物厚度时,试件数量取（ ）。

A. 10 件 B. 15 件 C. 20 件 D. 30 件

114. 测定土工织物拉伸性能的试验是（ ）。

A. 宽条拉伸试验 B. 窄条拉伸试验

C. 条带拉伸试验 D. 接头/接缝宽条拉伸试验

115. 土工合成材料的有效孔径试验采用的方法是（ ）。

A. 水筛分 B. 干筛分

C. 渗透试验 D. 沉降分析试验

116. 下列哪种叙述是表达土工合成材料接头/接缝效率的？（ ）

A. 接头/接缝强度与在同方向上所测定的土工合成材料的强度之比

B. 由缝合或接合两块或多块土工合成材料所形成的联结处的最大抗拉力

C. 两块或多块土工合成材料缝合起来的连续缝迹

D. 两块或多块土工合成材料,除缝合外的其他方法接合起来的联结处

117. 下列哪个试验属于土工合成材料的力学性能试验？（ ）

A. 厚度测定试验 B. 有效孔径试验

C. 单位面积质量试验 D. 直剪摩擦特性试验

118. 测定土工织物厚度时,下列哪个压力不是规定压力？（ ）

A. 2kPa B. 20kPa C. 200kPa D. 100kPa

119. 下列哪个指标表达土抵抗压缩变形能力的？（ ）

A. 压缩系数 B. 压缩模量

C. 压缩指数 D. 先期固结压力

120. 下列关于水头梯度的说法,哪个正确？（ ）

A. 沿水流方向单位长度上的水头差 B. 两点之间的水头差

C. 起点与终点间的水头差 D. 以上说法均不正确

121. 从下列哪条曲线上作图可确定土的先期固结压力？（ ）

A. e-p B. e-lg$p$ C. p-s D. p-l

122. 土在固结过程中,随着时间的增长,变形量将如何变化？（ ）

A. 不变　　B. 变小　　C. 变大　　D. 不一定

123. 工程上常用 a_{1-2} 评价土层压缩性，该指标的压力区间是(　)。

A. 50 ~ 100kPa　　B. 200 ~ 300kPa

C. 300 ~ 400kPa　　D. 100 ~ 200kPa

124. 直剪试验剪切面是(　)。

A. 人为固定　　B. 实际破裂面

C. 任意面　　D. 不确定

125. 土作为三相体，受到外荷载时，哪相承担的力为有效应力？(　)

A. 水　　B. 气体　　C. 土颗粒　　D. 不一定

126. 石料的抗压强度是以标准试件在(　)状态下，单轴受压的极限抗压强度来表示的。

A. 潮湿　　B. 干燥　　C. 自然　　D. 饱水

127. 石料单轴抗压强度试验，要求石料试件自由浸水(　)h。

A. 12　　B. 24　　C. 48　　D. 72

128. 石料抗压强度试验，施加在饱水石料试件上的应力速率应在(　)MPa/s 的限度内。

A. 0.1 ~ 0.5　　B. 0.5 ~ 0.8

C. 0.5 ~ 1.0　　D. 1.0 ~ 1.3

129. 用切石机（或钻石机）从岩石试样或岩芯中钻取标准试件，用于单轴抗压强度试验一组应取(　)个试件。

A. 2　　B. 3　　C. 5　　D. 6

130. 公路工程用石料抗冻性一般要求其耐冻系数大于(　)，质量损失率不大于 5%，同时试件应无明显缺损（包括剥落、裂缝和边角损坏等情况）。

A. 0.7　　B. 0.75　　C. 0.8　　D. 0.85

131. 用于洛杉矶磨耗试验的钢球，直径约 48mm，质量为(　)g。

A. 405 ~ 450　　B. 400 ~ 450

C. 350 ~ 500　　D. 350 ~ 400

132. 粗集料洛杉矶磨耗试验，将称取的试样装入磨耗机的圆筒中，加入钢球(　)个，总质量为 5000g ± 50g。

A. 10　　B. 12　　C. 13　　D. 15

133. 粗集料洛杉矶磨耗试验，要求加入的钢球总质量为(　)。

A. 5000g ± 50g　　B. 5000g ± 10g

C. 5500g ± 50g　　D. 5500g ± 5g

134. 粗集料洛杉矶磨耗试验要求磨耗机以 30 ~ 33r/min 的转速转动(　)转后停止，取出试样。

A. 350　　B. 400　　C. 450　　D. 500

135. 粗集料经洛杉矶式磨耗机磨耗取出后，应选(　)mm 的方孔筛，筛去试样中被撞击磨碎的石屑。

A. 2.36　　B. 1.25　　C. 1.6　　D. 1.7

136. 粗集料的磨耗率取两次平行试验结果的算术平均值作为测定值。两次试验的误差应不大于( ),否则须重做试验。

A. 1% B. 2% C. 3% D. 5%

137. 路用石料抗压强度试验的标准试件可以选用边长为 50mm ±2mm 的正立方体,还可以选取( )试件。

A. 直径与高均为 50mm ±2mm 的圆柱体 B. 直径与高均为 55mm ±2mm 的圆柱体
C. 边长 200mm 的正立方体 D. 高径比为 2:1 的圆柱体

138. 石料的软化系数是石料( )与石料干燥状态下的抗压强度的比值。

A. 饱水状态下的抗拉强度 B. 饱水状态下的抗压强度
C. 自然状态下的抗拉强度 D. 自然状态下的抗压强度

139. 桥梁工程用石料抗压强度试验的标准试件,采用边长为( )的正立方体试件。

A. 50mm B. 70.7mm C. 150mm D. 70mm

140. 石料的含水率是石料在( )温度下烘至恒重时所失去水的质量与石料干质量的比值百分率。

A. 105℃ B. 110℃
C. 105 ~110℃ D. 100 ~110℃

141. 沥青混合料中,粗细集料的分界粒径是( )mm,水泥混凝土集料中,粗细集料的分界粒径是( )mm。

A. 2.36,2.36 B. 4.75,4.75 C. 2.36,4.75 D. 4.75,2.36

142. 集料试验所需要的试样最小质量通常根据( )确定。

A. 集料最大粒径 B. 集料公称最大粒径
C. 4.75mm 粒径 D. 2.36mm 粒径

143. 粗集料在混合料中起( )作用。

A. 骨架 B. 填充 C. 堆积 D. 分散

144. 粗集料压碎值试验,应将试样分两层装入圆模内,每装完一层试样后,在底盘下面垫放一直径为 10mm 的圆钢,按住筒左右交替颠击地面各( )下。

A. 20 B. 25 C. 50 D. 75

145. 粗集料的密度、表观密度、毛体积密度的大小顺序为( )。

A. 毛体积密度 > 表观密度 > 密度 B. 密度 > 毛体积密度 > 表观密度
C. 密度 > 表观密度 > 毛体积密度 D. 表观密度 > 毛体积密度 > 密度

146. 采用静水天平测定粗集料表观密度的试验温度应为 15 ~25℃,试验过程中温度波动不应超过( )。

A. 1℃ B. 2℃ C. 3℃ D. 5℃

147. SMA 沥青混合料的配合比设计的关键参数之一是 VCA_{DRC},VCA_{DRC} 是采用( )计算的。

A. 毛体积密度、振实密度 B. 表观密度、捣实密度
C. 表观密度、振实密度 D. 毛体积密度、捣实密度

148. 粗集料坚固性试验,从第二次循环开始,浸泡与烘干时间均为 4h,共循环( )次。

A. 4 B. 5 C. 7 D. 10

149. 粗集料针、片状颗粒含量试验，对于粒径大于（　）mm 的碎石或卵石可用卡尺检测。

A. 40　B. 37.5　C. 31.5　D. 25

150. 路用石料的强度等级是依据（　）指标划分的。

A. 压碎值、磨耗率　B. 冲击值、磨耗值、磨光值

C. 饱水抗压强度、磨光值　D. 饱水抗压强度、磨耗率

151. 细度模数是采用 0.15 ~ 4.75mm 粒度范围的细集料的（　）参数计算的。

A. 筛余质量　B. 分计筛余

C. 累计筛余　D. 通过率

152. 某粗集料经筛分试验，53mm、37.5mm 筛上的通过量均为 100%，31.5mm 筛上的筛余量为 15%，则该粗集料的最大粒径和公称最大粒径分别为（　）。

A. 37.5mm、37.5mm　B. 53mm、31.5mm

C. 37.5mm、31.5mm　D. 31.5mm、31.5mm

153. 洛杉矶磨耗试验对于粒度级别为 B 的试样，使用钢球的数量和总质量分别为（　）。

A. 12 个，5000g ± 25g　B. 11 个，4850g ± 25g

C. 8 个，3330g ± 20g　D. 11 个，5000g ± 20g

154. 细度模数为 3.0 ~ 2.3 的砂为（　）。

A. 粗砂　B. 中砂　C. 细砂　D. 特细砂

155. 开级配沥青混凝土按连续级配原则设计，但其粒径递减系数与密级配设计原则相比（　）。

A. 较大　B. 较小　C. 相等　D. 无变化规律

156. 配制混凝土用砂要求尽量采用（　）的砂。

A. 空隙率小　B. 总表面积小

C. 总表面积大　D. 空隙率和总表面积均较小

157. Ⅰ区砂宜提高砂率以配制（　）混凝土。

A. 低流动性　B. 大流动性

C. 黏聚性好的　D. 保水性好的

158. 细度模数相同的两种砂，其级配（　）。

A. 一定相同　B. 一定不同

C. 不一定相同　D. 无法比较

159. 普通混凝土用砂的细度模数范围一般在（　），以其中的中砂为宜。

A. 3.7 ~ 3.1　B. 3.0 ~ 2.3

C. 2.2 ~ 1.6　D. 3.7 ~ 1.6

160. 标准套筛的筛孔是按（　）递减的方式设置的。

A. 1/2　B. 1/3　C. 1/4　D. 1/5

161. 填料指粒径小于（　）mm 的矿物质粉末，在矿质混合料中起填充作用。

A. 0.6　B. 0.3　C. 0.15　D. 0.075

162. 同一种粗集料，测得的密度 ρ、视密度 ρ_S 和自然堆积密度 ρ_f，存在的关系为（　）。

A. $\rho_S > \rho > \rho_f$　B. $\rho_f > \rho_S > \rho$

C. $\rho > \rho_S > \rho_f$　　D. $\rho_S = \rho = \rho_f$

163. 现从工地取砂样240g，测得含水率为3%的砂，则干燥后的质量为(　)g。

A. 247　　B. 233　　C. 7　　D. 226

164. 石料的饱水率较吸水率(　)，而两者的计算方法(　)。

A. 大，相似　　B. 小，相似

C. 大，不同　　D. 小，不同

165. 为保证沥青混合料的强度，在选择石料时应优先考虑(　)。

A. 酸性石料　　B. 碱性石料

C. 中性石料　　D. 以上均可

166. 最大密度曲线 n 幂公式解决了矿质混合料在实际配制过程中的(　)问题。

A. 连续级配　　B. 间断级配

C. 级配曲线　　D. 级配范围

167. 最大密度曲线理论提出了一种理想的(　)曲线。

A. 连续级配　　B. 间断级配

C. 开级配　　D. 密级配

168. 细集料的筛分试验应进行两次平行试验，以平均值作为测定值。如两次试验所得的细度模数之差大于(　)，应重新进行试验。

A. 0.02　　B. 0.01　　C. 0.2　　D. 0.3

169. 现称量500g砂样进行筛分试验，应要求所有各筛的分计筛余质量和筛底的总质量与500g砂样之差不得超过(　)g，否则，应重新进行试验。

A. 0.5　　B. 1　　C. 2　　D. 5

170. 采用容量瓶法测定砂的表观密度，若两次平行试验结果之差值大于(　)g/cm^3，应重新取样进行试验。

A. 0.01　　B. 0.02　　C. 0.05　　D. 0.1

171. 矿粉的密度试验通常采用(　)法测定。

A. 李氏比重瓶　　B. 容量瓶

C. 比重计　　D. 静水天平

172. 细集料的水洗法筛分试验，0.075mm的筛余质量应为(　)。

A. 试验前砂样烘干质量 - 水洗后砂样烘干质量

B. 水洗后砂样烘干质量

C. 水洗后砂样烘干质量 - 筛底试样质量

D. 筛底试样质量

173. 高速行驶的车辆对路面抗滑性提出了较高的要求，(　)越高，抗滑性越好。

A. 压碎值　　B. 磨光值　　C. 磨耗值　　D. 冲击值

174. 下列(　)的磨光值最高。

A. 石灰岩　　B. 花岗岩　　C. 砂岩　　D. 玄武岩

175. 级配是集料大小颗粒的搭配情况，它是影响集料(　)的重要指标。

A. 粒径　　B. 压碎性　　C. 粒级　　D. 空隙率

176. 矿粉的筛分试验应采用(　)试验方法。

A. 负压筛　B. 干筛　C. 水洗　D. 水筛

177. 测定矿粉的密度及相对密度，用于检验矿粉的质量，为(　)配合比设计提供必要的参数。

A. 沥青混合料　B. 水泥混凝土
C. 水泥稳定碎石　D. 二灰稳定碎石

178. 矿粉的密度及相对密度试验，同一试样应平行试验两次，取平均值作为试验结果。两次试验结果的差值不得大于(　)g/cm^3。

A. 0.01　B. 0.02　C. 0.05　D. 0.1

179. 粗集料表观密度试验中，将试样浸水24h，是为了消除(　)的影响。

A. 空隙　B. 孔隙
C. 开口孔隙　D. 闭口孔隙

180. 集料的含泥量是指集料中粒径小于或等于(　)的尘屑、淤泥、黏土的总含量。

A. 0.3mm　B. 0.15mm　C. 0.08mm　D. 0.075mm

181. 目前主要采用(　)筛析试验方法检测水泥的细度。

A. 手筛　B. 水筛　C. 干筛　D. 负压筛

182. 采用负压筛析法检测水泥细度试验前，首先应调节负压至(　)Pa 范围内。

A. 1000～2000　B. 2000～4000
C. 4000～6000　D. 6000～8000

183. 现行规程规定，采用维卡仪测定水泥标准稠度用水量，以试杆距底板的距离为(　)作为水泥净浆达到标准稠度的判定标准。

A. 3mm±1mm　B. 4mm±1mm
C. 5mm±1mm　D. 6mm±1mm

184. 采用维卡仪测定水泥初凝时间，以试针距底板的距离为(　)作为水泥净浆达到初凝状态的判定标准。

A. 3mm±1mm　B. 4mm±1mm
C. 5mm±1mm　D. 6mm±1mm

185. 水泥现行技术标准规定硅酸盐水泥的初凝时间不得早于(　)。

A. 30min　B. 45min　C. 1h　D. 1.5h

186. 生产水泥需要加入石膏以调节水泥的凝结速度，石膏的用量必须严格控制，否则过量的石膏会造成水泥(　)现象。

A. 安定性不良　B. 凝结速度加快
C. 凝结速度减慢　D. 强度降低

187. 42.5R 为早强型水泥，其特点是(　)的强度较42.5普通型水泥高。

A. 3d　B. 7d　C. 14d　D. 28d

188. 采用雷氏夹法试验判定水泥体积安定性，当两个试件煮后增加距离($C-A$)平均值不超过5.0mm时，安定性合格；当两个试件($C-A$)平均值超过(　)mm时，应重做一次试验。以复检结果为准。

A. 3. 0　　B. 4. 0　　C. 5. 0　　D. 4. 5

189. 以水泥检测报告为验收依据时，水泥封存样应密封保管的时间为(　)个月。

A. 一　　B. 二　　C. 三　　D. 四

190. 采用标准维卡仪进行水泥标准稠度用水量试验，维卡仪滑动部分的总质量为(　)。

A. 200g ±2g　　B. 200g ±1g　　C. 300g ±2g　　D. 300g ±1g

191. 水泥标准稠度用水量试验，试验室温度为20℃ ±2℃，相对湿度不低于(　)，湿气养护箱的温度为20℃ ±1℃，相对湿度不低于(　)。

A. 60%，90%　　B. 50%，90%

C. 60%，95%　　D. 55%，95%

192. 水泥胶砂强度检验方法(ISO 法)规定，制备水泥胶砂试样的比例为水泥∶标准砂∶水 =(　)。

A. 1∶3∶0.5　　B. 1∶3∶0.45

C. 1∶2.5∶0.5　　D. 1∶2.5∶0.45

193. 生产水泥要将水泥熟料、部分混合材料(或不加入混合材料)和适量的石膏共同磨细，加入石膏主要是为了起到(　)作用。

A. 降低成本　　B. 提高细度

C. 改善化学性质　　D. 缓凝

194. 高湿度环境或水下环境的混凝土应优先选择(　)。

A. 硅酸盐水泥　　B. 普通水泥

C. 矿渣水泥　　D. 粉煤灰水泥

195. C40 以上的混凝土应优先选择(　)。

A. 硅酸盐水泥　　B. 普通水泥

C. 矿渣水泥　　D. 粉煤灰水泥

196. 厚大体积混凝土不宜使用(　)。

A. 硅酸盐水泥　　B. 普通水泥

C. 矿渣水泥　　D. 粉煤灰水泥

197. 现行试验规程采用(　)法进行水泥胶砂强度试验。

A. 雷氏夹　　B. 维卡仪　　C. 沸煮　　D. ISO

198. 水泥胶砂抗压强度试验夹具的受压面积为(　)。

A. 40mm ×60mm　　B. 30mm ×50mm

C. 40mm ×40mm　　D. 60mm ×60mm

199. 水泥抗折强度以一组三个试件抗折结果的平均值为试验结果。当 3 个强度中有超出平均值(　)的，应剔除后再取平均值作为抗折强度试验结果。

A. ±5%　　B. ±10%　　C. ±15%　　D. ±20%

200. 水泥抗压强度以一组 6 个断块试件抗压强度结果的平均值为试验结果。当 6 个强度中有一个超出平均值(　)时，应剔除后再取剩余 5 个值的平均值作为试验结果。如果 5 个值中再有超出平均值(　)的，则该组试件无效。

A. ±5%，±5%　　B. ±10%，±5%

C. ±10%，±10%　　D. ±15%，±10%

201. 测定水泥 3d 强度，则 3d 龄期应从水泥加水拌和开始算起，试件应在 3d ±（　）内进行强度试验。

A. 15min　　B. 30min　　C. 45min　　D. 2h

202. 水泥 28d 强度应从水泥加水拌和开始算起，试件在 28d ±（　）内必须进行强度试验。

A. 30min　　B. 45min　　C. 2h　　D. 8h

203. 水泥采用分割法取样，对袋装水泥，每 1/10 编号从一袋中取至少（　）kg。

A. 2　　B. 4　　C. 6　　D. 8

204. 水泥采用分割法取样，对散装水泥，每 1/10 编号在（　）min 内取至少 6kg。

A. 5　　B. 10　　C. 15　　D. 20

205. 在水泥细度试验中，试验筛的标定要求为修正系数应在（　）范围内，否则试验筛应予以淘汰。

A. 1.0 ~1.2　　B. 0.8 ~1.2

C. 0.8 ~1.5　　D. 1.0 ~1.5

206. 测定水泥的初凝时间，当临近初凝时，应每隔（　）min 测一次；当临近终凝时，应每隔（　）min 测一次。

A. 5，5　　B. 5，15　　C. 15，15　　D. 15，30

207. 用调整水量法测定水泥标准稠度用水量时，以试锥下沉（　）时的净浆为标准稠度净浆。

A. 28mm ±2mm　　B. 30mm ±1mm

C. 30mm ±5mm　　D. 32mm ±5mm

208. 水泥安定性试验，调整好沸煮箱内的水位，沸煮试件应保证在 30min ±5min 内加热水至沸腾，并恒沸（　）。

A. 3h ±5min　　B. 3h ±15min

C. 5h ±5min　　D. 5h ±15min

209. 国家标准规定：袋装水泥检验时，每批的总量应不超过（　）t。

A. 100　　B. 200　　C. 400　　D. 500

210. 不掺加混合材料的硅酸盐水泥代号为（　）。

A. P. I　　B. P. II　　C. P. O　　D. P. P

211. 水泥安定性试验有争议时，应以（　）为准。

A. 试饼法　　B. 雷氏夹法

C. 沸煮法　　D. 调整水量法

212. 采用代用法测定水泥标准稠度用水量，经验公式 $P = 33.4 - 0.185S$ 中的 S 表示（　）。

A. 加水量　　B. 标准稠度

C. 试杆距底板的距离　　D. 试锥下沉深度

213. 用沸煮法检验水泥体积安定性，只能检查出（　）的影响。

A. 游离 CaO　　B. 游离 MgO　　C. 石膏　　D. SO_3

214. 确定终凝时间是为了保证(　)。

A. 混凝土搅拌　　B. 混凝土运输

C. 混凝土浇捣　　D. 施工进度

215. 水泥胶砂试件成型环境应为(　)。

A. 温度20℃ ±2℃,相对湿度应为50%

B. 温度20℃ ±2℃,相对湿度应为90%

C. 温度20℃ ±1℃,相对湿度应为50%

D. 温度20℃ ±1℃,相对湿度应为90%

216. 水泥胶砂强度试件在抗压试验时,规定以(　)的速率均匀加载直至破坏。

A. 240N/s ±20N/s　　B. 2400N/s ±200N/s

C. 500N/s ±100N/s　　D. 50N/s ±5N/s

217. 水泥胶砂3d强度试验应在(　)时间里进行。

A. 72h ±30min　　B. 72h ±45min

C. 72h ±1h　　D. 72h ±3h

218. 根据硅酸盐水泥的(　)强度分为早强型和普通型两种水泥。

A. 3d　　B. 7d　　C. 14d　　D. 28d

219. 水泥胶砂强度试验的标准试件尺寸为(　)。

A. 150mm ×150mm ×150mm　　B. 40mm ×40mm ×160mm

C. 70.7mm ×70.7mm ×70.7mm　　D. 50mm ×50mm ×50mm

220. 混凝土坍落度试验,要求混凝土拌和物分三层装入坍落度筒,每次插捣(　)次。

A. 15　　B. 20　　C. 25　　D. 50

221. 坍落度试验适用于公称最大粒径不大于31.5mm,坍落度不小于(　)mm的混凝土。

A. 5　　B. 10　　C. 15　　D. 20

222. 当混凝土拌和物的坍落度大于220mm时,用钢尺测量混凝土扩展后最终的最大直径和最小直径,在两者之差小于(　)mm的条件下,用其算术平均值作为坍落扩展度值。

A. 20　　B. 30　　C. 40　　D. 50

223. 采用贯入阻力试验方法测定混凝土的凝结时间,通过绘制贯入阻力—时间关系曲线,当贯入阻力为(　)MPa时,对应确定混凝土的初凝时间;当贯入阻力为28MPa时,对应确定混凝土的终凝时间。

A. 2.5　　B. 3.0　　C. 3.5　　D. 4.0

224. 砌筑砂浆配合比设计的试配强度$f_{m,o}=kf_2$,式中的f_2指砂浆的(　)。

A. 抗压强度　　B. 抗压强度标准值

C. 强度标准差　　D. 抗压强度平均值

225. 水泥混凝土试件成型后,应在成型好的试模上覆盖湿布,并在室温20℃ ±5℃、相对湿度大于(　)的条件下静置1~2d,然后拆模。

A. 40%　　B. 50%　　C. 75%　　D. 95%

226. 将混凝土试件的成型侧面作为受压面置于压力机中心并对中,施加荷载时,对于强度等级为C30~C60的混凝土,加载速度取(　)MPa/s。

A. 0.3 ~ 0.5　　B. 0.5 ~ 0.8
C. 0.8 ~ 1.0　　D. 1.0

227. 混凝土抗折试验时，对于强度等级小于 C30 的混凝土，加载速度应为（　）MPa/s。
A. 0.02 ~ 0.05　　B. 0.05 ~ 0.08
C. 0.08 ~ 0.10　　D. 0.10

228. 混凝土抗压强度或者抗折强度的试验结果，均以三个试件测定值的算术平均值作为测定结果。若两个测定值与中值的差超过中值的（　），则该组试验结果作废。
A. 5%　　B. 10%　　C. 15%　　D. 20%

229. 选择压力机合适的加载量程，一般要求达到的最大破坏荷载应在所选量程的（　）之间。
A. 50% 左右　　B. 30% ~ 70%
C. 20% ~ 80%　　D. 10% ~ 90%

230. 混凝土抗压强度标准试件的尺寸为（　）。
A. 50mm × 50mm × 50mm　　B. 100mm × 100mm × 100mm
C. 150mm × 150mm × 150mm　　D. 200mm × 200mm × 200mm

231. 桥用 C40 的混凝土，经设计配合比为水泥：水：砂：碎石 = 380：175：610：1300，采用相对用量可表示为（　）。
A. 1：1.61：3.42；W/C = 0.46　　B. 1：0.46：1.61：3.42
C. 1：1.6：3.4；W/C = 0.46　　D. 1：0.5：1.6：3.4

232. 在水泥强度等级确定的情况下，混凝土的水灰比越大，其强度（　）。
A. 不变　　B. 越小　　C. 越大　　D. 不定

233. 水泥混凝土抗压强度试验结果要求，当三个试件中任何一个测值与中值之差超过中值的（　）时，则取中值为测定值。
A. 10%　　B. 15%　　C. 20%　　D. 25%

234. 水泥混凝土抗压强度试验时应连续均匀加载，当混凝土强度等级 ≥ C30，且 < C60 时，加荷速度应采用（　）MPa。
A. 0.2 ~ 0.5　　B. 0.3 ~ 0.5　　C. 0.5 ~ 0.8　　D. 0.8 ~ 1.0

235. 在拌制混凝土过程中掺入外加剂能改善混凝土的性能，一般掺量不大于水泥质量的（　）。
A. 1%　　B. 2%　　C. 3%　　D. 5%

236. 水泥混凝土抗折强度试验标准试件尺寸为（　）。
A. 100mm × 100mm × 400mm　　B. 100mm × 100mm × 550mm
C. 150mm × 150mm × 400mm　　D. 150mm × 150mm × 550mm

237. 水泥混凝土抗折强度是以标准尺寸的梁形试件，在标准养护条件下达到规定龄期后，采用（　）加荷方式进行弯拉破坏试验，并按规定的计算方法得到的强度值。
A. 三分点　　B. 双点　　C. 单点　　D. 跨中

238. 进行水泥混凝土抗折强度试验，首先应擦干试件表面，检查试件，如发现试件中部（　）长度内有蜂窝等缺陷，则该试件废弃。

A. 1/2　　B. 1/3　　C. 1/4　　D. 1/5

239. 在普通气候环境中配制普通水泥混凝土应优先选用(　)。

A. 硅酸盐水泥　　B. 普通水泥

C. 矿渣水泥　　D. 粉煤灰水泥

240. 水泥混凝土路面应优先选用(　)。

A. 硅酸盐水泥　　B. 普通水泥

C. 矿渣水泥　　D. 粉煤灰水泥

241. 根据经验,水泥强度等级与普通混凝土强度等级之间大致有(　)的匹配关系。

A. 0.9 ~ 1.5　　B. 1.0 ~ 1.3

C. 1.0 ~ 1.5　　D. 1.1 ~ 1.5

242. 水泥混凝土劈裂抗拉强度试验可采用(　)标准试件。

A. 立方体或圆柱体　　B. 圆柱体

C. 棱柱体　　D. 立方体

243. 影响混凝土强度的决定性因素是(　)。

A. 集料的特性　　B. 水灰比

C. 水泥用量　　D. 浆集比

244. 混凝土的强度等级是以立方体抗压强度标准值确定的,其含义即为具有(　)保证率的抗压强度。

A. 85%　　B. 90%　　C. 95%　　D. 98%

245. 立方体抗压强度标准值是混凝土抗压强度总体分布中的一个值,低于该值的强度百分率不应超过(　)。

A. 5%　　B. 6%　　C. 10%　　D. 15%

246. 一组混凝土试件的抗压强度试验结果分别为 40.4MPa、48.0MPa、52.2MPa,确定该组混凝土的抗压强度值应为(　)MPa。

A. 46.7　　B. 48.0　　C. 46.9　　D. 46.8

247. 抗渗混凝土是指抗渗等级等于或大于(　)级的混凝土。

A. P4　　B. P6　　C. P8　　D. P10

248. 采用相对用量表示法表示水泥混凝土的配合比,如 1∶2.34∶3.76∶0.52,其中 1 为(　)的比值。

A. 细集料　　B. 粗集料　　C. 水　　D. 水泥

249. 路面水泥混凝土配合比设计以(　)为指标。

A. 抗压强度　　B. 抗弯拉强度

C. 抗弯强度　　D. 抗劈拉强度

250. 按现行规范要求水泥混凝土试模应定期进行自检,自检周期宜为(　)个月。

A. 一　　B. 三　　C. 四　　D. 六

251. 测定水泥混凝土凝结时间的试验方法,采用(　)。

A. 针入度法　　B. 压入法

C. 贯入阻力法　　D. 流动度法

252. 一般来说，坍落度小于( )的新拌混凝土，采用维勃稠度仪测定其工作性。

A. 20mm　　B. 15mm　　C. 10mm　　D. 5mm

253. 当水泥一定时，水泥混凝土的水灰比越大，获得的强度( )。

A. 越小　　B. 越大　　C. 无变化　　D. 不一定

254. 按现行技术规范，用于水泥混凝土的集料可分为I类、II类和III类。其中I类集料用于强度等级( )的混凝土。

A. >C60　　B. <C60　　C. C60 ~ C30　　D. <C30

255. 一组三个标准混凝土梁形试件，经抗折试验，测得的极限破坏荷载分别是35.52kN、37.65kN、43.53kN，则最后的试验结果是( )MPa。

A. 4.74　　B. 5.80　　C. 5.02　　D. 5.14

256. 已知标准差法适用于在较长时间内混凝土的生产条件保持一致，且同一品种混凝土的强度性能保持稳定的混凝土质量评定。评定时应以连续( )试件组成一个验收批。

A. 三块　　B. 三组　　C. 九块　　D. 六组

257. 我国道路石油沥青的标号是按( )指标划分的。

A. 针入度　　B. 软化点　　C. 延度　　D. 密度

258. 沥青25℃条件下针入度试验，要求标准针及附件总质量为( )。

A. 50g　　B. 100g　　C. 150g　　D. 200g

259. 沥青环球法软化点试验，要求加热起始温度为( )。

A. 0℃　　B. 5℃　　C. 10℃　　D. 15℃

260. 测定沥青10℃条件下的延度，应选择( )的拉伸速度。

A. 1cm/min　　B. 2cm/min　　C. 4cm/min　　D. 5cm/min

261. 沥青密度试验可在25℃及15℃下测定，试验温度准确至( )。

A. 0.1℃　　B. ±0.1℃　　C. 0.5℃　　D. ±0.5℃

262. 某沥青软化点实测结果为55.4℃，试验结果应记作( )。

A. 55.4℃　　B. 55.5℃　　C. 55℃　　D. 56℃

263. 石油沥青的化学组分中，( )对沥青的热稳定性、流变性和黏性有很大的影响。

A. 沥青质　　B. 胶质分　　C. 饱和分　　D. 芳香分

264. 石油沥青的化学组分中，( )在低温能结晶析出，降低沥青的低温延展能力。

A. 沥青质　　B. 饱和分　　C. 胶质分　　D. 蜡

265. 由于沥青没有明确的固化点和液化点，通常将规定试验条件下其硬化点和滴落点之间温度间隔的( )定义作沥青软化点。

A. 87.21　　B. 0.8721　　C. 8.721　　D. 0.08721

266. 下列指标中，( )既可以反映沥青的热稳定性，又可以表征沥青的条件黏度。

A. 针入度　　B. 延度　　C. 软化点　　D. 针入度指数

267. ( )指标既可以反映沥青的感温性，又可以划分沥青的胶体结构。

A. 针入度　　B. 延度　　C. 软化点　　D. 针入度指数

268. 为兼顾沥青高温和低温的要求，一般宜选用针入度指数PI为( )的沥青作为路用沥青。

A. < -2　　B. > +2　　C. -1 ~ +1　　D. -2 ~ +2

269. 针入度指数 PI(　)的沥青属于溶—凝胶型结构。

A. < -2　　B. > +2　　C. -1 ~ +1　　D. -2 ~ +2

270. 气候分区为 1-4-1 的地区,第一个数字 1 代表(　)。

A. 高温气候区　　B. 低温气候区

C. 雨量气候区　　D. 温度气候区

271. 气候分区为 1-3-2 的地区,数字 3 代表(　)。

A. 高温气候区　　B. 低温气候区

C. 雨量气候区　　D. 温度气候区

272. 沥青路面使用性能气候分区划分中,高温气候分区采用工地所处地最近 30 年内最热月份平均日最高气温的平均值作为气候分区的一级指标,并且划分了(　)个区。

A. 2　　B. 3　　C. 4　　D. 5

273. 沥青路面使用性能低温气候分区,是采用工地所处地最近 30 年内的极端最低气温作为气候分区的二级指标,并且划分了(　)个区。

A. 2　　B. 3　　C. 4　　D. 5

274. 某地夏季炎热,冬季温暖且雨量充沛,则该地气候分区可划分为(　)。

A. 1-3-2　　B. 1-3-2

C. 2-4-1　　D. 1-4-1

275. 针入度指数越大,表示沥青的感温性(　)。

A. 越小　　B. 越大　　C. 越敏感　　D. 无变化

276. 若取来的沥青试样含有水分时,首先应放入烘箱,在(　)℃左右的温度下进行加热,至沥青全部熔化后供脱水用。

A. 70　　B. 80　　C. 90　　D. 100

277. 为防止沥青老化影响试验结果,沥青试样在灌模过程中,若试样冷却,反复加热不得超过(　)次。

A. 1　　B. 2　　C. 3　　D. 4

278. 当石油沥青试样中含有水分时,沥青试样应在温度不超过(　)℃的条件下,仔细进行脱水至无泡沫为止。

A. 70　　B. 80　　C. 90　　D. 100

279. 我国道路石油沥青的标号是按针入度划分的,90 号沥青的针入度要求范围为(　)(0.1mm)。

A. 80 ~ 100　　B. 70 ~ 110

C. 60 ~ 120　　D. 100 ~ 120

280. 针入度范围在 50 ~ 149 之间的沥青,同一试样三次针入度平行试验结果极差的允许差值为(　)(0.1mm)。

A. 1　　B. 2　　C. 3　　D. 4

281. 同一沥青试样针入度试验要求(　)次平行试验。

A. 1　　B. 2　　C. 3　　D. 4

282. 制备沥青针入度试验试样时，应将沥青注入盛样皿中，若采用小盛样皿，在 15～30℃室温中冷却 1.5h，然后再移入保持规定试验温度的恒温水槽中保温不少于（ ）。

A. 1.5h　　B. 2h

C. 2.5h　　D. 3h 以上

283. 测定同一试样沥青软化点，应平行试验（ ）次，当两次测定值的差值符合重复性试验精密度要求时，取其平均值作为软化点试验结果，准确至 0.5℃。

A. 2　　B. 3　　C. 4　　D. 5

284. 制备沥青延度试样需要使用甘油滑石粉隔离剂，现行试验规程建议的配制比例为甘油与滑石粉的质量比为（ ）。

A. 1∶1　　B. 2∶1　　C. 3∶1　　D. 3∶2

285. 制备沥青延度试样时，将准备好的沥青试样仔细注入 8 字形试模中，在室温中冷却（ ）后，用热刮刀刮平试样表面。

A. 0.5h　　B. 1.5h　　C. 不少于 1.5h　　D. 不少于 3h

286. 测定沥青延度，应将制备好的沥青试件连同底板移入规定试验温度的恒温水槽中恒温（ ）。

A. 1.5h　　B. 1.5～2h　　C. 2h　　D. 3h

287. 如沥青延度 3 个测定结果中，有 1 个以上的测定值小于 100cm 时，若最大值或最小值与平均值之差满足重复性试验精度要求，则取 3 个测定结果的平均值的整数作为延度试验结果，若平均值大于 100cm，记作（ ）。

A. 平均值　　B. 实测值　　C. ＞100cm　　D. 100cm

288. 沥青薄膜加热试验后，残留物的全部试验必须在加热后（ ）内完成。

A. 63h　　B. 72h　　C. 90h　　D. 7d

289. 黏稠石油沥青的密度试验过程中，将准备好的热熔沥青试样仔细注入比重瓶中，加入高度约至瓶高的（ ）。

A. 1/3　　B. 1/2　　C. 2/3　　D. 3/4

290. 黏稠石油沥青的密度试验，重复性试验精度的允许差要求为（ ）g/cm^3。

A. 0.02　　B. 0.002　　C. 0.03　　D. 0.003

291. 沥青与矿料黏附性试验是用于评定沥青与集料的（ ）。

A. 吸附性　　B. 抗压能力

C. 抗拉能力　　D. 抗水剥离能力

292. 对同一种料源，集料最大粒径既有大于又有小于 13.2mm 的集料时，沥青与集料的黏附性试验应取（ ）集料的水煮法试验为标准。

A. 大于 13.2mm　　B. 小于 13.2mm

C. 大于 9.5mm　　D. 小于 9.5mm

293.（ ）指标表征黏稠沥青的使用安全性。

A. 闪点　　B. 软化点　　C. 脆点　　D. 溶解度

294. 目前使用效果比较好的热塑性弹性体类改性沥青为（ ）。

A. SBS 改性沥青　　B. SBR 改性沥青

C. SIS 改性沥青　　D. PE 改性沥青

295. 密级配沥青混凝土混合料采用连续型或间断型密级配沥青混合料，空隙率大致在(　)之间。

A. 2% ~10%　　B. 3% ~6%　　C. 4% ~6%　　D. 3% ~12%

296. 开级配沥青混凝土混合料的空隙率往往大于(　)。

A. 12%　　B. 15%　　C. 18%　　D. 20%

297. 工程中常用的(　)是典型的密实—悬浮结构。

A. 沥青混凝土　　B. 沥青碎石

C. 排水沥青碎石　　D. 沥青玛蹄脂碎石

298. 沥青混凝土和沥青碎石的区别在于(　)不同。

A. 剩余空隙率　　B. 矿粉用量

C. 集料最大粒径　　D. 油石比

299. 密实—悬浮结构采用(　)，这种沥青混合料的高温稳定性较差。

A. 连续型密级配　　B. 连续型开级配

C. 间断型密级配　　D. 间断型开级配

300. SMA 沥青混合料采用间断型密级配形成(　)结构，减缓了夏季高温车辙的形成和冬季低温开裂的出现，是一种良好的路面结构类型。

A. 悬浮—密实　　B. 骨架—空隙　　C. 密实—骨架　　D. 骨架—悬浮

301. 当低温(　)不足时，沥青混合料就会出现裂缝。

A. 抗剪强度　　B. 抗拉强度　　C. 抗压强度　　D. 抗弯强度

302. 沥青混合料车辙试验的评价指标为(　)。

A. 稳定度　　B. 残留稳定度　　C. 动稳定度　　D. 残留强度比

303. 车辙试验的目的是检验沥青混合料的(　)性能。

A. 抗滑　　B. 抗裂　　C. 抗疲劳　　D. 热稳定

304. (　)的目的是检测沥青混合料的水稳定性。

A. 冻融劈裂试验　　B. 车辙试验

C. 马歇尔稳定度试验　　D. 饱水率试验

305. 动稳定度指将沥青混合料制成300mm×300mm×(50~100)mm 的标准试件，在60℃的温度条件下，以轮压(　)MPa 的轮子，在同一轨迹上作一定时间的反复行走，形成一定的车辙深度，计算试件变形 1mm 所需试验车轮行走的次数。

A. 0.5　　B. 0.6　　C. 0.7　　D. 0.8

306. SMA 改性沥青玛蹄脂碎石混合料动稳定度的技术标准要求不小于(　)次/mm。

A. 600　　B. 800　　C. 1500　　D. 3000

307. (　)试验用以评价 SMA 或 OGFC 混合料沥青用量或黏结性是否不足。

A. 浸水马歇尔　　B. 谢伦堡沥青析漏

C. 肯塔堡飞散　　D. 冻融劈裂

308. 沥青混合料马歇尔稳定度试验，要求试件加载速度为(　)。

A. 1mm/min ±0.1mm/min　　B. 5mm/min ±0.5mm/min

C. 10mm/min ±1mm/min　　D. 50mm/min ±5mm/min

309. 沥青混合料稳定度的试验温度是(　)。

A. 50℃　　B. 60℃　　C. 65℃　　D. 80℃

310. 制备一个标准马歇尔试件,大约需要称取(　)热拌沥青混合料。

A. 1000g　　B. 1200g　　C. 1500g　　D. 2000g

311. 沥青混合料标准马歇尔试件的高度要求为(　)。

A. 63.5mm ±1.3mm　　B. 65.5mm ±1.5mm

C. 95.3mm ±1.3mm　　D. 95.3mm ±2.5mm

312. 当已知沥青混合料的密度时,可根据马歇尔试件的标准尺寸计算并乘以(　)作为制备一个马歇尔试件所需要的沥青混合料的数量。

A. 1.03　　B. 1.05　　C. 1.13　　D. 1.15

313. 制备一组马歇尔试件的个数一般为(　)。

A. 3 个左右　　B. 4 个左右　　C. 3 ~6　　D. 4 ~6

314. 对于集料吸水率不大于 3% 的沥青混合料,其理论最大相对密度采用(　)测定。

A. 蜡封法　　B. 水中重法　　C. 真空法　　D. 表干法

315. 测定吸水率不大于 2% 的沥青混合料的毛体积密度,可采用(　)法。

A. 蜡封　　B. 水中重　　C. 真空　　D. 表干

316. 测定马歇尔试件稳定度,要求从恒温水槽中取出试件至测出最大荷载值时的时间不得超过(　)s。

A. 20　　B. 30　　C. 40　　D. 60

317. 用于高速公路和一级公路的密级配沥青混凝土,制作马歇尔试件时两面应各击(　)次。

A. 25　　B. 50　　C. 75　　D. 125

318. 一组马歇尔试件的个数为 5 个,则 5 个测定值中,某个数值与其平均值之差大于标准差(　)倍时,该测定值应予舍弃。

A. 1.15　　B. 1.46　　C. 1.67　　D. 1.82

319. 计算残留稳定度需要测定试件浸水(　)后的马歇尔稳定度。

A. 24h　　B. 48h　　C. 3d　　D. 7d

320. m_a、m_f、m_w 分别表示沥青混合料试件的空中干质量、表干质量和水中质量,若水的密度为 ρ_w,则下列说法正确的是(　)。

A. $(m_f - m_a)/\rho_w$ 为毛体积;$(m_a - m_w)/\rho_w$ 为表观体积

B. $(m_f - m_a)/\rho_w$ 为表观体积;$(m_a - m_w)/\rho_w$ 为毛体积

C. $(m_f - m_w)/\rho_w$ 为表观体积;$(m_f - m_w)/\rho_w$ 为毛体积

D. $(m_f - m_w)/\rho_w$ 为毛体积;$(m_a - m_w)/\rho_w$ 为表观体积

321. 采用真空法测定沥青混合料的理论最大相对密度,若抽气不干净或试样不干燥,测得的结果将分别(　)。

A. 偏小、偏大　　B. 偏小、偏小

C. 偏大、偏大　　D. 偏大、偏小

322. 采用表干法测定沥青混合料的毛体积密度，称取试件水中质量时，应把试件置于网篮中浸水约( )min。

A. 2 ~ 3　　B. 3 ~ 5　　C. 5 ~ 7　　D. 7 ~ 10

323. 沥青混合料配合比设计中，沥青含量指( )之比。

A. 沥青质量与沥青混合料质量　　B. 沥青质量与矿质混合料质量

C. 沥青质量与集料质量　　D. 沥青质量与矿粉质量

324. 随沥青含量增加，沥青混合料试件的毛体积密度将( )。

A. 保持不变　　B. 呈抛物线变化

C. 递减　　D. 递增

325. 随沥青含量增加，沥青混合料试件的稳定度将( )。

A. 保持不变　　B. 呈抛物线变化

C. 递减　　D. 递增

326. 随沥青含量增加，沥青混合料试件的空隙率将( )。

A. 无变化规律　　B. 呈抛物线变化

C. 递减　　D. 递增

327. 沥青混合料中常用填料大多是采用石灰岩或( )中的强基性岩石经磨细得到的矿料。

A. 岩浆岩　　B. 变质岩　　C. 无风化岩　　D. 花岗岩

328. 沥青与粗集料的黏附性试验，下列说明正确的是( )。

A. 对于最大粒径大于 13.2mm 的集料应采用水浸法

B. 对于最大粒径大于 13.2mm 的集料应采用水煮法

C. 对于最大粒径不大于 13.2mm 的集料应采用水煮法

D. 对于相同料源既有大于又有小于 13.2mm 的集料，应取大于 13.2mm 的集料以水浸法为准

329. 当采用水泥、石灰等作沥青混合料填料时，其用量不宜超过矿料总量的( )%。

A. 1　　B. 2　　C. 3　　D. 4

330. 一般情况下，最佳沥青用量 OAC 可以取( )。

A. OAC_1　　B. OAC_2

C. $OAC_1 \sim OAC_2$ 的中值　　D. $OAC_{min} \sim OAC_{max}$ 的中值

331. 沥青混合料中使用碱性填料的原因是可以与沥青形成较为发达的( )。

A. 结构沥青　　B. 自由沥青　　C. 沥青层　　D. 沥青胶浆

332. 高速公路、一级公路沥青路面不宜使用( )作为填料。

A. 碱性矿粉　　B. 消石灰粉　　C. 水泥　　D. 粉煤灰

333. AC—13 型细粒式沥青混合料，经过马歇尔试验确定的最佳油石比为 5.1%，换算后最佳沥青含量为( )。

A. 4.8%　　B. 4.9%　　C. 5.1%　　D. 5.4%

334. 沥青路面试验路铺筑属于( )阶段。

A. 施工准备　　B. 沥青混合料摊铺

C. 沥青混合料压实　　D. 沥青混合料运输

335. 确定沥青混合料生产配合比时，一般需要适当调整热料仓供料比，直至关键筛孔的通过率与标准级配相应筛孔通过率中值的误差不超过规定值(　)为止。

A. 2.36mm 筛孔为 ±1%，其余筛孔为 ±2%

B. 2.36mm 筛孔为 ±2%，其余筛孔为 ±1%

C. 0.075mm 筛孔为 ±1%，其余筛孔为 ±2%

D. 0.075mm 筛孔为 ±2%，其余筛孔为 ±1%

336. 采用离心分离法测定沥青混合料中沥青的含量，同一试样至少平行试验两次，取平均值作为试验结果。两次试验结果的差值应小于 0.3%；当大于 0.3%，但小于 0.5% 时，应补充平行试验一次，以三次试验的平均值作为试验结果，三次试验的最大值与最小值之差不得大于(　)。

A. 0.5%　　B. 0.3%　　C. 0.2%　　D. 0.1%

337. 以下混合料中(　)应为综合稳定类基层材料。

A. 石灰土　　B. 石灰粉煤灰土

C. 水泥稳定碎石　　D. 水泥粉煤灰土

338. 细粒土的最大粒径小于 9.5mm，且其中小于 2mm 的颗粒含量不小于(　)%。

A. 95　　B. 90　　C. 80　　D. 98

339. 采用水泥稳定碎石土时，宜掺入一定剂量的石灰进行综合稳定，混合料组成设计应按照(　)进行。

A. 当水泥用量占结合料总质量的 30% 以下时，应按石灰稳定类进行混合料组成设计

B. 当水泥用量占结合料总质量的 50% 以下时，应按石灰稳定类进行混合料组成设计

C. 当石灰用量占结合料总质量的 50% 以上时，应按石灰稳定类进行混合料组成设计

D. 当水泥用量占结合料总质量的 50% 以上时，应按水泥稳定类进行混合料组成设计

340. 在进行无机结合料混合材料无侧限抗压强度试验验证时，宜在摊铺机后取样，且应从(　)台不同的料车取样，混合后再按四分法取样。

A. 2　　B. 3　　C. 2～3　　D. 3～4

341. 塑性指数大于(　)的土宜采用石灰稳定。

A. 12　　B. 15　　C. 17　　D. 13

342. 水泥稳定细粒土基层采用集中厂拌法施工时，水泥最小剂量为(　)%。

A. 3　　B. 4　　C. 5　　D. 6

343. 用水泥稳定中粒土和粗粒土时，水泥剂量不宜超过(　)%。

A. 3　　B. 5　　C. 6　　D. 7

344. 对于水泥稳定土，采用厂拌法施工时延迟时间不应超过(　)h。

A. 2～3　　B. 3～4　　C. 4　　D. 1

345. 水泥稳定碎石采用集中厂拌法施工时，实际采用的水泥剂量可以比设计时确定的剂量(　)。

A. 增加 0.5%　　B. 减小 0.5%　　C. 增加 1%　　D. 增加 2%

346. 某试验室需要取 1500g 的二灰土，该土的含水率为 15%，其配比为石灰：粉煤灰：

土=10:20:70,其中含有干石灰( )g。

A. 81　　B. 130　　C. 150　　D. 90

347. 有效氧化钙测定中,酚酞指示剂加入试样溶液中,溶液呈( )色。

A. 黄　　B. 红　　C. 玫瑰红　　D. 粉红

348. 石灰的最主要技术指标是( )。

A. 活性氧化钙　　B. 活性氧化镁含量

C. 活性氧化钙和氧化镁含量　　D. 碳酸钙含量

349. 氧化镁含量为( )是划分钙质石灰和镁质石灰的界限。

A. 5%　　B. 10%　　C. 15%　　D. 20%

350. 在无机结合料稳定土无侧限抗压强度试验中,对中试件,要求每组试件的数目不少于( )试件。

A. 6 个　　B. 9 个　　C. 13 个　　D. 15 个

351. 在进行石灰稳定土无侧限抗压强度试验时,试件标准养生时间应为( )。

A. 6d　　B. 7d　　C. 14d　　D. 28d

352. 钢和铁的主要成分是铁和( )。

A. 氧　　B. 硫　　C. 碳　　D. 硅

353. 钢和铁的主要区别是含碳量不同,其划分界限为( )。

A. 1%　　B. 2%　　C. 3%　　D. 5%

354. 按照钢材的( )划分,可分为普通钢、优质钢和高级优质钢。

A. 含铁量　　B. 含碳量　　C. 用途　　D. 品质

355. 结构设计中,软钢通常以( )作为设计计算的取值依据。

A. 屈服强度　　B. 屈强比　　C. 抗拉强度　　D. 条件屈服强度

356. 普通钢筋经冷拉时效处理后,( )提高了。

A. 屈服强度　　B. 抗拉强度

C. 屈服强度、抗拉强度　　D. 弹性模量

357. 能反映钢筋内部组织缺陷,同时又能反映其塑性的试验是( )。

A. 拉伸试验　　B. 冷弯试验　　C. 冲击试验　　D. 疲劳试验

358. 桥梁用钢,要选用( )的钢材。

A. 塑性较小,时效敏感性大　　B. 塑性较大,时效敏感性小

C. 韧性较大,时效敏感性大　　D. 韧性较大,时效敏感性小

359. 热轧光圆钢筋是用( )轧制的。

A. 碳素结构钢 Q235　　B. 碳素结构钢 Q275

C. 低合金钢　　D. 高合金钢

360. 道桥工程中应用最广泛的碳素结构钢的牌号是( )。

A. Q195　　B. Q215　　C. Q235　　D. Q275

361. 钢材的质量等级,按硫、磷含量分为 A、B、C、D 四个等级。同牌号的碳素结构钢中,( )的质量等级最高。

A. A　　B. B　　C. C　　D. D

362. 能承受（　）的冷弯试验条件而不破坏的钢材，其冷弯性能好。

A. 弯曲角大，弯心直径小　B. 弯曲角大，弯心直径大

C. 弯曲角小，弯心直径大　D. 弯曲角小，弯心直径小

363. 钢材的屈强比是（　）的比值，反映钢材在结构中使用的安全性。

A. 屈服强度/伸长率　B. 屈服强度/抗拉强度

C. 抗拉强度/屈服强度　D. 伸长率/屈服强度

364. 钢筋混凝土用热轧带肋钢筋，每批数量不大于（　）t 的，取一组试样进行钢筋试验。

A. 30　B. 50　C. 60　D. 100

365. 钢筋混凝土用冷轧带肋钢筋，每批数量不大于（　）t 的，取一组试样进行钢筋试验。

A. 30　B. 50　C. 60　D. 100

366. 切取钢筋拉伸或冷弯试验的试样时，应在抽取的钢筋或盘条的任意一端截去（　）mm 后再切取。

A. 50　B. 100　C. 150　D. 200

367. 钢筋拉伸试验，应根据从规范中查出的（　）指标和测量计算的钢筋横截面面积，估算试验中需要的最大荷载，由此为根据选择合适的试验机测力量程。

A. 屈服强度　B. 抗拉强度　C. 伸长率　D. 断面收缩率

368. 钢筋冷弯试验是采用规定的弯心直径，弯曲至规定的弯曲角度，然后观察（　）是否有裂纹、起皮或断裂等现象，评定钢筋的冷弯性能。

A. 钢筋弯曲内表面　B. 钢筋弯曲外表面

C. 钢筋弯曲处的两侧表面　D. 钢筋弯曲处的整个表面

369. 自然时效，通常将经过冷拉的钢筋于常温下存放（　）天。

A. 15　B. 30　C. 15 ~ 20　D. 20 ~ 30

370. 人工时效是将经过冷拉的钢筋加热到（　）℃，并保持一段时间。

A. 100 ~ 150　B. 100 ~ 200　C. 150 ~ 200　D. 200 ~ 250

371. 钢材经时效处理，可基本恢复的指标为（　）。

A. 抗拉强度　B. 伸长率　C. 弹性模量　D. 断面收缩率

372. 通常，钢筋焊接接头拉伸试样的取样长度 L =（　）。（d——钢筋直径，l_h——焊缝长度，l_s——受试长度，l_j——夹持长度）

A. 8d　B. $5d + l_h$　C. $8d + l_h$　D. $l_s + 2l_j$

373. 钢材拉伸试验，如果断裂处与最接近的标距标记的距离小于原始标距的 1/3 时，可采用（　）测定断后伸长率。

A. 引伸计法　B. 量测法　C. 位移法　D. 断面收缩率法

374. 钢筋拉伸试验屈服阶段中出现了多个谷值应力，则下屈服强度为（　）。

A. 最小谷值应力　B. 舍去第一个谷值应力后的最小谷值应力

C. 第一个峰值应力　D. 所有谷值应力的平均值

375. 焊接钢筋网应采用公称直径为（　）mm 的无纵肋的热轧带肋钢筋。

A. 5 ~ 15　B. 5 ~ 18　C. 10 ~ 20　D. 10 ~ 25

376. 焊接钢筋网两个方向均为单根钢筋时，较细筋的公称直径不小于较粗筋的公称直径

的( )倍。

A. 0.4 B. 0.5 C. 0.6 D. 0.8

377. 焊接钢筋网的力学与工艺性能应满足所选牌号钢筋的技术要求。对于公称直径不小于6mm的冷轧带肋钢筋,其最大力下的总伸长率应不小于2.5%,强屈比应不小于( )。

A. 0.80 B. 0.95 C. 1.05 D. 1.15

378. 土工织物撕破强力试验取样时,纵向和横向应各取( )块试样。

A. 10 B. 15 C. 20 D. 30

379. 做土工织物CBR顶破强力试验时,试样应夹持在( )夹具内。

A. 环形 B. 方形 C. 梯形 D. 三角形

380. 水泥化学分析方法,对烧失量、三氧化硫含量、氧化镁含量分别采用( )基准法。

A. 灼烧差减法、硫酸钡重量法、EDTA 滴定差减法

B. 灼烧差减法、硫酸钡重量法、原子吸收光谱法

C. 原子吸收光谱法、灼烧差减法、硫酸钡重量法

D. 原子吸收光谱法、EDTA 滴定差减法、硫酸钡重量法

381. 道路水泥的细度指标采用( )表征。

A. 比表面积 B. 80μm 筛余量

C. 45μm 筛余量 D. 细度模数

382. 水泥混凝土拌和物含气量采用( )试验方法测定。

A. 压力泌水率法 B. 真空法

C. 气压法 D. 混合式气压法

383. 抗渗混凝土是指抗渗等级不低于( )级的混凝土。

A. P4 B. P6 C. P8 D. P10

384. 沥青的绝对黏度指( ),简称为黏度。

A. 针入度 B. 运动黏度 C. 旋转黏度 D. 动力黏度

385. 目前测定沥青黏度应用最广泛的一种方法是( )

A. 毛细管法 B. 真空减压毛细管法

C. 布洛克菲尔德黏度计法 D. 针入度法

386. 沥青混合料的施工温度,应根据测定沥青不同温度条件下的黏度绘制黏温曲线确定。当使用石油沥青时,宜以黏度为( )时的温度作为拌和温度范围;以( )时的温度作为压实成型温度范围。

A. 0.10Pa·s±0.01Pa·s;0.20Pa·s±0.02Pa·s

B. 0.15Pa·s±0.01Pa·s;0.25Pa·s±0.02Pa·s

C. 0.17Pa·s±0.02Pa·s;0.28Pa·s±0.03Pa·s

D. 0.20Pa·s±0.02Pa·s;0.30Pa·s±0.03Pa·s

387. 下列( )方法适用于测定改性沥青的黏度。

A. 针入度法 B. 毛细管法

C. 真空减压毛细管法 D. 布洛克菲尔德黏度计法

388. 同时适用于测定黏稠沥青、液体沥青以及蒸馏后残留物的运动黏度的方法是( )。

A. 针入度法　　B. 毛细管法

C. 真空减压毛细管法　　D. 布洛克菲尔德黏度计法

389. SBR 改性沥青的黏韧性试验条件为(　)。

A. 试验温度 25℃，拉伸速度 500mm/min

B. 试验温度 20℃，拉伸速度 50mm/min

C. 试验温度 15℃，拉伸速度 50mm/min

D. 试验温度 10℃，拉伸速度 10mm/min

390. 改性沥青的弹性恢复性试验，按沥青延度试验方法，以规定的 5cm/min ±0.25cm/min 的速率拉伸试样，达到(　)时停止拉伸。

A. 5cm ±0.20cm　　B. 10cm ±0.25cm

C. 15cm ±0.20cm　　D. 20cm ±0.25cm

二、判断题

（正确的划“√”，错误的划“×”，请填在题后的括号里，每题 1 分）

1. 细粒土分类可用塑性图分类。(　)

2. 搓条法可测出土的塑限。(　)

3. 小击实筒击实后，土样不宜高出筒顶 6mm。(　)

4. 承载比试验制件应浸水 2 昼夜。(　)

5. 筛分实验取样时，粒径愈大取样数量愈多。(　)

6. 土的密度可以用蜡封法测定。(　)

7. 有机质土测含水率时，烘箱温度为 105 ~110℃。(　)

8. 密度计法是沉降分析的一种方法。(　)

9. 直剪试验与三轴试验均可测出土的强度指标。(　)

10. 压缩试验时，土样侧向有变形。(　)

11. 含有机质的细粒土为有机质土。(　)

12. 大试筒击实后土样不宜高出筒顶 5mm。(　)

13. 含黏粒的砂砾土宜用水筛法进行颗粒分析。(　)

14. 承载板法测回弹模量适用于不同湿度和密度的细粒土。(　)

15. 土的含水率是在 105 ~110℃下烘至恒量时所失去的水分质量和达恒量后干土质量的比值，以百分数表示，本法是测定含水率的标准方法。(　)

16. 酒精燃烧法适用于快速简易测定细粒土(含有机质的除外)的含水率。(　)

17. 酒精燃烧法测定土的含水率时，酒精应加至盒中出现自由液面。(　)

18. 环刀法测土的密度适用于细粒土。(　)

19. 蜡封法测土的密度适用于易破裂和形态不规则的坚硬土。(　)

20. 灌砂法适用于现场测定细粒土、砂类土和砾类土的密度。试样的最大粒径不得超过 15mm，测定密度层的厚度为 150 ~200mm。(　)

21. 土的相对密度是土在 105 ~110℃下烘至恒量时的质量与同体积 4℃蒸馏水质量的比值。(　)

22. 比重瓶法测土的相对密度时，应先进行比重瓶校正。(　)

23. 塑限指黏土从液体状态向塑性体状态过渡的界限含水率。(　)

24 液限指黏土从塑性体状态向固体状态过渡的界限含水率。(　)

25. 滚搓法可以同时测定土的液限与塑限。(　)

26. 击实试验分为轻型和重型击实。(　)

27. 击实试验试样可以采用干土法土样重复使用。(　)

28. 相对密度是砂紧密程度的指标。(　)

29. CBR 值是指试料贯入量达 2.5mm 时，单位压力对标准碎石压入相同贯入量时标准荷载强度的比值。(　)

30. 直剪试验，当测力计百分表读数不变或后退时，继续剪切至剪切位移为 4mm 时停止。(　)

31. 直剪试验，当剪切过程中测力计百分表无峰值时，剪切至剪切位移达 6mm 时停止。(　)

32. 直剪试验结果为一直线，纵坐标上的截距为黏聚力，直线倾角为内摩擦角。(　)

33. 土的无侧限抗压强度是试件在无侧向压力的条件下，抵抗轴向压力的极限强度。(　)

34. CBR 试验试件泡水时，水面应高出试件顶面 30cm。(　)

35. 膨胀量 = 泡水后试件高度变化/原试件高度。(　)

36. CBR 试验贯入量为 2.5mm 时，标准压力为 700kPa。(　)

37. CBR 试验根据三个平行试验结果计算的承载比变异系数大于 12%，则去掉一个偏离大的值，取其余两个结果的平均值。(　)

38. 承载板法适用于不同湿度和密度的细粒土的回弹模量测定。(　)

39. 承载板法测定土的回弹模量时，应先进行 1 ~ 2 次预压，每次预压 1min。(　)

40. 回弹模量试验试样按最佳含水率制备。(　)

41. 固结试验不能测出土的先期固结压力。(　)

42. 土的酸碱度测定时，应进行温度补偿操作。(　)

43. 酸碱度试验，土悬液土水比为 1:4。(　)

44. 土的烧失量试验应至少做一次平行试验。(　)

45. 土的烧失量是指土灼烧后减少的质量。(　)

46. 做土的烧失量试验时，土为天然含水率的土。(　)

47. 土的有机质含量试验适用于有机质含量不超过 15% 的土。(　)

48. 常水头渗透试验适用于砂类土和含少量砾石的无凝聚性土。(　)

49. 变水头渗透试验适用于黏质土。(　)

50. 渗透试验开始前应使土样先饱和。(　)

51. 击实试验选取试样中干密度最大者作为最大干密度。(　)

52. 土达到饱和状态时，饱和度为 0。(　)

53. 烘干法是测含水率的标准试验方法。(　)

54. 烘干法不适用于有机质土类的含水率测定。(　)

55. 扰动土样试件制备时，高度小的采用击实法，高度大的采用压样法。（ ）
56. 土的塑限是锥重100g，锥入深度5mm时土的含水率。（ ）
57. 土的液塑限联合测定试验，若三点不在一条直线上，则该试验作废。（ ）
58. 砂土没有液塑限。（ ）
59. 最大、最小孔隙比的测定方法不适用于黏土。（ ）
60. 土中黏粒含量越多，土的可塑性越高，塑性指数越小。（ ）
61. 砂磨细到粒径小于0.002mm时，便具有可塑性。（ ）
62. 当土的含水率为0时，土为二相土。（ ）
63. 当土孔隙中充满水时，土为二相体。（ ）
64. 土的缩限是扰动的黏质土在饱和状态下，因干燥收缩至体积不变时的含水率。（ ）
65. 土中粗颗粒含量越多，则最佳含水率越低，最大干密度越大。（ ）
66. 增加击实功，可提高土的最大干密度。（ ）
67. 做土的有机质含量试验时，溶液由橙黄色经蓝绿色突变为橙红色时即为终点。（ ）
68. 测定土的渗透系数时，标准温度为10℃。（ ）
69. 用环刀取土样时，环刀刀口应向下，垂直下压。（ ）
70. 直剪试验，砂土与黏土的试样制备方法相同。（ ）
71. 土的无侧限抗压强度即其所受的最大轴向应力。（ ）
72. 渗透系数是反应土渗透性强弱的指标。（ ）
73. 当不均匀系数不小于5且曲率系数为1~3时，土为级配良好的土。（ ）
74. 塑性图将土分为高、低液限土，其分界液限为50%。（ ）
75. 一般液限越高的土，含黏粒越多。（ ）
76. 半对数坐标的优点是能将粒径很小的土颗粒含量清楚地表达出来。（ ）
77. 粒组是将大小相近的土粒合并为组。（ ）
78. 土的干密度越大，土越密实。（ ）
79. 含水率的最大值为100%。（ ）
80. 饱和度为1时，土的含水率为100%。（ ）
81. 现场抽水试验可测定土的渗透系数。（ ）
82. 土的有效应力是指土颗粒所承担的力。（ ）
83. 土的总应力等于有效应力与孔隙水压力之和。（ ）
84. 土的强度指土的抗压强度。（ ）
85. 土的抗剪强度不是定值。（ ）
86. 击实曲线可与饱和曲线相交。（ ）
87. 击实土可被击实至完全饱和状态。（ ）
88. 土的压缩机理与压实机理相同。（ ）
89. 密度计法适用于粒径小于0.074mm土的颗粒分析。（ ）
90. 移液管法适用于粒径小于0.074mm土的颗粒分析。（ ）
91. 土条搓成3mm时仍未产生裂缝及断裂，表示土样的含水率高于塑限。（ ）
92. 土条任何含水率下始终搓不到3mm即开始断裂，则认为该土无塑性。（ ）

93. 土的天然稠度指液限与天然含水率之差和塑性指数之比。(　)

94. 击实试验大筒按三层法击实时,每层击数98次。(　)

95. CBR试验制备不同干密度试件,是通过改变每层击数实现的。(　)

96. 击实法可用于原状土试件制备。(　)

97. 土工合成材料特定伸长率下的拉伸力是指试样被拉伸至某一特定伸长率时每单位宽度的拉伸力。(　)

98. 土工合成材料的接缝是指两块或多块土工合成材料缝合起来的连续缝迹。(　)

99. 土工合成材料的断裂拉力与拉伸强度相同。(　)

100. 砂类土试件饱和时,可直接在仪器内浸水饱和。(　)

101. 电动取土器法可测定易破裂土的密度。(　)

102. 标准砂的粒径是0.25~0.5mm。(　)

103. 虹吸筒法可测定土的密度。(　)

104. 固结试验是研究土压缩性的试验方法。(　)

105. 直剪试验的剪切面是人为固定的。(　)

106. 直剪试验不能控制排水条件,而三轴试验可控制排水条件。(　)

107. 滑坡是土体抗剪强度破坏的一种形式。(　)

108. 击实试验的左段比右段的坡度陡。(　)

109. 土工合成材料的单位面积质量指单位面积的试样,在标准大气条件下的质量。(　)

110. 土工合成材料单位面积质量的单位是g/m^2。(　)

111. 土工合成材料的厚度测定方法适用于土工织物和复合土工织物。(　)

112. 流速指数是试样两侧50mm水头差下的流速。(　)

113. 垂直渗透系数是指单位水力梯度下,垂直于土工织物平面流动的水的流速。(　)

114. 透水率是垂直于土工织物平面流动的水,在水位差等于1时的渗透流速。(　)

115. 孔径是通过其标准颗粒材料的直径表征的土工织物的孔眼尺寸。(　)

116. 孔径是土工织物水力学特性的一项重要指标。(　)

117. 土工合成材料的拉伸强度是试验中试样被拉伸直至断裂时每单位宽度的最大拉力。(　)

118. 土工合成材料的伸长率是对应于最大拉力时的应变量。(　)

119. 接头/接缝效率是接头/接缝强度与在同方向上所测定土工合成材料的强度之比。(　)

120.《公路土工合成材料试验规程》(JTG E50—2006)中规定,宽条拉伸试验,试样宽度为50mm。(　)

121. 土工合成材料的直剪摩擦试验所用土为标准砂土。(　)

122. 公路土工合成材料垂直渗透性能试验采用的是恒水头法。(　)

123. O_{95}表示95%的标准颗粒材料留在土工织物上。(　)

124. 土工织物有效孔径分布曲线为半对数坐标。(　)

125. 土工合成材料宽条拉伸试验属于土工合成材料的耐久性能试验。(　)

126. 土工织物厚度是在无任何压力条件下,正反两面之间的距离。(　)

127. 计算石料圆柱体试体抗压强度所用截面积的方法是：用游标卡尺量在试件的顶面和底面分别量取两个相互正交的直径，以其算术平均值计算顶面和底面的面积，再取顶面和底面面积的算术平均值。（ ）

128. 石料抗压强度试验，选择的压力试验机的加载范围应为300～1000kN。（ ）

129. 石料饱水抗压强度试验要求石料饱水的方法与石料吸水率试验的饱水方法相同，且最后一次加水深度应使水面高出试件至少20mm。（ ）

130. 道路建筑用石料按饱水抗压强度和磨耗率两项力学指标划分为4个等级，从1级到4级，表示强度从弱逐渐到强。（ ）

131. 公路工程用碱性石料按 SiO_2 含量划分应该小于45%。（ ）

132. 公路工程用石料抗冻性一般要求其耐冻系数小于0.75，质量损失率不大于5%。（ ）

133. 测定石料抗压强度和磨耗率的试验目的是用于岩石的强度分级和岩性描述。（ ）

134. 粗集料洛杉矶磨耗试验，需要加入15个钢球，总质量为5000g±50g。（ ）

135. 道瑞磨耗试验是评定公路路面表层所用粗集料抵抗车轮撞击及磨耗的能力，以磨耗值AAV评价。（ ）

136. 采用洛杉矶式磨耗机，石料磨耗取出后，通过1.6mm的方孔筛，洗净留在筛上的试样，烘干至恒量，通常烘干时间不少于2h。（ ）

137. 集料可能全部通过，或允许有少量筛余（不超过10%）的最小标准筛筛孔尺寸，称为最大粒径。（ ）

138. 同一种粗集料的表干密度大于毛体积密度。（ ）

139. 在同批粗集料料堆上取料时，应先铲除堆角处无代表性的部分，再在料堆的顶部和底部取大致相同的若干份试样，组成一组试样。（ ）

140. 集料的表观密度、表干密度和毛体积密度的计算结果应准确至小数点后2位。（ ）

141. 粗集料压碎值试验，对压力机的要求是500kN，能在10min内达到400kN。（ ）

142. 粗集料在混合料中起骨架作用，细集料在混合料中起填充作用。（ ）

143. 沥青混合料所用填料，主要采用磨细石灰石等碱性矿粉、消石灰粉、水泥、粉煤灰等粒径<0.15mm的矿物质粉末。（ ）

144. 粗集料的表观密度和毛体积密度的重复性试验精密度要求两次试验结果之差不得超过0.01；对吸水率不得超过0.2%。（ ）

145. 测定粗集料的堆积密度，可以计算粗集料的空隙率，亦可计算粗集料数量和评价其质量。（ ）

146. 粗集料的力学性质试验主要包括各种密度、空隙率、吸水率、含水率、级配、针片状颗粒含量、坚固性等技术指标的试验检测。（ ）

147. 粗集料的筛分试验有水洗法和干筛法。对水泥混凝土用粗集料必须采用干筛法。（ ）

148. 水煮法试验，同一试样应平行试验10个集料颗粒，并由两名以上经验丰富的试验人员分别评定后，取平均等级作为试验结果。（ ）

149. 细集料的表观密度试验，以两次平行试验结果的算术平均值作为测定值，如两次结果之差值大于 $0.01g/cm^3$，应重新取样进行试验。（ ）

150. 矿粉的密度试验应采用蒸馏水作为介质。( )

151. 容量筒根据集料的公称最大粒径选择,大一级的粒径也可选择小一级的容量筒。( )

152. 石料的磨光值越高,表示其抗滑性越好;石料的磨耗值越高,表示其耐磨性越差。( )

153. 通过干筛法可以测定水泥混凝土用砂的颗粒级配,并确定砂的粗细程度。( )

154. 压碎值不能代表粗集料的强度。( )

155. 碎石的公称最大粒径通常比最大粒径小一个粒级。( )

156. 砂的筛分曲线既可以表示砂的颗粒粒径分布情况,也可以表示砂的细度模数。( )

157. 矿料的组成设计有多种方法,但常用的方法有试算法和图解法两类。( )

158. 两种集料的细度模数相同,它们的级配一定相同。( )

159. 矿质混合料的组成设计应满足混合料具有较高的密实度和较大的内摩擦力的要求。( )

160. 各种集料按照一定比例搭配,为达到较高的密实度,必须采用连续级配类型混合料。( )

161. 中砂的细度模数 M_X 的划分范围为 3.7 ~3.1。( )

162. 一个良好的集料级配,要求空隙率最小,总表面积也不大。( )

163. 细度模数是划分集料粗细程度的指标。( )

164. 集料的吸水率就是含水率。( )

165. 集料的孔隙率又称作空隙率。( )

166. 细度模数越大,表示细集料越粗。( )

167. 卵石、碎石中针状颗粒指长度大于其所属粒级平均粒径 2.5 倍的颗粒;片状颗粒指厚度小于平均粒径 0.5 倍的颗粒。( )

168. 矿粉与沥青黏附性的试验方法采用亲水系数法。沥青混合料选用矿粉主要采用亲水系数大于 1 的碱性石灰岩矿粉。( )

169. 矿质混合料组成设计的图解设计法中,相邻的两条级配曲线的相接位置关系最常见。( )

170. 细度模数在一定程度上能反映砂的粗细概念,但并不能全面反映砂的粒径分布情况。( )

171. 采用水洗法进行砂的筛分试验,应通过 0.075mm 筛仔细洗除细粉悬浮液。( )

172. 亲水系数大于 1 的矿粉为碱性矿粉。( )

173. 石料的磨光值和磨耗值越高,表示其抗滑性和耐磨性越差。( )

174. 粗集料颗粒级配有连续级配和间断级配之分。( )

175. 沥青混合料中,粗集料和细集料的分界粒径是 2.36mm,水泥混凝土集料中,粗细集料的分界粒径是 4.75mm。( )

176. 一种粗集料,63mm、53mm、37.5mm 筛孔的通过量均为 100%,31.5mm 筛孔的筛余量为 12%,则该粗集料的最大粒径和公称最大粒径分别为 37.5mm 和 31.5mm。( )

177. 水泥混凝土和沥青混合料工程用砂的细度模数是依据试验用筛的各筛孔的累计筛余

百分率计算的。（ ）

178. 沥青混合料用粗集料的质量标准中，要求针片状颗粒含量：高速公路、一级公路表面层不大于 15%，其他层次不大于 18%；其他等级公路不大于 20%。（ ）

179. 水泥混凝土用卵石、碎石的针片状颗粒含量不得大于：5%（Ⅰ类）、10%（Ⅱ类），15%（Ⅲ类）。（ ）

180. 集料的毛体积密度是在规定条件下，单位体积颗粒的干质量或湿质量。（ ）

181. 现行标准采用 0.08mm 方孔筛筛余百分率表示硅酸盐水泥的细度。（ ）

182. 采用负压筛析法测定水泥的细度，不需要进行筛余结果的修正。（ ）

183. 测定水泥标准稠度用水量的目的是为配制标准稠度水泥净浆，用于测定水泥凝结时间和安定性。（ ）

184. 水泥标准稠度用水量是指达到标准稠度水泥净浆时的用水量，以水泥质量百分率计。（ ）

185. 采用标准法维卡仪测定水泥标准稠度用水量，应称量 500g 水泥，加入 142.5mL 水，拌和后测得试杆下沉深度，并采用经验公式计算获得。（ ）

186. 测定水泥的终凝时间，是以当试针沉入试体 0.5mm 时，即环形附件不能在试体上留下痕迹时作为终凝状态。（ ）

187. 硅酸盐水泥的终凝时间不得迟于 390min。（ ）

188. 当水泥安定性测定结果发生争议时，以试饼法为准。（ ）

189. 水泥胶砂强度试验要求标准养护 7d、28d 时，分别测定试件的抗折强度和抗压强度。（ ）

190. 水泥包装袋上应清楚标明：执行标准、水泥品种、代号、强度等级、生产者名称、生产许可证标志（QS）及出厂编号、包装日期、净含量。包装袋两侧采用不同的颜色印刷水泥名称和强度等级，硅酸盐水泥和普通硅酸盐水泥采用红色，矿渣水泥采用绿色，火山灰质硅酸盐水泥、粉煤灰硅酸盐水泥和复合硅酸盐水泥采用黑色或蓝色。（ ）

191. ISO 法水泥胶砂强度试验用砂质量要求：为各级标准砂预配合质量，共计 1350g ± 5g/组。（ ）

192. 抗渗性要求高的混凝土结构工程，不宜选用矿渣水泥。（ ）

193. 水泥中可以掺加活性混合材料，是由于活性混合材料含有活性氧化硅和氧化钙，具有一定的水硬性。（ ）

194. 水泥试验初凝时间不符合标准要求的水泥可在不重要的桥梁构件中使用。（ ）

195. 沸煮法主要检测水泥中是否含有过量的游离 CaO、游离 MgO 和 SO_3。（ ）

196. 评价水泥质量时，水泥中凡不溶物、烧失量、氧化镁、氧化硫、氯离子、凝结时间、安定性和强度中的任一项指标不符合国家标准要求时，则该水泥为废品。（ ）

197. 生产硅酸盐水泥的生料主要为石灰石质原料和黏土质原料。（ ）

198. 水泥标准稠度用水量试验中，所用标准维卡仪滑动部分的总质量为 300g ± 1g。（ ）

199. 水泥细度试验中，如果负压筛法与水筛法测定结果发生争议时，以负压筛法为准。（ ）

200. 用沸煮法可以全面检验硅酸盐水泥的体积安定性是否良好。（ ）

201. 采用比表面积方法比筛析法能够更好地反映水泥颗粒的粗细程度。( )

202. 水泥胶砂强度试件应在脱模前进行编号。对于两个龄期以上的试件,在编号时应将同一试模中的三条试件放在一个龄期内。( )

203. 水泥是一种水硬性胶凝材料,与水拌和后成为塑性胶体,既能在空气中硬化,又能在水中硬化。( )

204. 我国水泥胶砂强度检验方法从 GB 177—85 过渡到 GB/T 17671—1999(即 ISO 法),原水泥标号 525 相当于 ISO42.5 的水泥强度等级。( )

205. GB/T 1767—1999 水泥胶砂强度检验方法(ISO 法)不适用于粉煤灰水泥。( )

206. 用粒化高炉矿渣加入少量石膏共同磨细,即可制得矿渣硅酸盐水泥。( )

207. 用水量决定水泥混凝土的流动性,因此必须检测水泥标准稠度用水量。( )

208. 水泥抗压强度试验,以一组三个试件得到的 6 个抗压强度算术平均值为试验结果。如 6 个测定值中有一个超出 6 个平均值的 ±15%,舍去该结果,而以剩下 5 个测定值的平均值作为结果,如 5 个测定值中再有超过 5 个平均值 ±15% 的,则该次试验结果作废。( )

209. 水泥强度等级是以水泥试件 28d 抗压强度确定的。( )

210. 由于硅酸盐水泥的水化热大、抗冻性好,因此特别适应于冬季施工。( )

211. 水泥储存超过三个月,应重新检测其技术性质。( )

212. 水泥体积安定性不合格,应降低等级使用。( )

213. 游离 MgO 和 SO_3 的水化速度非常慢,水化产物的膨胀作用不会破坏硬化后的水泥石,因此,水泥出厂时一般不检测水泥的化学性质。( )

214. 大体积混凝土工程不能选用水化热大的水泥,如硅酸盐水泥。( )

215. 混凝土工程使用掺混合材料的水泥时,必须加强后期养护。( )

216. P·O 代表普通水泥,P·S 代表粉煤灰水泥。( )

217. 沸煮法安定性试验,主要是检测水泥中是否含有过量的三氧化硫。( )

218. 水泥混凝土的凝结时间是通过贯入阻力试验方法测定的。( )

219. 150mm × 150mm × 550mm 小梁试件的抗折强度试验,以三分点双荷载方式,按 0.5 ~ 0.7MPa/s的速度加载。( )

220. 水泥混凝土配合比有单位用量和相对用量两种表示方法。( )

221. 一组三个标准水泥混凝土梁形试件,抗折试验后测得的极限破坏荷载分别是 32.25kN、34.80kN、36.46kN,则最后的试验结果是 34.50kN。( )

222. 混凝土抗折强度试验,一组三个标准试件的极限破坏荷载分别是 33.50kN、34.24kN、39.67kN,则最后的试验结果是 4.77MPa。( )

223. 混凝土的最佳砂率是指在水泥浆用量一定的条件下,能够使新拌混凝土的流动性最大的砂率。( )

224. 混凝土存在一个合理砂率,即在能够保证混凝土拌和物获得要求的工作性的前提下,使水泥用量最少的砂率。( )

225. 当混凝土拌和物的坍落度大于 220mm 时,应采用坍落度扩展法测定稠度。( )

226. 采用标准养护的混凝土试件,拆模后可放在温度为 20℃ ±2℃ 的不流动的水中进行养护。( )

227. 新拌砂浆的流动性指标为稠度,保水性指标为分层度。( )

228. 目前,在工地和试验室,通常采用测定拌和物的流动性,并辅以直观经验评定黏聚性和保水性三方面结合的方法反映混凝土拌和物的和易性。( )

229. 当混凝土拌和物的坍落度小于 220mm 时,需要测量坍落扩展度值表示其和易性。( )

230. 塑性混凝土的坍落度范围为 10 ~90mm。( )

231. 混凝土拌和物的维勃稠度值越大,其坍落度也越大。( )

232. 混凝土坍落度试验规定筒高与坍落后试体最高点之间的高差作为坍落度。( )

233. 混凝土立方体抗压强度与轴心抗压强度相比,可以较真实地反映混凝土实际受力情况。( )

234. 混凝土中掺入减水剂,如果保持工作性和强度不变的条件下,可节约水泥的用量。( )

235. 对混凝土拌和物流动性大小起决定作用的是用水量的大小。( )

236. 混凝土立方体抗压强度试验的标准养护条件为:温度 20 ±1℃,相对湿度 95% 以上。( )

237. 大流动性混凝土的坍落度要求大于 200mm。( )

238. 水泥混凝土强度试验中,应始终缓慢匀速加荷,直至试件破坏,并记录破坏时的极限荷载。( )

239. 无论是混凝土抗压强度还是抗折强度试验,均以三个试件测定值的算术平均值作为测定结果。如果任一个测定值与中值的差超过中值的 15%,则取另外两个测定值的算术平均值作为测定结果。( )

240. 混凝土抗压强度试验,应根据设计强度或可能达到的强度,按强度计算公式反算出最大荷载,再遵照该荷载应达到某量程的 20% ~80% 的要求,选择合适的加载量程。( )

241. 混凝土抗折强度试验的三个试件中,如有一个断面位于加荷点外侧,则取另外两个试件测定值的算术平均值作为测定结果,并要求这两个测点的差值不大于其中较小测值的 15%。( )

242. 水泥混凝土流动性大说明其和易性好。( )

243. 普通混凝土的抗压强度与其水灰比呈线性关系。( )

244. 计算混凝土的水灰比时,要考虑使用水泥的实际强度。( )

245. 砂浆的流动性是用分层度表示的。( )

246. 水泥混凝土抗压强度、轴心抗压强度和劈裂抗拉强度试验结果的确定方法一样。( )

247. 混凝土的抗压强度以三个试件的平均值为测量值,如果任一个测值与中值差超出中值 15% 时,则该组试验无效。( )

248. 为节约水泥,采用高强度等级水泥配制低强度等级混凝土,强度和耐久性都能满足要求。( )

249. 在结构尺寸和施工条件允许的前提下,粗集料的粒径尽可能选择得大一些,可以节约水泥。( )

250. 流动性大的混凝土比流动性小的混凝土得到的强度低。( )

251. 混凝土配合比设计中,水灰比是依据水泥强度和粗集料的种类确定的。( )

252. 试验室试拌调整得到的混凝土的基准配合比,不一定能够满足强度要求。( )

253. 路面混凝土的设计指标采用抗折强度。( )

254. 现场配制混凝土时,如果不考虑集料的含水率,会降低混凝土的强度。( )

255. 采用质量法计算混凝土的砂石用量时,必须考虑混凝土的含气率。( )

256. 水泥混凝土配合比设计,试拌时发现坍落度不能满足要求,应在保持水灰比不变的条件下,调整水泥浆用量,直到符合要求为止。( )

257. 测定混凝土拌和物表观密度时,容量筒的选取方法为:对集料最大粒径不大于40mm的拌和物采用容积为5L的容量筒,其内径与内高均为186mm ±2mm,筒壁厚为3mm;集料最大粒径大于40mm时,容量筒的内径与内高均应大于集料最大粒径的4倍。( )

258. 水泥混凝土强度按数理统计方法进行质量评定可分为已知标准差法和未知标准差法两类。已知标准差法适用于混凝土批量较小,施工周期较短的混凝土;未知标准差法适用于混凝土批量较大,在较长时间内混凝土的生产条件保持一致,且同一品种混凝土的强度性能保持稳定的混凝土。( )

259. 采用已知标准差法评定混凝土强度的质量时,应以连续三组试件组成一个验收批,计算强度平均值和最小值。当混凝土强度等级大于C20时,应用公式$\bar{f}_{cu} \geq f_{cu,k} + 0.7\sigma_0$,$f_{cu,min} \geq f_{cu,k} - 0.7\sigma_0$,$f_{cu,min} \geq 0.85 f_{cu,k}$进行评定。( )

260. 动态剪切流变仪法(DSR)和弯曲流变仪法(BBR),均适用于原样沥青、压力老化后的沥青和TFOT(或RTFOT)后的老化沥青( )

261. 石油沥青的化学组分中沥青质含量越高,其软化点越高,脆硬性也就越大。( )

262. 石油沥青的化学组分中,蜡的存在会降低沥青路面的抗滑性。( )

263. 国产沥青的含蜡量和软化点都较高。( )

264. 含蜡量较高,延度较小,比重较大是国产沥青的特点。( )

265. 沥青的针入度越大,表示沥青的黏度越大。( )

266. 沥青的针入度越大,反映沥青的感温性越小。( )

267. 沥青环与球法软化点的测定,是将沥青浇注在规定的金属环中,上置规定质量钢球,以1℃/min的加热速度加热,当钢球滴落到下面金属板时的温度即为软化点。( )

268. 沥青的针入度和软化点都反映沥青的条件黏度。( )

269. 延度反映了沥青在某一条件下的变形能力,低温延度值越大,沥青低温环境下开裂性相对较小。( )

270. 针入度指数既可以反映沥青的热稳定性,又可以表征沥青的条件黏度。( )

271. 两种液体沥青的黏度分别为:A沥青$C_{60}^{5} = 50s$,B沥青$C_{60}^{5} = 100s$,试验结果表明A的黏度大于B。( )

272. 凝胶型结构的沥青对温度的敏感性较低,因此其路用性能最好。( )

273. 沥青试样加热时可以采用电炉或煤气炉直接加热。( )

274. 沥青试样在灌模过程中,若试样冷却需反复加热,反复加热的次数不得超过3次,以免沥青老化影响试验结果。( )

275. 灌模剩余的沥青可以反复使用，反复使用的次数不得超过2次。( )

276. 同一沥青试样3次针入度平行试验结果的最大值和最小值之差符合允许偏差范围时，计算3次试验结果的平均值(精确至0.1)，作为针入度试验结果，以0.1mm为单位。( )

277. 测定针入度值大于200(0.1mm)的沥青试样时，至少用三支标准针，每次试验后将针留在试样中，直至三次平行试验完成后才能将标准针取出。( )

278. 测定沥青环球软化点，要求起始温度为5℃±0.5℃，杯中水温在5min内调节，升温速度维持在5℃/min±0.5℃/min。( )

279. 测定沥青软化点应进行2次平行试验，并要求两次测定值的差值应符合重复性试验精密度要求。( )

280. 当沥青软化点小于80℃时，重复性试验的允许差为1℃。( )

281. 刮平沥青延度8字形试样的方法，应用热刮刀自试模的一端刮向另一端，且表面平滑。( )

282. 在沥青延度试验中，如发现沥青细丝浮于水面或沉入槽底，可以向水中加入酒精。( )

283. 当沥青延度试验结果小于100cm时，重复性试验的允许差为平均值的20%。( )

284. 测定沥青延度，同一试样平行试验不少于3个，如3个测定结果均大于100cm时，试验结果记作“100cm”；特殊需要也可分别记录实测值。( )

285. 测定不同温度下的沥青延度时，可以采用相同的拉伸速度。( )

286. 配制甘油滑石粉隔离剂必须严格遵照质量比为2:1的配制比例。( )

287. 我国现行沥青混合料配合比设计方法中，规定使用沥青25℃的相对密度。( )

288. 动态剪切流变仪法(DSR)测定沥青的动态剪切模量和相位角，用于评价沥青的流变性质。沥青动态剪切模量测量值的范围为0.1~10MPa，相应的温度范围为5~85℃。( )

289. 当沥青密度两次平行试验结果的差值符合重复性试验的精度要求时，应以平均值作为沥青密度试验结果，并准确至2位小数。( )

290. 对于最大粒径大于13.2mm的集料应采用水浸法试验评价沥青与集料的黏附性。( )

291. 对细粒式沥青混合料应以水浸法试验为标准检验沥青与集料的黏附性。( )

292. 沥青薄膜烘箱加热试验，若蒸发损失率为正值，则表明试验失败，应重新进行试验。( )

293. 乳化沥青是将黏稠沥青热融，经过机械作用碎裂成粒径约为2~5μm的细小微滴，并分散于含有乳化—稳定剂的水溶液中，形成水包油状的沥青乳液。( )

294. 通常稠度较高的沥青，针入度愈大。( )

295. 沥青针入度指数是划分道路石油沥青标号的依据。( )

296. 软化点即是反映沥青感温性的指标，又是沥青黏度的一种量度。( )

297. 某地夏季较热，冬季严寒且干旱少雨，则该地气候分区可能是2-1-4。( )

298. 密级配沥青混凝土必须采用连续型密级配的矿质混合料。( )

299. 沥青碎石属于开级配沥青混合料。( )

300. 沥青玛蹄脂碎石是工程中常用的骨架—空隙结构。( )

301. 密实—悬浮结构采用连续型密级配，沥青混合料获得的黏聚力和内摩擦角均小。( )

302. 沥青碎石属于骨架—空隙结构，具有较好的高温稳定性，但耐久性较差。( )

303. 沥青混合料夏季产生的车辙主要是指由于高温时抗拉强度不足或塑性变形过大而产生的推挤等现象。( )

304. 我国现行密级配沥青混凝土马歇尔试验技术标准中，控制高温稳定性的指标有稳定度和流值。( )

305. 影响沥青混合料施工和易性的首要因素是施工条件的控制。( )

306. 在沥青拌和厂取样时，应将专用容器装在拌和机卸料斗下方，每放一次料取一次样，连续取几次，混合即可。( )

307. 制备沥青混合料试件时，应先将各种矿料置于拌和机中拌和均匀后再加入沥青。( )

308. 室内拌制沥青混合料时，应将沥青混合料拌和机预热至拌和温度以上 10℃ 备用。( )

309. 击实马歇尔试件，应先用小铲将混合料铲入已备好的试模中，再用插刀沿周边插捣 10 次、中间 15 次。插捣后将沥青混合料表面整平。( )

310. 当缺乏运动黏度测定条件时，制备沥青混合料试件的拌和与压实温度可按现行规范提供的参考表选用。针入度小、稠度大的沥青取低限；针入度大、稠度小的沥青取高限，一般取中值。( )

311. 制作标准马歇尔试件高度若不符合 62.5mm ± 1.3mm 的要求时应作废。( )

312. 沥青混合料试件的高度变化会影响稳定度的试验结果，而对流值无影响。( )

313. 目前，测定沥青混合料毛体积密度的方法是表干法。( )

314. 蜡封法适用于测定吸水率小于 2% 的沥青混合料试件的毛体积密度。( )

315. 对于沥青混合料试件，若能用水中重法测定其表观密度，则也可用表干法测定其毛体积密度，而且两种方法的测试结果会比较接近。( )

316. 在进行沥青混合料试件的密度测定时，一般地说，蜡封法测定的毛体积密度比表干法测得的准确。( )

317. 沥青混合料马歇尔稳定度试验，一组试件的数量最少不得少于 4 个。( )

318. 测定稳定度，若马歇尔试件两侧高度差大于 2mm 时，试件应作废。( )

319. 测定标准马歇尔试件的稳定度时，应先将试件在 60℃ ±1℃ 恒温水槽中保温 60min。( )

320. 马歇尔稳定度试验的温度越高，测定的稳定度值愈大，流值愈小。( )

321. 在马歇尔试验仪中读取稳定度应准确至 0.01kN，流值应准确至 0.01mm。( )

322. 真空法测定沥青混合料的理论最大相对密度，若抽气不干净，测得的结果将偏小；若试样不干燥，测得的结果将偏大。( )

323. 测定沥青混合料毛体积相对密度和表观相对密度的主要区别是计算体积时采用了不同状态下的试件质量。( )

324. 测定沥青混合料的毛体积密度，若称取试件水中质量时，天平读数持续变化，不能很

快达到稳定，则应增加试件浸水时间。（ ）

325. 称取马歇尔试件的表干质量时，应从水中取出试件，用洁净柔软的拧干湿毛巾用力擦去试件的表面水后再称量。（ ）

326. 我国现行标准规定，采用马歇尔稳定度试验来评价沥青混合料的高温稳定性。（ ）

327. 沥青混合料残留稳定度指标是指试件浸水 7d 后的稳定度。（ ）

328. 考虑到夏季材料膨胀和沥青路面抗车辙能力提高等因素，沥青混合料空隙率一般不小于 3%。（ ）

329. 采用离心分离法测定沥青混合料中的沥青含量，如果忽略泄漏入抽提液中矿粉的质量，则测得结果较实际值大。（ ）

330. 沥青混合料配合比设计可分为矿质混合料组成设计和沥青最佳用量确定两部分。（ ）

331. 随沥青含量增加，沥青混合料试件的饱和度和流值将按相似的曲线递增。（ ）

332. 压实沥青混合料，矿料及沥青以外的空隙（包括矿料自身内部的孔隙）的体积占试件总体积的百分率，称为沥青混合料试件的空隙率。（ ）

333. 沥青混合料拌和过程中，如发现某热料仓溢料或待料，说明冷热料仓供料比不匹配，应适当调整相应冷料仓的流量。（ ）

334. 沥青路面施工时，若混合料的加热温度过高或过低时，易造成沥青路面泛油现象。（ ）

335. 沥青混合料中粗集料是指粒径大于 2.36mm 的碎石、破碎砾石、筛选砾石及矿渣等集料。（ ）

336. 在用表干法测定压实沥青混合料密度试验时，当水温不为 25℃时，沥青芯样密度应进行水温修正。（ ）

337. 在拌和厂及施工现场采集沥青混合料拌和制备标准马歇尔试件时，当集料公称最大粒径大于 31.5mm 时，也可利用直接法，但一组试件的数量应增加至 6 个。（ ）

338. 热拌沥青混合料的细集料可使用石屑，但在高速公路、一级公路中，石屑用量不宜超过天然砂及机制砂的用量。（ ）

339. 测定沥青混合料试件的表观密度，毛体积密度的试验温度为 25℃ ±0.5℃，而测定沥青密度的试验温度为 15℃或 25℃，控制准确至 0.1℃。（ ）

340. 沥青混合料车辙试验是在规定条件下，测量试件每增加 1mm 变形需要行车的次数。（ ）

341. 悬浮—密实结构沥青混合料具有较高黏聚力，但内摩擦力较低，高温稳定性较差。（ ）

342. 确定沥青混合料生产配合比时，若出现与标准级配范围中值出入较大的情况，还须适当调整热料仓供料比，直至关键筛孔的通过率与标准级配相应筛孔通过率中值的误差不超过规定值为止。这里的关键筛孔，指 0.075mm、2.36mm、4.75mm、最大公称粒径对应的筛孔以及最大公称粒径与 4.75mm 中间的筛孔。（ ）

343. 干燥的磨细消石灰或生石灰粉作为矿料的一部分，可以增大沥青混合料的抗剥离性能。（ ）

344. 塑性指数为 12 ~ 15 的黏性土适合用石灰粉煤灰稳定。( )

345. 半刚性基层、底基层材料的组成设计依据主要是根据强度标准。( )

346. 半刚性基层材料的冲刷试验,要求冲刷物沉底 24h 后,烘干沉淀物并称其质量,作为 30min 的累计冲刷量。( )

347. 石灰稳定细粒土可以用作高速公路的基层。( )

348. 石灰稳定中粒土颗粒的最大粒径小于 26.5mm,且其中小于 19.0mm 的颗粒含量不少于 90%。( )

349. 有效氧化钙在 20% 以上的等外灰,即使混合料的强度能够满足要求也不能使用。( )

350. 快硬水泥、早强水泥可以用于水泥稳定基层材料中。( )

351. 硫酸盐超过 2.5% 的土,不能用水泥稳定。( )

352. 在制作 EDTA 标准曲线时,应准备 5 种不同水泥(石灰)剂量的试样,每种 1 个样品。( )

353. 当所配置的 EDTA 溶液用完后,应按照同样的浓度配置 EDTA 溶液,但不需要重做标准曲线。( )

354. 氯化铵简称为 EDTA。( )

355. 由于水中的钙镁离子会消耗 EDTA 溶液,因此在制作标准曲线时,应使用干混合料。( )

356. 无机结合料稳定土的无侧限抗压强度试验,制件所用的试模内径两端尺寸有所不同。( )

357. EDTA 滴定法快速测定石灰剂量试验中,钙红指示剂加入石灰土和氯化铵进行反应,溶液呈纯蓝色。( )

358. 无机结合料稳定土击实试验,根据击实功的不同,可分为轻型和重型两种试验方法。( )

359. 对于无机结合料稳定土击实试验,当最大粒径达到 26.5mm 时,适合用丙法。( )

360. 制备石灰稳定土无侧限抗压强度试件时,拌和均匀加有水泥的混合料应在 1h 内制成试件。( )

361. 无机结合料稳定材料无侧限抗压强度试件养生温度,在北方地区保持 20℃ ±2℃,在南方地区应保持 25℃ ±2℃。( )

362. 半刚性基层稳定材料设计,以无侧限抗压强度平均值作为设计指标。( )

363. 某灰土层 7d 强度标准为 0.80MPa,抽样检测时得到的强度平均值为 0.85MPa,尽管如此,强度也可能不合格。( )

364. 沸腾钢脱氧比较完全,质量好,但成本高。( )

365. 氧在钢中为不利元素,根据炼钢时脱氧程度不同,钢材可分为沸腾钢、镇静钢、半镇静钢和特殊镇静钢。( )

366. 钢和铁的主要成分相同,但含硫量不同。( )

367. 沸腾钢脱氧程度不完全,杂质多,致密程度较好,冲击韧性和可焊接性差。( )

368. 碳素钢根据含碳量可分为低碳钢和高碳钢两种。( )

369. 合金钢按合金元素的总含量可分为低合金钢、中合金钢、高合金钢和特殊合金钢。( )

370. 结构设计中,通常以屈服强度作为设计计算的取值依据。( )

371. 强度较高的钢筋应采用自然时效。( )

372. 碳素结构钢随牌号增大,强度和伸长率也随之增大。( )

373. 钢筋拉伸试验截取的 2 根试样应从两根钢筋或两盘盘条上分别切取,每根钢筋上切取一个进行拉伸试验试样和一个冷弯试验试样。( )

374. 钢筋性能试验试样截取长度为:拉伸试样 $L \geqslant 10d + 150\text{mm}$,冷弯试样 $L \geqslant 5d + 150\text{mm}$。( )

375. 钢筋拉伸试验前,首先应在标距两端和中间截面处,测量相互垂直的两个直径,取其平均值分别作为 3 个截面的平均直径。以 3 个截面平均直径的平均值计算试样的原始横截面的面积。( )

376. 计算钢筋断后伸长率的公式为 $\delta = (L_1 - L_0)/L_0 \times 100\%$,式中 L_1 为试件的原始标距长度,L_0 为试件拉断后的标距长度。( )

377. 钢筋的屈强比越大,说明钢筋在结构中的安全性和可靠性越高。( )

378. 大多数钢材的牌号是按其抗拉强度值划分的。( )

379. $\sigma_{0.2}$ 表示规定残余伸长率的 0.2% 的应力,作为无明显屈服点的硬钢的条件屈服点。( )

380. 伸长率大的钢材,其冷弯性能一定好。( )

381. 钢材的时效处理是指自然时效处理。( )

382. 一般强度较低的钢材采用自然时效处理,强度较高的钢材采用人工时效处理。( )

383. 钢材热处理是将钢材按一定的规则加热,再冷却的过程。( )

384. 钢筋焊接接头弯曲试验的试样长度宜为两支辊内侧距离另加 150mm,即 $L = (D + 2.5d) + 150\text{mm}$。($D$——弯心直径,$d$——钢筋直径)( )

385. 冷加工是指钢材在常温下进行的加工,常见的冷加工方式有:冷拉、冷拔、冷轧、冷扭、刻痕等。( )

386. 钢材拉伸试验,原则上只有断裂处与最接近的标距标记的距离不小于原始标距的 1/3,断后伸长率方为有效。但断后伸长率大于或等于规定值时,不管断裂位置处于何处测量均有效。( )

387. 钢筋应按批进行检验与验收,每批重量不大于 60t,且拉伸试验与冷弯试验分别取 2 个试样。超过 60t 的部分,每增加 40t,应增加拉伸试验试样和冷弯试验试样各一个。( )

388. 焊接钢筋网应采用 CRB550 冷轧带肋钢筋和所有牌号与类型的热轧带肋钢筋。( )

389. 焊接钢筋网,当纵向钢筋采用并筋时,其公称直径应满足:0.7 横向钢筋公称直径 ≤ 纵向钢筋的公称直径 < 1.25 横向钢筋公称直径。( )

390. 焊接钢筋网应按批进行检验验收,每批应由同一型号、同一原材料来源、同一生产设备,并在同一连续时段内制造的钢筋焊接网组成,质量不大于 60t。( )

391. 每批钢筋焊接网的力学与工艺性能试验的试验数量、取样方法与试验方法按下表进行:

试验项目	试验数量	取样方法	试验方法
拉伸试验	2个	两个方向各截取1个试样	CB/T 228.1
弯曲试验	2个	两个方向各截取1个试样	CB/T 232
剪切试验	3个	两个方向任意截取3个试样	CB/T 228.1

( )

392. 焊接钢筋网纵向钢筋间距宜为50mm的整数倍，横向钢筋间距宜为25mm的整数倍，最小间距宜采用100mm。钢筋伸出长度宜小于50mm。( )

393. 振动台法是测定粗粒土的最大干密度的比选试验方法。( )

394. 粗粒土的最大干密度取值，当湿土法结果比干土法高时，采用湿土法的试验结果的平均值。( )

395. 土工织物的刺破强力是顶杆顶压试样时的最大压力值。( )

396. 岩石以CaO的含量划分酸性、中性和碱性石料。( )

397. 对于需水量较大的水泥(如火山灰水泥、粉煤灰水泥、复合水泥和掺火山灰质混合材的普通水泥)进行胶砂强度检验时，其用水量应按0.50水灰比和胶砂流动度不小于180mm来确定。( )

398. 道路硅酸盐水泥是一种强度高(尤其是抗折强度高)、耐磨性好、干缩性小、抗冲击性好、抗冻性和抗硫酸性比较好的专用水泥。它适用于道路路面、机场道面、城市广场等工程。( )

399. 钢筋混凝土用水中氯离子(Cl^{-1})含量不得超过1000mg/L，预应力混凝土和设计使用年限为100年的结构混凝土用水氯离子含量不得超过500mg/L。( )

400. 水泥混凝土拌和物含气量试验适用于集料公称最大粒径不大于31.5mm、含气量不大于10%的混凝土。( )

401. 道路硅酸盐水泥的初凝时间不得早于45min，终凝时间不得迟于10h。( )

402. 道路硅酸盐水泥分为32.5、42.5、52.5普通型和32.5R、42.5R、52.5R早强型6个强度等级。( )

403. 道路石油沥青的技术标准中规定的60℃动力黏度为条件黏度，采用真空减压毛细管法测定，真空度为40kPa。( )

404. 近年来由于改性沥青的黏度增大，美国SHRP战略计划推出了布洛克菲尔德(Brookfield)黏度计方法，即布氏旋转黏度方法，测定道路沥青在45℃以上温度范围内的表观黏度，以Pa·s计。( )

405. 弹性恢复性试验适合于橡胶类及热塑性橡胶类聚合物改性沥青。( )

三、多项选择题

(每题所列的备选项中，有2个或2个以上正确答案，选项全部正确得满分，选项部分正确按比例得分，出现错误选项本题不得分，每题2分)

1. 三轴试验的方法有以下几种：( )

A. 固结排水剪　　B. 固结不排水剪

C. 不固结不排水剪　　D. 固结慢剪

2. 土的密度测试可用以下方法：(　)

A. 环刀法　B. 蜡封法　C. 水中重法　D. 灌水法

3. 土的三相比例指标(物理性质指标)中可直接测试的指标为：(　)

A. 天然密度　B. 含水率　C. 压缩系数　D. 相对密度

4. 土的粒组包括以下几种：(　)

A. 巨粒组　B. 粗粒组　C. 中粒组　D. 细粒组

5. 测含水率的试验方法有：(　)

A. 烘干法　B. 酒精燃烧法

C. 密度法　D. 碳化钙气压法

6. 测土的相对密度时，土的质量与比重瓶的容积应满足下列条件：(　)

A. 15g，100mL　B. 12g，50mL

C. 15g，50mL　D. 12g，100mL

7. 计算土的相对密度时应已知的质量为：(　)

A. 瓶、水、土总质量　B. 瓶、水总质量

C. 干土质量　D. 瓶质量

8. 土工筛中，下列孔径属粗筛的为：(　)

A. 40mm　B. 20mm　C. 10mm　D. 5mm

9. CBR 试验制件时，需制三组不同的干密度试件，这三组试件每层击数分别为(　)

A. 30 次　B. 59 次　C. 50 次　D. 98 次

10. 固结试验荷载等级为：(　)

A. 50kPa　B. 100kPa　C. 200kPa　D. 300kPa

11. 击实试验的种类包括：(　)

A. 轻型　B. 重型　C. 超重型　D. 微重型

12. 压缩试验可整理出的曲线有：(　)

A. e-p 曲线　B. p-s 曲线　C. e-lg$p$ 曲线　D. p-τ_f 曲线

13. 下列方法属于沉降分析法的是：(　)

A. 水筛法　B. 密度计法

C. 灌水法　D. 移液管法

14. 土的级配曲线坐标组成是：(　)

A. 横坐标为粒径对数　B. 纵坐标为通过百分率

C. 双对数坐标　D. 半对数坐标

15. 灌砂法所用标准砂为：(　)

A. 中砂　B. 0.25 ~ 0.5mm 砂

C. 0.5 ~ 1mm 砂　D. 细砂

16. 下列(　)方法可以对土进行简易鉴别。

A. 目测估计　B. 手捻　C. 搓条　D. 摇震

17. 土的压缩特性为：(　)

A. 压缩模量大，压缩性高　B. 压缩系数大，压缩性高

C. 压缩指数大,压缩性高　　D. 压缩系数大,压缩性高

18. 直剪试验的方法有:(　)

A. 固结快剪　　B. 快剪　　C. 慢剪　　D. 固结慢剪

19. 下列试验哪种方法可以测定土的相对密度?(　)

A. 虹吸筒法　　B. 浮称法　　C. 灌水法　　D. 灌砂法

20. 下列关于土压实的说法正确的是:(　)

A. 土压实后体积缩小

B. 土体积缩小是因为气体排出

C. 土体积缩小是因为水和气体同时排出

D. 体积缩小因为土颗粒被压小

21. 固结快剪的特征是:(　)

A. 法向力作用下,土样不排水固结　　B. 剪切力作用下,土样不排水固结

C. 法向力作用下,土样排水固结　　D. 剪切力作用下,土样排水固结

22. 土在固结过程中,下列说法正确的是:(　)

A. 孔隙水压力不断消散　　B. 有效应力不断增大

C. 孔隙水压力不变　　D. 有效应力不变

23. 下列土属于特殊土的是:(　)

A. 红黏土　　B. 砂土　　C. 黄土　　D. 黏土

24. 烘干法测含水率时适用于下列土:(　)

A. 黏质土　　B. 砂类土　　C. 有机质土　　D. 粉质土

25. 灌砂前应进行下列工作:(　)

A. 标定灌砂筒下部圆锥体内砂的质量　　B. 确定量砂密度

C. 确定标定罐容积　　D. 确定基坑体积

26. 下列孔径属细筛的为:(　)

A. 2mm　　B. 1mm　　C. 0.5mm　　D. 0.25mm

27. 液塑限试验适用范围:(　)

A. $D \leqslant 0.5$mm　　B. $D \leqslant 5$mm

C. 有机质含量不大于总质量的 5%　　D. 有机质含量不大于总质量的 10%

28. CBR 试件饱水应满足水面在试件顶面上(　),需饱水(　)时间。

A. 25mm　　B. 20mm　　C. 4 昼夜　　D. 3 昼夜

29. 土可分为:(　)

A. 巨粒土　　B. 粗粒土　　C. 细粒土　　D. 特殊土

30. 压缩试验结果整理时需求算天然孔隙比 e_0,求算 e_0 时必须已知土的下列指标:(　)

A. 土的密度　　B. 饱和度　　C. 含水率　　D. 土的相对密度

31. 击实功的大小,对最大干密度与最佳含水率的影响,说法错误的是:(　)

A. 增大击实功,最大干密度增大　　B. 增大击实功,最大干密度减小

C. 增大击实功,最佳含水率增大　　D. 增大击实功,最佳含水率减小

32. 颗粒分析试验中,含黏土粒的砂砾土采用:(　)

A. 水筛法

B. 干筛法

C. 黏粒含量超过总质量的10%时，应做沉降分析试验

D. 以上说法均不正确

33. 下列关于三轴压缩试验，说法正确的是：( )

A. 能控制排水条件

B. 破裂面不是人为固定

C. 土样所受力为侧向压力和竖向压力

D. 土样所受围压为σ_1

34. 慢剪的特征是：( )

A. 法向力作用下，土样不排水固结

B. 剪切力作用下，土样不排水固结

C. 法向力作用下，土样排水固结

D. 剪切力作用下，土样排水固结

35. 黏质土的物理状态有：( )

A. 坚硬状态　B. 可塑状态　C. 流塑状态　D. 紧密状态

36. 现行《公路土工试验规程》(JTG E40—2007)将土的粒组分为：( )

A. 巨粒组　B. 粗粒组　C. 细粒组　D. 中粒组

37. 土的分类依据包括：( )

A. 土颗粒组成特征

B. 土的塑性指标

C. 土中有机质存在情况

D. 不均匀系数

38. 土是由三相组成的，三相分别指：( )

A. 固相　B. 液相　C. 气相　D. 含水率

39. 砂土相对密度试验，目的是求得( )指标，用于计算相对密度。

A. e_{max}

B. e_{min}

C. e

D. 上述答案均不正确

40. 土层的天然固结状态可分为：( )

A. 超固结状态

B. 正常固结状态

C. 欠固结状态

D. 次固结状态

41. 关于土的CBR值精度要求，正确的是：( )

A. 如三个平行试验计算得的承载比变异系数大于12%，则去掉一个偏离值大的，取其余两个结果的平均值

B. 如变异系数小于12%且三个干密度偏差小于0.03g/cm^3，取三个结果平均值

C. 如变异系数小于12%且三个干密度偏差大于0.03g/cm^3，去掉一个偏离值大的，取两个结果平均值

D. 上述说法均不正确

42. 土的回弹模量的测定方法有：( )

A. 承载板法

B. 强度仪法

C. 振动仪法

D. 贯入实验

43. 下列( )指标可反应土的密实程度。

A. 干密度　　B. 孔隙比
C. 相对密度　　D. 饱和度

44. 下列哪些土不宜用环刀法测其密度？(　)
A. 细粒土　B. 粗粒土　C. 巨粒土　D. 中粒土

45. 下列哪些方法可用于现场测定细粒土密度？(　)
A. 灌砂法　B. 灌水法　C. 环刀法　D. 蜡封法

46. 下列哪些措施可提高土的最大干密度？(　)
A. 增加土中粗颗粒含量　　B. 增大击实功
C. 减小含水率　　D. 增大含水率

47. 下列土中不属于粗粒土的是：(　)
A. 漂石　B. 砾石　C. 粉质土　D. 黄土

48. 扰动土样制备试件可采用以下哪些方法？(　)
A. 压样法　B. 击实法　C. 振动法　D. 预压法

49. 下列哪些方法可对试件进行饱和？(　)
A. 浸水饱和　　B. 毛细管饱和
C. 真空饱和　　D. 上述方法均不正确

50. 下列哪些试验属于土的化学性质试验？(　)
A. 渗透试验　　B. 酸碱度试验
C. 烧失量试验　　D. 有机质含量试验

51. 粒度成分的表示方法有：(　)
A. 表格法　　B. 累计曲线法
C. 三角坐标法　　D. 画图法

52. 下列哪些方法可代替用液塑限联合测定细粒土的塑性？(　)
A. 干强度试验　　B. 手捻试验
C. 韧性试验　　D. 摇震试验

53. 下列关于手捻试验叙述正确的是：(　)
A. 手感滑腻，无砂，捻面光滑者为塑性高
B. 稍有滑腻感，有砂粒，捻面稍有光泽者为塑性中等
C. 稍有黏性，砂感强，捻面粗糙者为塑性低
D. 上述说法均不正确

54. 下列关于搓条试验叙述正确的是：(　)
A. 能搓成 1mm 土条者为塑性高
B. 能搓成 1 ~ 3mm 土条者为塑性中等
C. 能搓成直径大于 3mm 土条即断裂者为塑性高
D. 能搓成直径大于 3mm 土条即断裂者为塑性低

55. 下列关于土的分类指标的获得，说法正确的是：(　)
A. 土的颗粒特征用筛分法确定
B. 土的塑性指标用液塑限联合测定方法确定

C. 按有机质含量试验确定土中有机质存在情况

D. 以上说法均不正确

56. 用击实法对扰动土样进行试件制备时，应根据哪些要求制备：（ ）

A. 干密度 B. 含水率 C. 孔隙比 D. 湿密度

57. 下列关于界限含水率试验土样制备叙述正确的是：（ ）

A. 将风干土样过 0.5mm 筛

B. 3 个土样含水率分别控制在液限（a 点），略大于塑限（c 点）和两者中间状态（b 点）

C. a 点的锥入深度应为 20mm ± 2mm

D. 闷料 18h 以上

58. 整理液塑限试验结果时，下列说法正确的是：（ ）

A. h-w 坐标系为二级双对数坐标

B. a、b、c 三点应连成一条直线，若不能连成一条直线，应过 a 点与 b、c 分别连成两条直线

C. 100g 锥，锥入深度 5s，入土深度 h = 20mm 所对应的含水率为液限

D. 入土深度 h = 5mm 所对应的含水率为液限

59. 下列哪些试验方法可测得土的渗透系数？（ ）

A. 常水头渗透试验 B. 变水头渗透试验

C. 现场抽水试验 D. 固结试验

60. 下列有关土的无侧限抗压强度试验，正确的有：（ ）

A. 无侧限抗压强度是试件在无侧向压力条件下，抵抗轴向压力的极限强度。

B. 试件直径取上、中、下三个不同直径的平均值。

C. 当百分表达到峰值或读数达到稳定，再继续剪 3% ~5% 应变值即可停止试验。

D. 轴向应变以每分钟 1% ~3% 应变值的速度转动手轮，使试验在 8 ~20min 内完成。

61. 关于土的回弹模量，说法正确的是：（ ）

A. 土的回弹模量是表示土在垂直荷载作用下抵抗垂直变形的能力

B. p-l 关系线一定是直线

C. 可以用承载板法测定土的回弹模量

D. 回弹模量试件用击实法制备

62. 下列哪些问题是与土的强度有关的？（ ）

A. 边坡稳定问题 B. 挡土墙稳定问题

C. 地基土承载力问题 D. 冻土问题

63. 关于土的界限含水率，说法正确的是：（ ）

A. 液限是土从液体状态向塑性体状态过渡的界线含水率

B. 塑限是土由塑性体状态向脆性固体状态过渡的界线含水率

C. 缩限是黏质土在饱和状态下，因干燥收缩至体积不变时的含水率

D. 液限是 100g 锥，锥入时间 5s，锥入深度 20mm 时所对应的含水率

64. 影响土渗透性的因素有：（ ）

A. 粒度成分 B. 结构构造

C. 矿物成分 D. 压缩系数

65. 对砂土密实度的评价,下列说法错误的是:( )
A. 砂土的密实度用相对密度评价
B. 砂土相对密度 $D_r<0.33$ 时,为松散状态
C. 砂土相对密度 $D_r>0.67$ 时,为密实状态
D. 以上说法均不正确

66. 以下哪些土质不宜用酒精燃烧法测定其含水率?( )
A. 含有机质土 B. 细粒土 C. 巨粒土 D. 含石膏土

67. 单位面积质量反应土工合成材料的哪些性能?( )
A. 原材料用量 B. 生产的均匀性
C. 质量的稳定性 D. 与产品性能无关

68. 土工合成材料一般分为下列几类:( )
A. 土工织物 B. 土工膜
C. 土工复合材料 D. 土工特种材料

69. 测定土工织物厚度时,压力等级为:( )
A. 2kPa B. 20kPa C. 100kPa D. 200kPa

70. 下列土工合成材料不适宜用恒水头法测定其垂直渗透性能的是:( )
A. 土工膜 B. 土工格栅 C. 复合排水材料 D. 土工织物

71. 土工织物用作反滤材料时,要求:( )
A. 土工织物能阻止土颗粒随水流失
B. 土工织物具有一定的透水性
C. 土工织物不能既透水又能阻止土颗粒随水流失
D. 以上说法均不正确

72. 下列属于土工合成材料物理性能试验的是:( )
A. 厚度试验 B. 垂直渗透性能试验
C. 拉伸试验 D. 单位面积质量测定

73. 关于土工织物的孔径,下列说法正确的是:( )
A. 是水力学特性的一项重要指标
B. 反映土工织物的过滤性能
C. 评价土工织物阻止土颗粒通过的能力
D. 反映土工织物透水性

74. 土工合成材料的拉伸试验主要有以下哪几种方法?( )
A. 宽条试验 B. 单筋、单条拉伸试验
C. 窄条试验 D. 以上说法均不正确

75. 下列土工合成材料不适合用条带拉伸方法测拉伸性能的是:( )
A. 土工格栅 B. 土工织物 C. 复合土工织物 D. 土工加筋带

76. 下列土工合成材料,哪些可以用宽条拉伸试验测其拉伸性能?( )
A. 土工格栅 B. 土工织物 C. 复合土工织物 D. 土工加筋带

77. 测定土工织物有效孔径的方法有:( )

A. 干筛法　　B. 湿筛法　　C. 沉降分析法　　D. 滚搓法

78. 土工合成材料的直剪摩擦试验,所用直剪仪有以下哪两种？(　)

A. 接触面积不变　　B. 接触面积递减
C. 接触面积递增　　D. 接触面积无规律变化

79. 路用石料的强度等级是依据(　)指标划分的。

A. 抗压强度　　B. 压碎值　　C. 磨耗率　　D. 磨光值

80. 路用石料的主要技术标准是:(　)

A. 单轴抗压强度　　B. 压碎值　　C. 磨耗率　　D. 冲击值

81. 为提高高速公路、一级公路路面的抗滑性,所选石料时应该考虑(　)力学指标。

A. 磨光值　　B. 抗压强度　　C. 道瑞磨耗值　　D. 冲击值

82. 测定石料的单轴抗压强度,用游标卡尺量取试件尺寸,对于立方体试件在(　)各量取其边长,以各个面上相互平行的两个边长的算术平均值计算其承压面积。

A. 顶面　　B. 中面　　C. 底面　　D. 侧面

83. 路用石料抗压强度试验,石料的标准试件可选用:(　)

A. 边长 50mm 的正立方体　　B. 边长 70mm 的正立方体
C. 边长 200mm 的正立方体　　D. 直径与高均为 50mm 的圆柱体

84. 石料的物理性质主要包括:(　)

A. 物理常数　　B. 吸水性　　C. 耐候性　　D. 磨耗性

85. 石料在规定条件下的吸水能力,工程上常采用(　)指标表征。

A. 含水率　　B. 吸水率　　C. 饱水率　　D. 软化系数

86. 通常采用(　)指标反映石料在饱水状态下的抗冻性。

A. 质量损失率　　B. 冻融系数
C. 强度损失率　　D. 软化系数

87. 测定石料抗冻性试验方法有:(　)

A. 直接冻融法　　B. 冻融劈裂法
C. 浸水马歇尔法　　D. 硫酸钠坚固性法

88. 石料的化学性质对其路用性能影响较大,通常按 SiO_2 的含量将石料划分为:(　)

A. 酸性石料　　B. 中性石料　　C. 碱性石料　　D. 基性石料

89. 粗集料的物理性质主要包括:(　)

A. 表观密度　　B. 毛体积密度
C. 级配　　D. 针片状颗粒含量

90. 采用网篮法可以同时测出试件的:(　)

A. 表观密度　　B. 毛体积密度　　C. 表干密度　　D. 吸水率

91. 粗集料的表观体积包括:(　)

A. 矿质实体体积　　B. 空隙体积
C. 开口孔隙体积　　D. 闭口孔隙体积

92. 粗集料的坚固性试验应采用硫酸钠坚固性法,配制硫酸钠溶液可加入(　)。

A. 结晶硫酸钠　　B. 无水硫酸钠

C. 氯化钡　　D. 氢氧化钠

93. 粗集料的力学性质通常用(　)指标表示。

A. 石料压碎值　　B. 坚固性

C. 软石含量　　D. 洛杉矶磨耗损失

94. 粗集料的毛体积密度是在规定条件下单位毛体积的质量。其中毛体积包括(　)体积。

A. 矿质实体　　B. 闭口孔隙　　C. 开口孔隙　　D. 颗粒间空隙

95. 高速公路、一级公路抗滑层用粗集料除应满足基本质量要求外,还需要检测(　)指标。

A. 含泥量　　B. 与沥青的黏附性

C. 针片状颗粒含量　　D. 磨光值

96. 细集料级配参数是指:(　)

A. 细度模数　　B. 分计筛余百分率

C. 累计筛余百分率　　D. 通过百分率

97. 常用细集料主要有:(　)

A. 天然砂　　B. 人工砂　　C. 石屑　　D. 矿粉

98. 石料的磨耗性可以采用(　)磨耗试验测定。

A. 洛杉矶　　B. 狄法尔　　C. 道瑞　　D. 肯塔堡

99. 集料中对水泥混凝土能够带来危害的有害杂质主要包括:(　)

A. 泥或泥块　　B. 有机质　　C. 轻物质　　D. 三氧化硫

100. 细集料的表观密度试验,需要测定以下(　)数据。

A. 烘干后试样的质量　　B. 水和容量瓶的总质量

C. 试样、水和容量瓶的总质量　　D. 水的试验温度

101. 粗集料不同堆积状态下的密度包括(　),用以确定粗集料的空隙率或间隙率。

A. 堆积密度　　B. 振实密度　　C. 毛体积密度　　D. 捣实密度

102. 集料的堆积密度试验是将集料按规定的方法装填于密度筒中,集料的堆积体积由(　)组成。

A. 矿质实体体积　　B. 颗粒间隙体积

C. 开口孔隙体积　　D. 闭口孔隙体积

103. 测定细集料中含泥量的试验方法有:(　)

A. 筛洗法　　B. 砂当量法　　C. 比色法　　D. 亚甲蓝法

104. 采用容量瓶法测定细集料表观密度的试验中,需要测量的参数有:(　)

A. 砂样烘干质量　　B. 水及容量瓶的质量

C. 砂样、水及容量瓶的质量　　D. 试验温度下水的密度

105. 水泥混凝土用砂,宜选用细度模数在 1.6 ~ 3.7 的砂,(　)的细度模数处于此范围。

A. 粗砂　　B. 中砂　　C. 细砂　　D. 特细砂

106. 与石油沥青黏附性较好的石料有:(　)

A. 石灰岩　　B. 花岗岩　　C. 砂岩　　D. 玄武岩

107. 集料试验取样量的多少取决于:( )

A. 最大粒径　B. 公称最大粒径　C. 试验项目　D. 试验频数

108. 矿质混合料的最大密度曲线是通过试验提出的一种:( )

A. 实际曲线　B. 理论曲线　C. 理想曲线　D. 曲线范围

109. 各种集料按照一定比例搭配,为了达到较高的密实度,可以采用:( )

A. 连续级配　B. 间断级配　C. 连续开级配　D. 连续密级配

110. 为设计方便,绘制矿质混合料的级配曲线通常可以采用( )坐标系。

A. 对数　B. 半对数　C. 指数　D. 常数

111. 矿质混合料有多种组成设计方法,目前一般习惯于采用:( )

A. 试算法　B. 正规方程法　C. 图解法　D. 电子表格法

112. 最大密度曲线 n 幂公式作为矿质混合料级配设计的理论依据,其重要之处在于:( )

A. 适用于连续级配

B. 提出了最大密度曲线

C. 解决了级配范围问题

D. 既适于连续级配,又适于间断级配

113. 用于细粒式沥青混合料的粗集料,检验其级配最常选用的方孔筛筛孔尺寸有:( )

A. 19mm　B. 13.2mm　C. 9.5mm　D. 4.75mm

114. 粗集料在混合料中起骨架作用,( )可以用作粗集料。

A. 碎石　B. 石屑　C. 砾石　D. 矿渣

115. 不同水温条件下测量的粗集料表观密度需要进行水温修正,修正时与( )参数有关系。

A. 不同试验温度下水的密度　B. 水在4℃时的密度

C. 水的温度修正系数　D. 粗集料干质量

116. 级配是集料粗细颗粒的搭配情况,它是影响集料空隙率的重要指标。一个良好的级配要求:( )

A. 空隙最小　B. 总面积不大　C. 空隙最大　D. 总面积最大

117. ( )所用粗集料的筛分试验必须采用水筛法试验。

A. 水泥混凝土　B. 沥青混合料　C. 路面基层　D. 路基

118. 矿粉筛分试验的标准筛选用:( )

A. 0.6mm　B. 0.3mm　C. 0.15mm　D. 0.075mm

119. 沥青混合料用粗集料的质量要求中,按交通等级,针片状颗粒含量分别对( )作了要求。

A. 混合料中的总量　B. 9.5mm 以上颗粒

C. 9.5mm 以下颗粒　D. 16mm 以上颗粒

120. 水泥细度可以采用( )指标表征。

A. 比表面积　B. 总表面积

C. 45μm 方孔筛筛余量　D. 80μm 方孔筛筛余量

121. 下列( )指标表征硅酸盐水泥的化学性质。

A. MgO　B. SO_3　C. CaO　D. 烧失量

122. 采用(　)指标评价硅酸盐水泥的物理性质。

A. 细度　B. 标准稠度用水量

C. 凝结时间　D. 体积安定性

123. 影响水泥体积安定性的因素有:(　)

A. 游离 MgO　B. SO_3　C. 游离 CaO　D. SiO_2

124.《通用硅酸盐水泥》(GB 175—2007)中对硅酸盐水泥的(　)指标作出了规定。

A. 细度　B. 凝结时间

C. 体积安定性　D. 胶砂强度

125. 按照《通用硅酸盐水泥》(GB 175—2007)的规定,下到(　)指标中任一项不符合本标准要求时,为不合格品。

A. 氧化镁　B. 三氧化硫　C. 凝结时间　D. 安定性

126.《通用硅酸盐水泥》(GB 175—2007)规定,复合硅酸盐水泥的技术指标要求与(　)的要求相同。

A. 普通水泥　B. 矿渣水泥　C. 火山灰水泥　D. 粉煤灰水泥

127. 硅酸盐水泥的强度等级是根据水泥胶砂强度试验的(　)强度确定的。

A. 3d　B. 7d　C. 14d　D. 28d

128.《水泥胶砂强度检验方法(ISO)法》(GB/T 17671—1999)适用于(　)的抗压与抗折强度试验。

A. 硅酸盐水泥　B. 普通硅酸盐水泥

C. 矿渣硅酸盐水泥　D. 复合硅酸盐水泥

129. 水泥的物理力学性质包括(　)技术指标。

A. 胶砂强度　B. 细度　C. 凝结时间　D. 安定性

130. 水泥的化学性质指标有:(　)

A. 氧化镁含量　B. 不溶物　C. 烧失量　D. 氯离子含量

131. 水泥的技术性质包括:(　)

A. 物理性质　B. 化学性质　C. 力学性质　D. 耐久性质

132. 水泥细度试验方法可采用:(　)

A. 负压筛法　B. 水筛法　C. 勃氏法　D. 比表面积法

133. 水泥细度的表征指标可采用:(　)

A. 80μm 方孔筛的筛余百分率　B. 45μm 方孔筛的筛余百分率

C. 细度模数　D. 比表面积

134. 水泥体积安定性不良是由(　)因素引起的。

A. 游离氧化钙　B. 碱含量　C. 游离氧化镁　D. 三氧化硫

135. 水泥体积安定性的检验方法有:(　)

A. 雷氏夹法　B. 砂浆流动度法　C. 勃氏法　D. 试饼法

136. 常用水泥中,硅酸盐水泥的代号为:(　)

A. P·O　B. P·I　C. P·II　D. P·S

137. 生产水泥通常掺加活性混合材料，常用的活性混合材料有：( )

A. 粒化高炉矿渣　　B. 火山灰质混合材料
C. 粉煤灰　　D. 磨细石灰石

138. 生产硅酸盐水泥掺加石膏起到缓凝的作用，在矿渣水泥中加入石膏起( )作用。

A. 提高细度　　B. 提高强度　　C. 缓凝　　D. 激发剂

139. 影响硅酸盐水泥应用性质的主要因素包括：( )

A. 水泥细度　　B. 储存时间　　C. 养护条件　　D. 龄期

140. 矿渣水泥适用于( )混凝土。

A. 有抗渗要求　　B. 早强要求高　　C. 大体积　　D. 耐热

141. 水泥从性能和用途上分类，可分为：( )

A. 硅酸盐水泥　　B. 铝酸盐水泥　　C. 通用水泥　　D. 专用水泥

142. 根据 3d 强度，水泥可以分为( )类型。

A. 早强型　　B. 低热型　　C. 专用型　　D. 普通型

143. 提高水泥的细度，可以产生( )影响。

A. 水化速度快　　B. 早期强度高　　C. 体积收缩大　　D. 成本提高

144. 试验室检验混凝土拌和物的工作性，主要通过检验( )方面来综合评价。

A. 流动性　　B. 可塑性　　C. 黏聚性　　D. 保水性

145. 新拌混凝土工作性的含义包括( )方面。

A. 流动性　　B. 可塑性　　C. 稳定性　　D. 易密性

146. 混凝土配合比设计过程中，必须按耐久性要求校核：( )

A. 单位用水量　　B. 单位水泥用量　　C. 砂率　　D. 水灰比

147. 普通混凝土试配强度计算与( )因素有关。

A. 混凝土设计强度等级　　B. 水泥强度等级
C. 施工水平　　D. 强度保证率

148. 混凝土工作性是一项综合的技术性质，试验室主要通过( )方面进行综合评定。

A. 流动性　　B. 黏聚性　　C. 保水性　　D. 坍落性

149. 目前，测定混凝土拌和物和易性的现行方法主要有：( )

A. 坍落度法　　B. 贯入阻力法　　C. 维勃稠度法　　D. 目测法

150. 测得混凝土坍落度值后，应进一步观察其黏聚性。具体做法是用捣棒轻轻敲击拌和物，若混凝土试体出现( )，说明混凝土黏聚性差。

A. 突然折断　　B. 崩解、石子散落
C. 底部明显有水流出　　D. 表面泌水

151. 水泥混凝土抗压强度试件成型时，可采用( )方法。

A. 振动台法　　B. 人工法　　C. 插入式振捣棒法　　D. 击实法

152. 普通混凝土配合比设计中，计算单位砂石用量通常采用( )法。

A. 质量　　B. 经验　　C. 体积　　D. 查表

153. 水混凝土用砂中的有害杂质包括泥或泥块及：( )

A. 有机质　　B. 云母　　C. 轻物质　　D. 三氧化硫

154. 影响水泥混凝土工作性的因素有:( )

A. 原材料的特性 B. 单位用水量 C. 水灰比 D. 砂率

155. 配制混凝土选用级配良好的集料,可以获得:( )

A. 较小的空隙率 B. 较小的比表面积

C. 和易性较好 D. 提高强度

156. 水泥混凝土用粗集料,要求检测( )指标。

A. 压碎值 B. 针片状颗粒含量 C. 级配 D. 有害杂质含量

157. 水泥混凝土抗折强度试验加载点的具体位置,应为标准试件从一端量起的( )处。

A. 50mm B. 200mm C. 350mm D. 500mm

158. 水泥混凝土抗弯拉强度试验可以选用的试件尺寸有:( )

A. 150mm×150mm×400mm B. 150mm×150mm×550mm

C. 150mm×150mm×600mm D. 150mm×150mm×650mm

159. 影响混凝土强度的主要因素有:( )

A. 组成材料 B. 养护条件 C. 试验方法 D. 试验条件

160. 普通水泥混凝土配合比设计,选择水泥应从( )方面进行考虑。

A. 品种 B. 质量 C. 用量 D. 强度等级

161. 在干燥环境中配制普通水泥混凝土不得选用:( )

A. 硅酸盐水泥 B. 普通水泥 C. 矿渣水泥 D. 粉煤灰水泥

162. C40 以上的混凝土,按其工程特点不得选用:( )

A. 硅酸盐水泥 B. 矿渣水泥

C. 火山灰水泥 D. 粉煤灰水泥

163. 寒冷地区处在水位升降范围内的混凝土不得使用:( )

A. 硅酸盐水泥 B. 火山灰水泥 C. 矿渣水泥 D. 粉煤灰水泥

164. 按抗渗混凝土的要求,选用水泥时应优先考虑选用:( )

A. 硅酸盐水泥 B. 普通水泥 C. 矿渣水泥 D. 火山灰水泥

165. 普通混凝土配合比设计,单位用水量是依据( )选择的。

A. 公称最大粒径 B. 设计坍落度 C. 粗集料品种 D. 水灰比

166. 混凝土初步配合比设计计算中,选择砂率由( )确定。

A. 公称最大粒径 B. 设计坍落度 C. 粗集料品种 D. 水灰比

167. 确定混凝土配合比的三个基本参数是:( )

A. 水灰比 B. 砂率 C. 单位用水量 D. 单位水泥用量

168. 水泥混凝土配合比设计应满足( )等基本要求。

A. 施工工作性 B. 结构物设计强度

C. 环境耐久性 D. 经济性

169. 设计混凝土采用较低的水灰比,可获得( )的混凝土。

A. 较为密实 B. 强度较低

C. 耐久性较好 D. 节省费用

170. 混凝土中用粉煤灰的技术指标包括:( )

A. 细度　B. 需水量比　C. 烧失量　D. 三氧化硫含量

171. 水泥混凝土的配合比设计步骤包括:(　)

A. 计算初步配合比　B. 提出基准配合比

C. 确定试验室配合比　D. 换算工地配合比

172. 水泥混凝土的技术性质包括:(　)

A. 工作性　B. 强度　C. 耐久性质　D. 力学性质

173. 水泥混凝土配合比设计中,耐久性是通过(　)控制的。

A. 最大水灰比　B. 最小砂率　C. 最小水泥用量　D. 最大用水量

174. 水泥混凝土强度的质量评定方法有:(　)

A. 已知标准差法　B. 未知标准差法

C. 统计周期法　D. 非统计法

175. 国产沥青的特点为:(　)

A. 含蜡量较高　B. 相对密度偏小　C. 延度较小　D. 软化点较高

176. 石油沥青的化学组分中,蜡对沥青路用性能极为不利,主要对(　)方面有影响。

A. 低温延展性　B. 温度敏感性

C. 沥青路面抗滑性　D. 与石料的黏附性

177. 石油沥青的化学组分中,(　)之间的比例决定沥青的胶体结构类型。

A. 沥青质　B. 胶质分　C. 饱和分　D. 芳香分

178. 目前我国在路用领域中提出的沥青最基础指标为:(　)

A. 针入度　B. 针入度指数　C. 延度　D. 软化点

179. (　)指标可以表示沥青的感温性。

A. 针入度　B. 延度　C. 软化点　D. 针入度指数

180. 计算沥青针入度指数,需要测定沥青的:(　)

A. $P_{(25℃,100g,5s)}$　B. $P_{(15℃,100g,5s)}$

C. $D_{(25℃,5cm/min)}$　D. $T_{R\&B}$

181. 气候分区划分为 2 ~3 的地区,表示该地区的温度处于:(　)

A. 夏炎热区　B. 夏热区　C. 冬寒区　D. 冬冷区

182. 目前我国沥青路面使用性能气候分区的划分考虑了(　)因素。

A. 温度　B. 湿度　C. 地理　D. 地质

183. 我国沥青路面使用性能气候分区的划分依据(　)指标。

A. 高温气候区　B. 低温气候区　C. 雨量气候区　D. 温度气候区

184. 沥青针入度作为条件黏度,在测定时采用了(　)的规定条件。

A. 温度　B. 标准针质量　C. 贯入时间　D. 沥青试样深度

185. 当沥青针入度试验结果等于或大于 50(0.1mm)时,重复性试验和复现性试验的允许差是平均值分别为:(　)

A. 2%　B. 4%　C. 5%　D. 8%

186. 采用环球法测定沥青软化点,根据软化点的高低可以选择(　)作为沥青试样的加热介质。

A. 蒸馏水　　B. 纯净水　　C. 甘油　　D. 盐水

187. 在沥青延度试验中,如发现沥青细丝浮于水面或沉入槽底,应向水中加入(　),调节水的密度与沥青的密度接近后,重新试验。

A. 酒精　　B. 滑石粉　　C. 甘油　　D. 食盐

188. 沥青可以测定0℃、10℃、15℃、25℃等温度条件下的延度,拉伸速度可选用:(　)

A. 1cm/min　　B. 2cm/min　　C. 3cm/min　　D. 5cm/min

189. 沥青在施工和工程完成投入使用过程中,主要经受(　)等多种因素的作用引起沥青老化。

A. 热　　B. 氧　　C. 光　　D. 水

190. 按我国目前道路石油沥青的质量标准,评价沥青抗老化能力的试验方法主要有:(　)

A. 蒸发损失试验　　B. 薄膜烘箱加热试验
C. 旋转薄膜烘箱加热试验　　D. 燃烧试验

191. 采用旋转薄膜烘箱加热试验评价沥青的抗老化能力的指标有:(　)

A. 质量变化　　B. 残留针入度比　　C. 残留10℃延度　　D. 残留15℃延度

192. 沥青密度及相对密度试验的目的是:(　)

A. 供沥青储存时体积与质量换算用　　B. 用以计算沥青混合料配合比
C. 评价沥青质量　　D. 评价沥青胶体结构

193. 黏稠沥青的密度试验,需要测定(　)后,采用公式计算确定。

A. 比重瓶的质量　　B. 比重瓶与沥青试样的合计质量
C. 比重瓶与盛满水时的合计质量　　D. 比重瓶与试样和水的合计质量

194. 评价沥青与矿料黏附性的试验方法有:(　)

A. 水煮法　　B. 水浸法　　C. 亲水系数法　　D. 比色法

195. 石油沥青混合料中集料可优先采用:(　)

A. 石灰岩　　B. 花岗岩　　C. 砂岩　　D. 玄武岩

196. SBS改性沥青的最大特点是使沥青的(　)均有显著改善。

A. 水稳定性　　B. 抗滑性　　C. 高温性能　　D. 低温性能

197. 乳化沥青具有(　)的优点。

A. 常温施工,节约能源　　B. 便于施工,节约沥青
C. 保护环境,保障健康　　D. 路面粗糙,减少事故

198. 密级配沥青混合料主要有(　)类型。

A. 沥青混凝土　　B. 沥青碎石
C. 沥青稳定碎石　　D. 沥青玛蹄脂碎石

199. 下列(　)混合料属于密级配沥青混凝土类型。

A. AC　　B. AM　　C. SMA　　D. ATB

200. 按沥青混合料压实后空隙率的大小分类,沥青混合料可以分为:(　)

A. 密级配沥青混合料　　B. 开级配沥青混合料
C. 半开级配沥青混合料　　D. 连续级配沥青混合料

201. 下列(　　)类型属于开级配沥青混合料。

A. 沥青碎石　　B. 排水式沥青磨耗层

C. 排水沥青碎石基层　　D. 沥青玛蹄脂碎石

202. 沥青混合料由于组成材料级配不同,压实后内部矿料颗粒分配状态及剩余空隙率不同等特点,可以形成(　　)的组成结构。

A. 悬浮—密实　　B. 骨架—空隙　　C. 密实—骨架　　D. 骨架—悬浮

203. 按细粒式沥青混合料定义,矿料公称最大粒径应为(　　)mm。

A. 16　　B. 13.2　　C. 9.5　　D. 4.75

204. 目前,我国沥青路面中使用最多的是热拌热铺的石油沥青混凝土,设计中主要通过控制(　　)来实现。

A. 矿料采用连续级配　　B. 矿料采用间断级配

C. 空隙率为3% ~6%　　D. 空隙率为4% ~6%

205. 沥青混合料在低温时由于(　　)原因产生裂缝现象。

A. 抗拉强度不足　　B. 抗剪强度不足　　C. 抗压强度不足　　D. 变形能力较差

206. 我国现行密级配沥青混凝土马歇尔试验技术标准中要求控制(　　)指标。

A. 高温稳定性　　B. 低温抗裂性　　C. 抗滑性　　D. 耐久性

207. 沥青混合料的高温稳定性,在实际工作中通过(　　)方法进行评价。

A. 马歇尔试验　　B. 浸水马歇尔试验　　C. 车辙试验　　D. 劈裂试验

208. 我国现行规范采用(　　)指标表征沥青混合料的耐久性。

A. 空隙率　　B. 饱和度　　C. 矿料间隙率　　D. 残留稳定度

209. 沥青混合料的主要技术性质包括:(　　)

A. 高温稳定性　　B. 低温抗裂性　　C. 耐久性　　D. 抗滑性

210. 空隙率是影响沥青混合料耐久性的重要因素,其大小取决于:(　　)

A. 矿料级配　　B. 沥青品种　　C. 沥青用量　　D. 压实程度

211. 沥青混合料马歇尔试验可以测定(　　)指标。

A. 稳定度　　B. 流值　　C. 动稳定度　　D. 马歇尔模数

212. 测定马歇尔稳定度,指在规定的(　　)条件下,标准试件在马歇尔仪中最大的破坏荷载。

A. 温度　　B. 湿度　　C. 变形　　D. 加荷速度

213. 沥青混合料水稳定性的评价指标为:(　　)

A. 吸水率　　B. 饱水率　　C. 残留强度比　　D. 残留稳定度

214. 确定沥青混合料的取样数量与(　　)因素有关。

A. 试验项目　　B. 试验目的

C. 集料公称最大粒径　　D. 试件大小

215. 可采用(　　)方法制备沥青混合料试件,用于室内马歇尔试验和劈裂强度试验。

A. 标准击实　　B. 大型击实　　C. 重型击实　　D. 轻型击实

216. 当不具备测定运动黏度条件时,制备沥青混合料试件的拌和与压实温度可按现行规范提供的参考表选用,并根据沥青的(　　)做适当调整。

A. 品种　　B. 标号　　C. 用量　　D. 闪点

217. 测定沥青混合料毛体积密度,根据试件吸水率大小不同可选用(　)方法。

A. 水中重法　　B. 表干法　　C. 蜡封法　　D. 真空法

218. 沥青混合料中沥青含量试验有:(　)

A. 射线法　　B. 离心分离法

C. 回流式抽提仪法　　D. 脂肪抽提器法

219. 沥青路面所用沥青标号的选用与(　)因素有关。

A. 气候条件　　B. 道路等级

C. 沥青混合料类型　　D. 路面类型

220. 通常(　)情况应选用稠度较高的沥青。

A. 较热地区　　B. 交通较繁重地区

C. 细粒式沥青混合料　　D. 渠化交通道路

221. 沥青混合料中加入碱性矿粉,可以通过形成(　)使混合料结合在一起。

A. 结构沥青　　B. 自由沥青　　C. 沥青胶浆　　D. 沥青砂浆

222. 沥青混合料组成设计包括(　)设计阶段。

A. 目标配合比设计　　B. 生产配合比设计

C. 生产配合比折算　　D. 生产配合比验证

223. 沥青混合料目标配合比设计阶段,经马歇尔试验确定 OAC 后,还应进行(　)检验。

A. 水稳定性　　B. 高温抗车辙能力

C. 低温抗裂性能　　D. 渗水系数

224. 确定最佳沥青用量初始值 OAC_1 与(　)指标有关。

A. 空隙率　　B. 饱和度　　C. 稳定度　　D. 毛体积密度

225. 沥青混合料中可以使用下列(　)作为填料。

A. 碱性矿粉　　B. 消石灰粉　　C. 水泥　　D. 粉煤灰

226. 沥青混合料中沥青用量可以采用(　)来表示。

A. 沥青含量　　B. 粉胶比　　C. 油石比　　D. 沥青膜厚度

227. 沥青混合料施工检测项目主要有:(　)

A. 沥青含量　　B. 矿料级配　　C. 稳定度　　D. 流值

228. 石灰工业废渣稳定土施工前,应取有代表性的样品进行下列(　)试验。

A. 石料压碎值试验　　B. 土的颗粒分析

C. 石灰有效钙镁含量　　D. 碎石含泥量试验

229. 水泥稳定基层材料的集料最大粒径不大于(　),底基层材料的集料最大粒径不大于(　)。

A. 31.5mm　　B. 16.5mm　　C. 37.5mm　　D. 19.5mm

230. 以下说法正确的有:(　)

A. 用石灰稳定不含黏性土或无塑性指数的级配砂砾、级配碎石和未筛分碎石时,应添加15%左右的黏性土

B. 硫酸盐含量超过0.8%的土和有机质含量超过10%的土,不宜用石灰稳定

C. 对于高速公路和一级公路,石灰稳定土宜采用磨细生石灰粉

D. 对于石灰粉煤灰土,湿粉煤灰的含水率可以超过35%

231. 以下材料(　)可以用作柔性基层。

A. 石灰土　B. 沥青灌入式碎石

C. 水泥稳定级配碎石　D. 级配碎石

232. 以下(　)材料为无机结合料。

A. 沥青　B. 石灰　C. 粉煤灰　D. 水泥

233. 以下基层类型,(　)为半刚性基层。

A. 石灰钢渣基层　B. 级配碎石基层

C. 贫水泥混凝土基层　D. 水泥稳定级配碎石基层

234. 石灰稳定基层对石灰有效钙镁含量的要求是:(　)

A. 对于钙质生石灰,不小于65%　B. 对于钙质消石灰,不小于55%

C. 对于镁质生石灰,不小于65%　D. 对于镁质消石灰,不小于55%

235. 石灰工业废渣稳定类基层对土的要求为:(　)

A. 土的塑性指数为12~20　B. 有机质含量不超过6%

C. 有机质含量不超过10%　D. 土块的最大粒径不大于15mm

236. EDTA 方法适用于:(　)

A. 测定水泥稳定土中的水泥剂量

B. 测定石灰稳定土中的石灰剂量

C. 测定水泥稳定土中的硅酸二钙和硅酸三钙的剂量

D. 检查石灰或水泥稳定土的拌和均匀性

237. 无机结合料稳定材料试验,分料时可采用(　)方法将整个样品缩小到每个试验所需材料的合适质量。

A. 四分法　B. 随机法　C. 分料器法　D. 筛分法

238. 以下是无侧限抗压强度的检测结果,表示正确的有:(　)

A. 2.4MPa　B. 0.8MPa　C. 2.40MPa　D. 0.83MPa

239. 在制备石灰稳定土无侧限抗压强度试件时,要向土中加水拌和浸润,加水量应满足:(　)

A. 对于细粒土,含水率较最佳含水率小3%

B. 对于中、粗粒土,含水率为最佳含水率

C. 对于细粒土,含水率为最佳含水率

D. 对于细、中、粗粒土,含水率均为最佳含水率

240. 水泥稳定土无侧限抗压强度试件养生期间,试件质量损失应符合(　)的规定。

A. 小试件不超过1g

B. 中试件不超过4g

C. 大试件不超过10g

D. 小试件不超过1g、中试件不超过5g、大试件不超过10g

241. 对于无侧限抗压强度试验,计算的精密度或允许误差要求若干次平行试验的偏差系数 C_v(%)应符合(　)的规定。

A. 小试件不大于6%　B. 中试件不大于12%

C. 大试件不大于 15%　　D. 中试件不大于 10%

242. 石灰稳定土基层的强度形成主要为石灰加入土中后所发生的(　)作用。

A. 离子交换　　B. 碳酸化　　C. 结晶　　D. 火山灰

243. 按现行标准规定,石灰可以按其氧化镁的含量划分为:(　)

A. 生石灰　　B. 消石灰　　C. 钙质石灰　　D. 镁质石灰

244. 测定各种石灰的有效氧化钙含量,需要使用(　)试剂。

A. 蔗糖(分析纯)　　B. 酚酞指示剂

C. 0.1% 甲基橙水溶液　　D. 0.5mol/L 盐酸标准溶液

245. 用于二灰稳定土中的粉煤灰,要求(　)总含量应大于 70%,烧失量不应超过 20%。

A. CaO　　B. SiO_2　　C. Al_2O_3　　D. Fe_2O_3

246. EDTA 滴定法测定水泥或石灰剂量需要的试剂有:(　)

A. EDTA 二钠标准液　　B. 10% 氯化铵溶液

C. 1.8% 氢氧化钠(内含三乙醇胺)溶液　　D. 钙红指示剂

247. 钢和铁的主要成分是:(　)

A. 氧　　B. 硫　　C. 碳　　D. 铁

248. 桥梁工程结构用钢,常常按照钢材的用途分为:(　)

A. 混凝土结构用钢　　B. 钢结构用钢

C. 普通低碳结构钢　　D. 普通低合金结构钢

249. 钢按化学成分可分为:(　)

A. 碳素钢　　B. 合金钢　　C. 普通钢　　D. 优质钢

250. 道桥工程中常用的钢材是:(　)

A. 优质结构钢　　B. 碳素结构钢

C. 普通低碳结构钢　　D. 普通低合金结构钢

251. 反映钢材变形性能的塑性指标有:(　)

A. 延度　　B. 伸长率　　C. 断面收缩率　　D. 韧性

252. 钢筋冷弯试验可以评价钢筋的(　)性能。

A. 强度　　B. 变形　　C. 韧性　　D. 焊接

253. 钢筋冷弯试验的试样长度应根据(　)确定。

A. 钢筋直径　　B. 现场样品　　C. 使用的试验设备　　D. 试验组数

254. 钢筋冷弯试验的弯曲装置有:(　)

A. 支辊式　　B. V 形模具式　　C. 虎钳式　　D. 翻板式

255. 钢筋冷弯试验的弯曲角度有:(　)

A. 45°　　B. 60°　　C. 90°　　D. 180°

256. 表示钢筋拉伸性能的指标有:(　)

A. 屈服强度　　B. 抗拉强度　　C. 伸长率　　D. 断面收缩率

257. 采用图解法测定钢筋屈服强度的方法是从力—位移曲线上读取(　),除以试样原始横截面面积。

A. 曲线首次下降的最小力

B. 不计初始瞬时效应时的最小力

C. 曲线首次下降的最大力

D. 屈服平台的恒定力

258.（　）性能可以反映钢材加工的工艺性能。

A. 拉伸　　B. 冷弯　　C. 冲击　　D. 焊接

259. 钢材经冷加工产生塑性变形,从而提高其（　）,这一过程称为冷加工强化处理。

A. 屈服强度　　B. 抗拉强度　　C. 伸长率　　D. 韧性

260. 钢材经冷加工强化处理后,下列（　）说法正确。

A. 屈服强度提高　　B. 抗拉强度提高

C. 弹性模量提高　　D. 伸长率降低

261. 时效敏感性大的钢材,时效后（　）改变大。

A. 屈服强度　　B. 抗拉强度　　C. 塑性　　D. 韧性

262. 钢材热处理的方法有（　）。

A. 退火　　B. 正火　　C. 淬火　　D. 回火

263. 钢材经（　）方式热处理后,塑性和韧性可以得到改善。

A. 退火　　B. 正火　　C. 淬火　　D.回火

264. 钢材的可焊性是指钢材是否适用通常的（　）。

A. 焊接方法　　B. 拉伸性能　　C. 工艺性能　　D. 冲击性能

265. 钢筋焊接接头拉伸试样的取样长度与下列（　）因素有关。

A. 母材钢种　　B. 受试长度　　C. 夹持长度　　D. 接头型式

266. 钢筋拉伸试验强度计算值、断后伸长率及钢筋焊接接头拉伸试验抗拉强度计算值,应分别修约至（　）。

A. 5MPa　　B. 1MPa　　C. 0.2%　　D. 0.5%

267. 每批钢筋焊接网应检测的力学与工艺性能试验项目有（　）。

A. 拉伸试验　　B. 抗压试验

C. 弯曲试验　　D. 剪切试验

268. 钢筋焊接网两个方向钢筋的交叉点应以电阻焊焊接,并要求焊点开焊数量不应超过整张网片交叉点总数的1%,并且单根钢筋的开焊点要求:（　）。

A. 任一根钢筋上开焊点不应超过该只钢筋上交叉点总数的一半

B. 任一根钢筋上开焊点不应超过该只钢筋上交叉点总数的30%

C. 焊接网最外边钢筋上的交叉点不应开焊

D. 焊接网最外边钢筋上的交叉点开焊数量不应超过该只钢筋上交叉点总数的10%

269. 用于钢筋焊接网的钢筋可选用以下（　）牌号。

A. HPB300　　B. HRB335　　C. HRB400　　D. CRB550

270. 粗粒土的最大干密度的试验方法有（　）。

A. 振动台法　　B. 表面振动压实仪法

C. 承载板法　　D. 三轴试验方法

271. 下列岩石中（　）为酸性石料。

A. 花岗岩　　B. 辉绿岩　　C. 玄武岩　　D. 石英岩

272. 道路硅酸盐水泥与普通硅酸盐水泥相比,增加了(　)指标要求。

A. 碱含量　　B. Cl^-含量　　C. 28d 干缩率　　D. 28d 磨耗量

273. 混凝土中 Cl^- 的含量主要采用(　)测定方法。

A. 电通量　　B. 络合滴定　　C. Cl^{-1}扩散系数　　D. 渗透系数

274. 混凝土的耐久性按其所处环境分类,包括(　)。

A. 抗冻性　　B. 抗渗性　　C. 耐磨性　　D. 抗蚀性

275. 沥青黏度的试验方法较多,通常以(　)试验为主。

A. 动力黏度　　B. 运动黏度　　C. 旋转黏度　　D. 针入度

276. 适合测定黏稠石油沥青各种黏度的方法有(　)。

A. 标准黏度计法　　B. 毛细管法

C. 真空减压毛细管法　　D. 布氏旋转黏度法

277. 目前,我国统一将布氏旋转黏度测定方法作为标准方法,并规定黏温曲线的温度为(　)。

A. 60℃　　B. 135℃　　C. 150℃　　D. 175℃

278. 改性沥青与普通沥青相比技术性能增加了(　)指标要求。

A. 针入度指数　　B. 黏韧性　　C. 韧性　　D. 弹性恢复率

279. 弹性恢复性试验适合以下(　)改性沥青。

A. SB　　B. SBR　　C. SBS　　D. EV、PE

280. 掺加抗剥剂可以有效改善酸性石料与沥青的黏附性,对抗剥剂的性能评价应采用加热老化处理后的掺抗剥剂的沥青混合料进行以下(　)试验。

A. 水煮法　　B. 水浸法

C. 浸水马歇尔试验　　D. 冻融劈裂试验

四、问答与计算题　(每题 10 分)

(一)试验操作题

1. 颗粒分析试验的种类及适用范围,并叙述干筛分的试验步骤。

2. 根据《公路土工试验规程》(JTG E40—2007),测定土的密度有几种方法?试述灌砂法测定密度的方法与步骤。

3. 什么是土的相对密度?有哪几种测试方法?简述比重瓶法测土相对密度的方法。

4. 试述重型击实试验的试验步骤及结果整理方法。

5. 试述土的三相比例指标(物理性质指标)中,哪三项指标为直接测试指标?试介绍含水率测试方法并详细介绍其中一种测试方法。

6. 根据《公路土工试验规程》(JTG E40—2007),测定土的密度有几种方法?试述环刀法测密度的试验步骤。

7. 试述液塑限试验步骤及结果整理方法。

8. 什么是压实度?试简述灌砂法方法及步骤。

9. 根据《公路土工试验规程》(JTG E40—2007),试述土的回弹模量的测定方法,并简述其中一种的试验步骤。

10. 简述搓条法测土塑限的方法。

11. 什么是土的 CBR 值？测土 CBR 值时,泡水测膨胀量试验的步骤是什么？

12. 试述土的烧失量试验步骤。

13. 试述土的无侧限抗压强度试验步骤。

14. 试述黏土直剪试验慢剪的试验步骤。

15. 试述固结试验正确的试验步骤。

16. 试述土工织物宽条拉伸试验的试验步骤。

17. 试述土工织物厚度测定的正确步骤。

18. 试述土工织物垂直渗透性能试验(恒水头法)的正确步骤。

19. 试述土工织物有效孔径的试验步骤。

20. 评价石料力学性质与耐久性的试验方法是什么？并叙述相应的试验方法。

21. 试述粗集料磨光值试验方法。

22. 试述采用网篮法测定粗集料的表观密度、表干密度和毛体积密度的试验步骤及结果计算方法。

23. 试述建筑用卵石、碎石针、片状颗粒含量的试验步骤。

24. 试述粗集料压碎值试验的操作步骤。

25. 试述粗集料洛杉矶磨耗试验的操作步骤。

26. 试述采用干筛法进行细集料筛分试验的步骤？试验结果如何计算和处理？

27. 某砂样欲用于配制沥青混合料,问应采取哪种方法进行砂样的筛分试验？简述其试验步骤。

28. 矿粉的密度主要采取哪种试验方法测定？简述试验步骤。

29. 试述采用负压筛析法检测水泥细度的试验步骤及试验结果修正方法。

30. 试述水泥净浆的拌制方法。

31. 简述采用标准法维卡仪测定水泥净浆标准稠度用水量的试验步骤。

32. 简述测定水泥凝结时间的操作方法及注意事项。

33. 试述采用标准法(雷氏法)测定水泥安定性的试验步骤。

34. 简述水泥胶砂强度试验方法(ISO 法)的操作步骤及试验结果处理方法。

35. 水泥比表面积试验目的是什么？简述其仪器校准方法、试验步骤与试验结果计算方法。

36. 试述新拌水泥混凝土坍落度的试验步骤。

37. 水泥混凝土试件成型有几种方法？简述之。

38. 简述水泥混凝土试件的养护方法。

39. 试述混凝土拌和物表观密度试验方法。

40. 试述水泥混凝土抗压强度的试验步骤及试验结果处理方法。

41. 试述水泥混凝土抗弯拉强度的试验步骤、结果计算以及数据处理方法。

42. 试述沥青针入度试验的操作方法。

43. 试述沥青软化点试验的操作方法。

44. 试述沥青延度试验的操作方法。

45. 试述采用薄膜烘箱加热试验(TFOT)测定沥青老化性能的试验步骤。

46. 简述黏稠石油沥青密度的检测方法。

47. 简述采用击实法制备热拌沥青混合料马歇尔试件拌制温度的确定、制作条件、拌制方法和成型方法。

48. 试述沥青混合料马歇尔试件毛体积密度的试验步骤。

49. 试述采用燃烧炉法测定沥青混合料中沥青含量试验的操作要点及数据处理方法。

50. 测定马歇尔试件表观密度应采用哪种方法?简述试验步骤。

51. 简述采用真空法测定沥青混合料理论最大相对密度的试验步骤。

52. 试述马歇尔稳定度试验操作过程。

53. 试述轮碾法成型的适用条件及成型方法。

54. 试述沥青混合料车辙试验的操作过程。

55. 试述沥青与粗集料粘附性的试验方法及试验步骤。

56. 试述沥青混合料谢伦堡沥青析漏试验和肯塔堡飞散试验的目的、适用性和主要试验步骤。

57. 试述采用离心分离法测定沥青混合料中沥青含量的步骤。

58. 简述石灰有效氧化钙的试验方法。

59. 简述石灰氧化镁的测试方法。

60. 石灰氧化镁的测试需要哪些试剂?EDTA 二钠标准溶液对氧化钙和氧化镁的滴定度如何确定?

61. 简述石灰有效氧化钙和氧化镁含量简易测试方法的原理。

62. 简述烘干法测定无机结合料稳定土含水率的试验步骤。

63. 无机结合料稳定土甲法击实试验的适用范围是什么?简述其试验步骤。

64. 试述无机结合料稳定材料无侧限抗压强度试件养生步骤。

65. 简述 EDTA 滴定法测定水泥或石灰剂量的步骤。

66. 简述 EDTA 滴定法测定水泥或石灰剂量标准曲线的制作方法。

67. 简述室内抗压回弹模量试验(顶面法)中对试件逐级加荷卸荷试验步骤。

68. 简述无机结合料无侧限抗压强度的试验方法。

69. 试述无机结合料稳定材料的取样方法。

70. 试述无机结合料稳定材料 CBR 试验步骤。

71. 试述无机结合料稳定材料标准养生方法与快速养生方法的试验步骤。

72. 试述半刚性基层材料无侧限抗压强度试验,采用静力压实法成型的步骤。

73. 简述普通钢筋拉伸试验的步骤。

74. 简述普通钢筋冷弯性能试验的步骤。结果如何判定?

75. 简述钢筋焊接接头的拉伸试验方法。

76. 简述钢筋焊接接头弯曲试验的步骤。

77. 请解释粗集料坚固性的含义,并说明试验要点。

78. 试述矿粉筛分试验的目的和步骤。

79. 试述测定水泥烧失量、氧化镁含量和三氧化硫含量的原理及试验方法。

80. 试述水泥胶砂流动的意义与试验方法。

81. 沥青的动力黏度、运动黏度和旋转黏度有何区别？简述其试验方法。

82. 试述改性沥青的弹性恢复性试验方法。

83. 试述改性沥青的黏韧性与韧性试验方法。

(二)简答题

1. 直剪试验有几种方法？其结果是什么？

2. 试述土的分类依据,并简述《公路土工试验规程》(JTG E40—2007)中土的粒组划分情况。

3. 试述土的击实特性。

4. 试述影响土渗透性的因素。

5. 试述击实曲线特性。

6. 什么是土的CBR值？试述土CBR值的取值方法。

7. 什么是土工织物有效孔径？用什么方法测定？

8. 试论述影响石料抗压强度的主要因素。

9. 工地上有一批砂样欲用于配制水泥混凝土,如何根据筛分试验判定该砂样的工程适用性？

10. 试问采用图解法进行矿质混合料级配设计的步骤？

11. 水泥的物理力学性质有哪些？各反映什么意义？

12. 如何按技术标准来判断水泥为不合格品？

13. 简述混凝土拌和物工作性的含义,影响工作性的主要因素和改善工作性的措施。

14. 某工地施工人员拟采用下述方案提高混凝土拌和物的流动性,试问哪个方案可行？哪个不可行？简要说明原因。

(1)增加用水量；

(2)保持水灰比不变,适当增加水泥浆量；

(3)加入氯化钙；

(4)掺加减水剂；

(5)适当加强机械振捣。

15. 如何确定混凝土的强度等级？混凝土强度等级如何表示？普通混凝土划分为几个强度等级？

16. 试述影响水泥混凝土强度的主要原因及提高强度的主要措施。

17. 说明砂筛分标准级配曲线图中I区、II区、III区的意义？如果某种砂的级配落在了这三个区以外的区域会出现什么问题？配制混凝土时选用哪个区的砂较好？请阐明原因。

18. 粗细集料中的有害杂质是什么？对混凝土质量有何影响？

19. 简述普通水泥混凝土初步配合比的设计步骤。

20. 简述普通混凝土试验室配合比的调整过程。

21. 什么是细集料的砂当量？简述其主要的试验步骤。

22. 细集料亚甲蓝值的含义是什么？简述其主要的试验方法。

23. 如何确定砂浆的强度等级？简述其主要试验方法及步骤。

24. 砂浆和易性的评价指标有哪些？简述其测定意义及试验方法。

25 简述砌筑砂浆配合比设计步骤。

26. 简述减水剂、早强剂、缓凝剂的作用机理及其适用性。

27. 用于水泥混凝土的外加剂,通常需要检验哪些主要的性能指标?简述其含义及试验方法。

28. 试述路面混凝土配合比设计步骤。

29. 简述 SMA 与普通热拌沥青混合料配合比设计的主要区别。

30. 沥青混合料按其组成结构可分为哪几种类型?其特点是什么?

31. 简述沥青含蜡量对沥青路用性能的影响。

32. 试述路面沥青混合料应具备的主要技术性质。

33. 如何应用沥青与粗集料黏附性试验评价粗集料的抗水剥离能力?

34. 沥青混合料配合比设计中,矿料级配设计的选用及调整原则是什么?

35. 试述采用马歇尔试验确定最佳沥青用量的步骤。

36. 根据马歇尔试验结果,如何确定最佳沥青用量初始值 OAC_1、OAC_2 以及最佳沥青用量 OAC?

37. 解释 RTFOT,并简述该方法的操作要点。

38. 根据无机结合料不同,可将半刚性基层或底基层分为哪些类型?请举例说明。

39. 某基层水泥稳定中粒土混合料配合比设计,设计强度为 3.0MPa,简要写出配合比设计步骤。

40. 何谓有效氧化钙?简述测定石灰中有效氧化钙和氧化镁含量的意义及测定有效氧化钙含量的方法。

41. 桥梁建筑用钢有哪些技术要求?

(三)案例分析题和计算题

1. 做击实试验进行备料,已知土的天然含水率为 3.5%,今预制备试样干质量为 1800g,含水率分别为 9%、11%、13%、15%、17% 的湿土样,则每个试样应称取多少湿土?湿土内应加多少水?

2. 已知某土颗粒重度 $\gamma_s = 26.5\text{kN/m}^3$,含水率 $w = 23\%$,土的重度 $\gamma = 18.47\text{kN/m}^3$,求该土饱和重度 γ_{sat} 及饱和度 S_r。

3. 土的 CBR 值试验时,泡水测膨胀量结果见下表,试填表计算试件的膨胀量及吸水量?

泡水测膨胀量结果

试 件 编 号	1	2	3
泡水前试件高度(mm)	120	120	120
泡水后试件高度(mm)	128.6	136.5	133
膨胀量(%)			
泡水前筒+试件和质量(g)	10900	8937	9790
泡水后筒+试件和质量(g)	11530	9537	10390
吸水量(g)			

4. 用比重瓶法测土的相对密度时,做两次平行试验,结果见下表,试填表计算土的相对密度?

两次平行试验结果

液体相对密度	干土质量(g)	瓶、液体总质量(g)	瓶、液体、土总质量(g)	相对密度	平均值
0.999	14.945	134.714	144.225		
0.999	14.940	134.696	144.191		

5. 一组6块石灰岩石料的饱水单轴抗压强度试验结果分别为：214.5kN、215.6kN、195.2kN、197.5kN、199.4kN、205.0kN，试件采用边长为50mm的标准立方体试件。试计算试验结果，并分析该石灰岩能否用于配制C30的水泥混凝土？

6. 某工地进了一批配制水泥混凝土的砂样，现取样进行筛分试验，筛分结果见下表，水泥混凝土砂的级配要求列于下表，试计算：

砂的筛分试验结果

筛孔尺寸 d_i(mm)	4.75	2.36	1.18	0.6	0.3	0.15	筛底
存留量 m_i(g)	25	35	90	140	115	70	25

(1)级配的三个参数。

(2)细度模数，评价其粗度。

(3)判定该砂的工程适应性？

水泥混凝土用砂的级配标准

级配分区		累计筛余(%)						
砂粗细类型(细度模数)	级配区	0.15	0.3	0.6	1.18	2.36	4.75	9.5
粗砂(3.7~3.1)	I	90~100	85~95	71~85	35~65	5~35	0~10	0
中砂(3.0~2.3)	II	90~100	70~92	41~70	10~50	0~25	0~10	0
粗砂(2.2~1.6)	III	90~100	55~85	16~40	0~25	0~15	0~10	0

7. 某工地要使用42.5级普通水泥，试验室取样对该水泥进行了检测，试验结果见下表。42.5普通水泥的强度标准为：3d的抗折强度不得大于3.5MPa、抗压强度不得大于16.0MPa；28d的抗折强度不得大于6.5MPa、抗压强度不得大于42.5MPa。试分析该水泥强度是否合格。

42.5级普通水泥的强度试验结果

抗折强度(MPa)		抗压强度破坏荷载(kN)	
3d	28d	3d	28d
4.4	7.0	23.2	71.2
		28.9	75.5
3.8	6.5	29.0	70.3
		28.4	67.6
3.6	6.8	26.5	69.4
		26.5	68.8

8. 某钢筋混凝土桥T梁用混凝土的设计强度等级为C30，标准差$\sigma=5.0$MPa，混凝土设计坍落度为30～50mm。本单位无混凝土强度回归系数统计资料，采用$\alpha_a=0.53$，$\alpha_b=0.20$。可供材料：42.5级硅酸盐水泥，密度$\rho_c=3.10\times10^3$kg/m^3，水泥富余系数γ_c取1.16；中砂，表观密度$\rho_s=2.65\times10^3$kg/m^3；碎石最大粒径为20mm，表观密度$\rho_g=2.70\times10^3$kg/m^3。桥梁处于寒冷地区，要求最大水灰比限定值为0.55，最小水泥用量限定值为300kg/m^3。试计算：

(1)混凝土的配制强度为多大？

(2)若单位用水量为195kg/m^3，砂率取33%，计算初步配合比。

(3)按初步配合比在试验室试拌30L混凝土，实际各材料用量为多少(计算结果精确至0.01kg)？

9. 混凝土计算初步配合比为1∶1.86∶3.52，水灰比为0.51，试拌调整时工作性不满足要求，采取增加5%水泥浆用量的措施后，工作性达到要求。试计算：

(1)混凝土的基准配合比(不采用假定密度法)。

(2)若基准配合比即为试验室配合比，配制时1m^{3}混凝土需用水泥340kg，计算混凝土中其他材料的单位用量。

(3)如施工工地砂、石含水率分别为5%、2%，试计算现场拌制400L混凝土各种材料的实际用量(计算结果精确至1kg)。

10. 某试验室试拌混凝土提出基准配合比为1∶1.78∶3.63，$W/C=0.55$，已知单位水泥用量为335kg/m^3，问：

(1)其他各材料单位用量为多少？

(2)为检验强度，采用3个不同的水灰比0.50、0.55和0.60制备了3组混凝土立方体试件，拌制混凝土时检验3组混凝土拌和物的工作性均合格。采用调整水灰比时用水量不变的方法，问其他两组水灰比的水泥用量为多少？

(3)3组试件经28d标准养护，按规定方法测定其立方体抗压强度值列于下表。已知混凝土设计强度等级为C30，配制时强度为38.2MPa，试分析哪组配合比最为合适？

不同水灰比的混凝土强度值

组　　别	水灰比(W/C)	28d立方体抗压强度值$f_{cu,28}$(MPa)
A	0.50	45.3
B	0.55	39.1
C	0.60	34.2

11. 某试验室试拌混凝土15L，经调整后各材料的用量为：水泥5.2kg，水2.9kg，砂9.6kg，碎石18.5kg，实测混凝土拌和物的密度为2362kg/m^3，经强度检验满足设计要求。试确定：

(1)试验室配合比？

(2)施工现场砂的含水率4%、碎石的含水率为1.5%，确定施工配合比？

(3)水泥选用42.5级普通水泥，实测强度为47.3MPa，施工时直接将试验室配合比误用作施工配合比，试分析对混凝土强度有何影响？

12. 现场抽检混凝土施工质量，取混凝土试样制备一组标准立方体试件，经28d标准养护，测得混凝土破坏荷载分别为660kN、682kN、668kN。假定混凝土的强度标准差为3.6MPa，试确定混凝土的抗压强度标准值，并分析该混凝土的强度等级应为多大？

13. 某公路沥青路面上面层采用AC-13型细粒式沥青混凝土，经过马歇尔试验，将试验结果及结果分析汇总于下表，试确定最佳沥青用量？

马歇尔试验结果及分析汇总表

试件组号	油石比(%)	技术指标					
		毛体积密度 ρ_f(g/cm^3)	空隙率 VV(%)	矿料间隙率 VMA(%)	沥青饱和度 VFA(%)	稳定度 MS(kN)	流值 FL(mm)
1	4.0	2.328	5.8	15.6	62.5	8.7	2.1
2	4.5	2.346	4.7	15.4	69.8	9.7	2.3
3	5.0	2.354	3.6	15.3	77.5	10.6	2.5
4	5.5	2.353	2.9	15.7	80.2	10.3	2.8
5	6.0	2.348	2.5	16.4	83.5	8.5	3.7
技术标准		—	3~6	不小于13	65~75	≥8	1.5~4
相应参数		ρ_{fmax}	VV=4.5%	—	VFA=70%	MS_{max}	—
绘制关系曲线确定的相应于上述参数的沥青用量(%)		5.2	4.7	—	4.6	5.2	—
分别满足各项技术指标要求的沥青用量范围(%)		—	4.0~5.4	—	4.3~4.9	4.0~6.0	4.0~6.0

14. 中粒式AC-16普通沥青混合料的车辙试验记录见下表，试计算动稳定度，并分析是否满足1-3气候区沥青路面的车辙要求？

AC-16普通沥青混合料车辙试验记录表

试验温度		60℃		轮压	0.7MPa	试件密度		2.428g/cm^3	
试验尺寸		300mm×300mm×50mm		空隙率	4.0%	制件方法		轮碾法	
试件编号	时间 t_1(min)	时间 t_2(min)	t_1时的变形量 d_1(mm)	t_2时的变形量 d_2(mm)	试验轮往返碾压速度(次/min)	试验机系数 C_1	试件系数 C_2	动稳定DS(次/mm)	
1	45	60	5.22	5.73	42	1	1		
2	45	60	5.79	6.27	42	1	1		
3	45	60	6.23	6.76	42	1	1		

15. 某段高速公路底基层水泥稳定土配合比设计，成型5组试件，水泥用量分别为：3%、4%、5%、6%、7%，其每组试件强度测定值见下表，试选定该水泥稳定土的配合比（设计强度R_d=1.5MPa）？

5 组试件 7d 无侧限抗压强度(MPa)

水泥剂量(%) \ 试件	1	2	3	4	5	6
3	1.00	1.20	0.82	0.90	0.92	0.78
4	1.40	1.60	1.62	1.50	1.40	1.48
5	1.74	1.82	1.70	1.62	1.50	1.70
6	2.02	1.62	1.60	1.66	1.78	1.62
7	2.12	2.02	2.30	1.88	1.80	1.78

16. 某试验室为一高速公路设计二灰稳定细粒土的配合比,制备了下列样品:干消石灰 3kg,粉煤灰 5kg、含水率 25%,土样 20kg、含水率 8%,试验用水为饮用水。已知:经击实试验得到最大干密度为 1.68g/cm^3,最佳含水率为 18%,拟设计一组质量比为石灰:粉煤灰:土 = 10:14:76 的强度试件,试计算每个试件的称料质量及各材料用量?

17. 桥梁混凝土欲使用 HRB335 级热轧带肋钢筋,试验室取样进行该钢筋的拉伸性能试验,试验结果记录见下表。按照《钢筋混凝土用热轧带肋钢筋》(GB 1499.2—2007)的规定,HRB335 热轧带肋钢筋拉伸性能指标要求为:屈服点不小于 335MPa、抗拉强度不小于 455MPa、伸长率不小于 17%。试计算分析该钢筋能否用于桥梁混凝土结构?

钢筋拉伸试验记录表

试验次数	公称直径(mm)	试件原始标距 L_0(mm)	试样断后标距 L_1(mm)	屈服力 F_S(N)	最大拉力 F_b(N)
1	20	100	130	108	163
2	20	100	131	107	162

18. 经马歇尔试验,确定 AC-13 细粒式沥青混凝土的油石比为 5.3%、毛体积密度为 2430kg/m^3,试计算制备一块车辙试验标准试件(300mm × 300mm × 50mm)需要矿料总量与沥青用量。

19. 现有一组(5 个试件)马歇尔试验结果,稳定度测定值分别为:9.63kN、8.50kN、8.82kN、10.04kN、14.62kN,请对该组试验结果进行数据处理(当试件数目 n 为 3、4、5、6 个时,k 值分别为 1.15、1.46、1.67、1.82)。

20. 测压实度时,已知室内测得最大干密度为 ρ_{dmax} = 2.20g/cm^3,用灌砂法测压实度,试洞内挖出湿土质量为 4031g,灌砂筒内共储砂 2850g,砂灌满试洞后储砂筒内剩余砂质量 616.4g,砂的密度为 1.28g/cm^3,挖出湿土的含水率为 11.2%,则该地点的压实度为多少?

五、综合题

根据所列资料,以选择题的形式(单选或多选题)选出正确的选项。(每道大题 10 分,包括 5 道小题,每小题 2 分,选项全部正确得分,出现漏选或错误选项均不得分。)

1. 下表为 a,b 两组不同土的颗粒组成成分及击实试验结果,请回答下列问题:

土样	>0.05(mm)	0.05 ~0.005(mm)	<0.005(mm)	ρ_{dmax}(g/cm^3)	w_{op}(%)
a	9	58	33	1.72	17.3
b	54	29	17	1.92	11.5

(1)根据上表数据可知,a 与 b 两种土中(　)土细颗粒含量多。

A. a 土　　B. b 土

C. 一样多　　D. 不确定

(2)随着土中细颗粒含量增多,土的击实试验数据变化规律为(　)。

A. 最佳含水率增大　　B. 最大干密度减小

C. 最大干密度增大　　D. 最佳含水率减小

(3)土的击实曲线具有(　)特点。

A. 有峰值　　B. 左陡右缓

C. 与饱和曲线有交叉点　　D. 与饱和曲线无交叉点

(4)随着击实次数的增多,击实试验峰值数据发生(　)的变化。

A. 最佳含水率增大　　B. 最大干密度减小

C. 最大干密度增大　　D. 最佳含水率减小

(5)下列(　)试验方法为颗粒分析试验。

A. 筛分法　　B. 移液管法　　C. 密度计法　　D. 灌砂法

2. 下表为 CBR 试验部分试验数据,请回答以下问题:

单位压力(kPa)	贯入量(mm)
489	1.94
586	2.41
611	2.50
684	4.88
690	5.00

膨胀量试验数据

试验次数	1	2	3
泡水前试件高度(mm)	120.0	120.0	120.0
泡水后试件高度(mm)	131.5	134.6	133.2

(1)贯入量 2.5mm 时,CBR 值为(　)。

A. 8.7%　　B. 9.6%　　C. 6.5%　　D. 7.8%

(2)贯入量 5.0mm 时,CBR 值为(　)。

A. 8.7%　　B. 9.6%　　C. 6.6%　　D. 7.8%

(3)根据表中数据,计算土的平均膨胀量(　)。

A. 8.78%　　B. 10.92%　　C. 12.17%　　D. 9.58%

(4)关于土的 CBR 试验,下列说法正确的是(　)。

A. 若制备三种干密度的 CBR 试件,需制件 9 个,每层击数分别为 30,50,98 次

B. 若制备一种干密度的 CBR 试件，需制件 3 个，每层击数为 98 次

C. 一般采用贯入量为 2.5mm 时的单位压力与标准压力之比作为材料的承载比

D. 如贯入量为 5mm 的承载比大于 2.5mm 时的承载比，则试验应重做，如结果仍然如此，则采用 5mm 时的承载比

(5) CBR 试验泡水测膨胀量试验时，下列说法正确的是(　)。

A. 泡水期间槽内水面应保持在试件顶面以上大约 25mm

B. 试件要泡水 4 昼夜

C. 制备试件时应采用击实试验的重型Ⅱ-2 试验方法

D. 试件泡水后，应计算试件的湿度与密度的变化

3. 一饱和黏土试样在固结仪中进行固结试验，该试样原始高度为 20mm，面积为 $30cm^2$，土样与环刀总质量为 175.6g，环刀质量为 58.6g，当荷载由 $P_1=100kPa$ 增加至 $P_2=200kPa$ 时，在 24h 内土样高度由 19.31mm 减少至 18.76mm，该试样土粒相对密度为 2.74，试验结束后烘干土样，称得干土质量为 91.0g。已知土样含水率 $w_0=28.57\%$，土样密度 $\rho=1.95g/cm^3$，土样初始孔隙比 $e_0=0.806$。

(1) 根据以上试验数据，施加荷载 P_1 对应的孔隙比 e_1 为(　)。

A. 0.752　　B. 0.932　　C. 0.876　　D. 0.798

(2) 施加荷载 P_2 对应的孔隙比 e_2 为(　)。

A. 0.694　　B. 0.876　　C. 0.987　　D. 0.765

(3) 关于土的压缩系数 a 与压缩模量 E_s 的描述，下面正确的选项是(　)。

A. 同一种土，压缩系数 a 是变值，压缩模量 E_s 是变值

B. 同一种土，压缩系数 a 是定值，随着压力增大，a 与 E_s 均不变

C. 同一种土，压缩系数 a 是变值，随着压力增大，a 增大，E_s 减小

D. 同一种土，压缩系数 a 是变值，随着压力增大，a 减小，E_s 增大

(4) 土的压缩系数 a_{1-2} 为(　)。

A. $0.58MPa^{-1}$　　B. $0.876MPa^{-1}$　　C. $0.987MPa^{-1}$　　D. $0.765MPa^{-1}$

(5) 关于土的压缩性的描述，下列选项正确的是(　)。

A. 土体积的减少是由于土空隙体积减少

B. 土颗粒与水分子是不可压缩的

C. 饱和黏性土的固结是需要时间的

D. 土体积的减少是由于土颗粒被压缩了

4. 土样的液塑限试验记录如下，依据试验数据回答下列问题：

土样	含水率(%)	液限(%)	塑限(%)
1	23	35	20
2	34	65	42

(1) 根据表中数据，按照《公路土工试验规程》(JTG E40—2007)塑性图对细粒土分类的标准(土中无有机质)，土样 1 的土类名称为(　)。

A. CL　　B. CH　　C. ML　　D. MH

(2)土样 2 的土类名称为(　)。

A. CL　　B. CH　　C. ML　　D. MH

(3)土的塑性指数越大,则土的(　)。

A. 黏粒含量越多　　B. 黏粒含量越少

C. 可塑性越大　　D. 以上说法均有可能发生

(4)关于土的界限含水率,下列说法正确的是(　)。

A. 土的含水率达到缩限后再减小,土体积不变

B. 土的塑限可以用滚搓法测定

C. 土的液限高,说明土中黏粒含量低

D. 土的液性指数反映土的稠度状态

(5)砂土最大孔隙比与最小孔隙比的测定方法及计算方法为(　)。

A. 振击法　　B. 漏斗法

C. $D_r = \frac{e_0 - e_{min}}{e_{max} - e_{min}}$　　D. $D_r = \frac{e_{max} - e_0}{e_{max} - e_{min}}$

5. 表中数据为颗粒分析试验的部分试验数据,取土总质量为 3 000g,回答以下问题。

孔径(mm)	累积留筛土质量(g)
20	350
10	920
5	1 600
2	2 190

(1)根据以上试验数据,计算孔径为 5mm 筛的通过率为(　)。

A. 46.7%　　B. 58.2%

C. 67.5%　　D. 51.3%

(2)根据《公路土工试验规程》(JTG E40—2007)规定,粒组分为(　)。

A. 巨粒组　　B. 粗粒组

C. 细粒组　　D. 中粒组

(3)根据下列(　)选项,可以判别土的级配是否良好。

A. 是否满足 $C_u \geqslant 5$　　B. 是否满足 $C_c = 1 \sim 3$

C. 是否满足 $C_u \geqslant 10$ 且 $C_c = 1 \sim 5$　　D. 以上说法均有可能发生

(4)筛分法适用于(　)。

A. 任何土　　B. 含黏土粒的砂砾土

C. 无凝聚性土　　D. 土样应采用风干土

(5)风干土指下列(　)土。

A. 含水率为零的土　　B. $w = 20\%$ 的土

C. 含水率与大气含水率相同的土　　D. $w = 10\%$ 的土

6. 水泥混凝土用石灰岩碎石(10 ~ 20mm)各项指标的试验结果如下表,根据表中数据回答下列相关问题。

检测指标	实测值	Ⅰ类标准
压碎值	12%	≤10%
表观密度	2 680kg/m^3	≥2 600kg/m^3
针片状颗粒含量	4.3%	≤5%
质量损失(坚固性)	3%	≤5%
含泥量	0.29%	≤0.5%
碱—集料反应	—	试验后试件应无裂缝、酥裂、胶体外溢等现象,在规定的试验龄期膨胀率应小于0.10%

(1)该碎石试验依据标准是(　)。

A.《建设用砂》(GB/T 14684—2011)

B.《建设用卵石、碎石》(GB/T 14685—2011)

C.《公路工程集料试验规程》(JTG E42—2005)

D.《公路工程岩石试验规程》(JTG E41—2005)

(2)测定石灰岩碎石(10~20mm)表观密度的目的是(　)。

A.计算碎石的空隙率　　B.计算碎石压实度

C.用于水泥混凝土配合比设计　　D.评价碎石质量

(3)碎石指标实测值表达错误的有(　)。

A.压碎值　　B.针片状颗粒含量

C.质量损失　　D.含泥量

(4)该碎石碱—集料活性检验可采用(　)方法评价。

A.岩相法　　B.砂浆长度法

C.抑制集料碱活性效能试验　　D.膨胀率试验

(5)关于该碎石,下列说法正确的是(　)。

A.该碎石属Ⅱ类碎石

B.该碎石不符合Ⅰ类碎石标准

C.评价该碎石性能,还需该检测岩石抗压强度、吸水率、堆积密度、有机物、硫化物及硫酸盐等指标

D.10~20mm规格碎石为连续粒级

7.依据《公路工程集料试验规程》(JTG E42—2005),粗集料密度试验记录表如下(水温22℃,$\rho_T=0.997\ 79$g/cm^3,水温修正系数$\alpha_T=0.006$):

试验次数	干质量m_a(g)	表干质量m_f(g)	水中质量m_w(g)	表观密度(g/cm^3)	毛体积密度(g/cm^3)	吸水率(%)
1	1 010.4	1 016.6	628.2	2.638	2.595	0.61
2	1 011.9	1 017.7	627.4	2.626	2.587	0.57
平均值	—	—	—	2.63	2.59	0.6

(1)粗集料密度试验,下列说法错误的是(　)。

A.本试验采用的网篮法

B.粗集料密度试验还可以采用容量瓶法、广口瓶法

C.网篮法测定粗集料的密度不适于仲裁及沥青混合料配合比设计使用

D.粗集料密度试验可以采用试验温度下水的密度或水温修正系数进行修正

(2)测定碎石表观密度、毛体积密度(或表观相对密度、毛体积相对密度)的目的(　)。

A.用于计算碎石的空隙率或间隙率

B.为水泥混凝土或沥青混合料配合比设计提供原始数据

C.评价碎石的工程适用性

D.计算沥青混合料用粗骨料骨架捣实状态下的间隙率,还需要测其堆积密度

(3)本试验记录错误之处有(　)。

A.单次试验的表观密度和毛体积密度的精确度

B.表观密度、毛体积密度平均值的精确度

C.吸水率计算方法与精确度

D.吸水率平均值的精确度

(4)关于本次试验下列说法正确的是(　)。

A.表观密度、毛体积密度两次试验之差均超出0.002,故试验无效

B.两次试验的表观相对密度分别为2.644、2.632,均值为2.638

C.两次试验的毛体积相对密度分别为2.601、2.593,均值为2.597

D.两次吸水率试验结果未超出0.2%的精密度要求,吸水率应为0.59%

(5)关于粗集料试验步骤,下列说法正确的是(　)。

A.试验环境,要求水温调节至20℃ ±2℃

B.将粗集料试样漂洗干净后,室温下保持浸水24h

C.饱和面干状态是用拧干的湿毛巾轻轻擦去浸泡后集料表面的水至表面无发亮的水迹

D.立即称取集料表干质量后,将其置于浅盘并烘至恒重,一般烘干时间不少于4 ~6h

8.混凝土用砂样筛分结果如下表,请回答下列问题:

筛孔尺寸(mm)	4.75	2.35	1.18	0.6	0.3	0.15	筛底
筛余质量(g)	45	95	120	105	75	55	5

(1)下列说法正确的是(　)。

A.细度模数评价砂的粗细程度

B.细度模数与级配参数共同评价砂的级配

C.某粒径的累计筛余是指砂中大于该粒径的颗粒含量百分率

D.该砂筛分试验,各筛余质量和筛底质量总和应不超过试样总量的1%,即5g

(2)该砂样细度模数与粗度的关系为(　)。

A.细度模数为3.24,属于粗砂　　B.细度模数为2.60,属于中砂

C.该砂属于粗砂,为Ⅰ区砂　　D.细度模数为3.2,属于Ⅰ区砂

(3)砂的级配曲线,正确的绘制方法是(　　)。

A. 筛孔作为横坐标,采用常数

B. 筛孔的对数作为横坐标

C. 通过率作为纵坐标,采用常数

D. 通过率的对数作为纵坐标

(4)该砂配制混凝土有可能出现(　　)现象。

A. 黏性略大　　　　B. 保水性差

C. 流动性小　　　　D. 不易捣实

(5)关于砂样级配,说法正确的是(　　)。

A. 配制混凝土,该砂宜选择较大的砂率

B. 细度模数范围为1.6~3.7的砂均可配制混凝土

C. 机制砂应遵照天然砂的级配标准

D. 用于混凝土的砂样,筛分试验应选择水筛法

9. 下表为PⅡ42.5硅酸盐水泥比表面积试验记录,请回答下列问题:

试料层体积	试验次数	充满圆筒的水银质量(g)		温度(℃)	水银密度(g/cm^3)	试料层体积 V(cm^3)	
		未装水泥时 P_1	装水泥后 P_2			单个值	平均值
	1	84.652	59.153	20	13.55	1.882	1.882
	2	84.650	59.154	20	13.55	1.882	

试样	试验次数	温度(℃)	空气黏度 η(Pa·s)	密度(g/cm^3)	空隙率 ε	试样质量 W(g)	液面降落起始时间(s)	液面降落终止时间(s)	比表面积 S(m^2/kg)	
标准试样		20	0.000 180 8	3.10	0.500	2.917	0	78.3	380	
被测水泥	1	20	0.000 180 8	3.05	0.500	2.870	0	77.6	378	378
	2	20	0.000 180 8	3.05	0.500	2.870	0	77.0	377	

(1)试料层的测定,下列说法正确的是(　　)。

A. 采用水银排代法测定试料层的体积

B. 称量水银质量应精确至0.001g,记录表中记录正确

C. 试料层体积计算错误,两次试验结果平均值应为1.881 7cm^3

D. 水银密度是与试验温度相关的常数

(2)水泥比表面积试验,说法正确的是(　　)。

A. 标准试样与水泥被测样的质量应以达到在制备试料层中空隙率为0.500±0.005计算

B. 水泥比表面积的试验原理是先测定试料层体积,然后用被测样与标准样比较计算得到

C. 采用水银置换试料层体积时,应先将一片滤纸放入透气筒内,并且整平于穿孔

板上

D. 水泥比表面积试验仪器校准包括漏气检查和试料层体积测定，其中，试料层体积至少每年校正一次

(3)被测水泥的密度、试料层中空隙率与标准试样相同，则比表面积计算正确的是(　)。

A. 应分为试验时温差≯±3℃和试验温差>±3℃两种情况处理

B. 只允许试验时温差≯±3℃

C. 试验时温差≯±3℃时，需考虑被测水泥和标准试样试验温度下的空气黏度

D. 试验时温差≯±3℃时，只考虑标准试样的比表面积及其与被测水泥的压力计液面降落时间

(4)被测水泥与标准试样的试验参数不同时，下列哪些说法正确(　)。

A. 空隙率不同，试验温差≯±3℃时，应考虑二者的空隙率、液面降落时间、标准样比表面积

B. 空隙率不同，试验温差>±3℃时，应考虑二者的空隙率、液面降落时间、空气黏度

C. 密度与空隙率都不同，试验温差≯±3℃时，应考虑二者的空隙率、液面降落时间、密度、空气黏度、标准样比表面积

D. 密度与空隙率都不同，试验温差>±3℃时，应考虑二者的空隙率、液面降落时间、空气黏度、密度、标准样比表面积

(5)关于水泥细度，说法正确的是(　)。

A. 水泥比表面积试验采用勃氏法

B. 硅酸盐水泥和普通水泥的细度采用比表面积指标评价

C. 水泥细度越细对工程越有利

D. 水泥细度可以采用比表面积与80μm 筛余百分率两项指标表征

10. 请回答水泥品种与强度的有关问题。

(1)水泥胶砂强度试验，正确的说法是(　)。

A. 采用ISO法，水泥:标准砂=1:3，水灰比为0.5

B. 抗折强度试验，两支撑圆柱间中心距离为160mm

C. 每成型三条标准试件需要材料数量：水泥450g±2g，标准砂1 350g±5g，水225g±1g

D. 抗压强度的夹具面积为40mm×40mm

(2)水泥胶砂流动度与胶砂强度的正确关系是(　)。

A. 采用ISO法制备试件测定水泥胶砂强度时不需要检测胶砂流动度

B. 对于需水量较大的水泥进行胶砂强度检验时，应确定其胶砂流动度不小于180mm

C. 需水量较大的水泥有火山灰水泥、粉煤灰水泥、复合水泥和掺火山灰质混合材的普通水泥、矿渣水泥等

D. 若水泥胶砂流动度小于180mm，须以0.01倍数递增的方法将水灰比调整至满足要求，才能进行胶砂强度试验

(3)下表是P. O42.5R胶砂强度试验记录，这组试验记录与结论说法正确的是(　)。

指标	龄期	单个值			平均值	标准
抗折强度(MPa)	3d	4.3	5.4	4.7	4.8	≥4.0
	28d	6.8	6.2	6.3	6.4	≥6.5
抗压强度(MPa)	3d	22.6	23.2		23.6	≥22.0
		23.3	23.8			
		24.8	24.1			
	28d	45.6	46.3		46.6	≥42.5
		47.9	48.4			
		45.4	46.0			

A. 水泥抗压强度与抗折强度单个值应准确至 0.01MPa

B. 3d 抗压强度应不小于 17.0MPa,3d 抗折强度应不小于 3.5MPa

C. 3d 抗折强度应为 4.7MPa

D. 该水泥为合格品

(4)早强型水泥与普通型水泥的关系(　)。

A. 早强型水泥 3d 强度比同等级的普通型水泥高,28d 强度一样

B. 早强型水泥比普通型水泥工程适应性好

C. 早强型水泥与普通型水泥相比,更易出现早期裂缝,更应注意工程的早期养护

D. 普通水泥有早强型与普通型水泥,矿渣水泥仅有普通型水泥

(5)水泥品种与强度对混凝土工程的适用性,说法正确的是(　)。

A. C60 高强混凝土可以选择普通早强水泥 P. O42.5R

B. 抗冻环境下优先选择矿渣水泥

C. 大体积工程可以选择矿渣水泥、粉煤灰水泥、火山灰水泥和复合水泥

D. 一般土建工程钢筋混凝土及预应力混凝土优先使用硅酸盐水泥和普通水泥

11. 关于混凝土的几种强度,回答下列问题:

(1)立方体抗压强度、抗压强度标准值和强度等级的关系(　)。

A. 立方体抗压强度为一批混凝土的单个测定值

B. 一批混凝土的抗压强度平均值为 37.2MPa,强度标准差为 4.0MPa,则其抗压强度标准值为 30.6MPa

C. C30 混凝土,即抗压强度标准值为 30MPa

D. 混凝土立方体抗压强度标准值其实就是一批混凝土的平均强度

(2)混凝土立方体抗压强度试验的养护条件为(　)。

A. 试件成型后,用湿布覆盖表面,在室温 20℃ ±5℃,相对湿度 95% 以上的环境下,静放 1 个昼夜再拆模

B. 试件养护温度 20℃ ±2℃,相对湿度 95% 以上

C. 试件养护温度 20℃ ±1℃,相对湿度 90% 以上

D. 试件在温度为 20℃ ±2℃的不流动 $Ca(OH)_2$ 饱和溶液中养护

(3)关于混凝土立方体抗压强度,叙述正确的是(　)。

A. 混凝土立方体抗压强度以三块试件为一组，取三块试件强度的算术平均值作为每组试件的强度代表值

B. 立方体试件在压力机上受压时会产生环箍效应

C. 轴心抗压强度与劈裂抗拉强度试验均可以消除环箍效应

D. 轴心抗压强度较真实，立方体抗压强度值较大

(4)关于抗弯拉强度正确的说法是（ ）。

A. 道路路面或机场道面用水泥混凝土以抗弯拉强度控制

B. 路面混凝土配合比设计以抗压强度为主要指标，采用经验公式法计算

C. 混凝土抗弯拉强度计算式为 $f_{cf}=FL/bh^2$，其中支座间距 $L=450$mm

D. 混凝土抗弯拉强度按三分点加荷方式测定，试验结果处理与抗压强度要求相同。

(5)混凝土强度的影响因素有（ ）。

A. 混凝土的力学性质主要取决于强度，与变形无关

B. 影响外因包括温度、湿度与龄期

C. 影响内因有水泥、集料、外加剂、掺和料及其用量比例等

D. 与耐久性影响因素相同

12. 某桥梁配制流动性高性能混凝土，设计强度为 C45，强度标准差为 5.0MPa。选用 42.5 级普通水泥，实测强度为 48.7MPa，密度 3.10g/cm^3；掺用 25% 粉煤灰，密度 2.20g/cm^3，影响系数为 0.75；掺用 1.5% 聚羧酸高效减水剂，减水率为 30%；天然中砂，表观密度 2.65g/cm^3；碎石最大粒径 20mm，表观密度 2.70g/cm^3，碎石的回归系数 $\alpha_a=0.53$，$\alpha_b=0.20$；设计坍落度为 120mm，未加减水剂时，单位用水量选用 220kg/m^3；砂率取用 35%。该混凝土处于潮湿环境，最大水胶比限值为 0.55，最小胶凝材料用量限值为 320kg/m^3。

(1)混凝土配制强度为（ ）。

A. 混凝土配制强度为 51.8MPa

B. 混凝土配制强度为 53.2MPa

C. 混凝土配制强度可≥53.2MPa

D. 强度标准差取值较大，配制强度可取 53.2MPa

(2)（ ）与计算水胶比相关。

A. 碎石的回归系数 $\alpha_a=0.53$，$\alpha_b=0.20$

B. 胶凝材料 28d 抗压强度实测值 $f_b=\gamma_f\cdot f_{ce}=0.75\times48.7=36.5$MPa

C. 水泥抗压强度实测值 $f_{ce}=\gamma_c\cdot f_{ce,g}=1.16\times48.7=56.5$MPa

D. 水胶比计算值为 0.34，按耐久性要求的最大水胶比 0.55 复核满足要求

(3)计算胶凝材料用量，下列正确的结论为（ ）。

A. 单位胶凝材料用量为 453kg/m^3

B. 单位用水量为 154kg/m^3

C. 单位水泥用量为 453kg/m^3，单位粉煤灰用量为 113kg/m^3

D. 单位水泥用量为 340kg/m^3，单位粉煤灰用量为 113kg/m^3

(4)计算单位砂石用量，下列正确的结论为（ ）。

A. 依题意，采用体积法计算单位砂石用量

B. 单位砂用量为 629kg/m^3

C. 单位碎石用量为 1 164kg/m^3

D. 单位砂用量为 640kg/m^3,单位碎石用量为 1 155kg/m^3

(5)关于混凝土初步配合比,正确的说法是(　)。

A. 以全干材料为基准计算

B. 减水剂掺量为 5.1kg

C. 单位胶凝材料用量 453kg/m^3,满足 320kg/m^3 最小胶凝材料用量的耐久性要求

D. 初步配合比为水泥:粉煤灰:水:砂:碎石 =340:113:154:629:1 164

13. 混凝土初步配合比为 1:1.82:3.60,W/C=0.50,混凝土的假定表观密度为 2 400kg/m^3,则

(1)采用单位用量表示法,混凝土的初步配合比为(　)。

A. 水泥:水:砂:碎石 =354:177:644:1 274

B. 水泥:水:砂:碎石 =347:174:632:1 249

C. 1:1.82:3.60,W/C=0.50

D. 1:0.5:1.82:3.60

(2)按初步配合比试拌,实测坍落度低于 40mm 设计坍落度要求,但保水性和黏聚性良好,可采用下列(　)措施调整。

A. 保持 W/C 不变,增加水泥浆的数量

B. 增加水用量

C. 砂率保持不变,增加砂用量

D. 掺加掺和料

(3)若(2)中掺加 2.0% 高效减水剂(减水率为 24%)坍落度满足要求,则关于混凝土的基准配合比说法正确的是(　)。

A. 基准配合比是坍落度满足要求的配合比

B. 基准配合比为水泥:水:砂:碎石 =347:174:632:1249

C. 基准配合比为水泥:水:砂:碎石 =264:132:632:1249

D. 采用基准配合比进行强度复核

(4)强度检验结果见下表,混凝土设计强度等级 C30,(　)结论与强度检验相关。

组　别	水灰比(W/C)	28d 抗压强度值 $f_{cu,28}$(MPa)
1	0.45	39.9
2	0.50	34.7
3	0.55	28.8

A. 采用上表三组水灰比,且均为基准配合比

B. 经强度检验,选择第 2 组配合比合适

C. 经强度检验,选择第 3 组配合比合适

D. 强度检验至少采用三组配合比,每组至少制备 3 块试件

(5)试验室配合比进行密度复核,实测表观密度为 2 475kg/m^3,正确的做法是(　)。

A. 混凝土拌和物表观密度实测值与计算值的相对误差 <2%，不需校正

B. 试验室配合比为水泥：水：砂：碎石 =357：179：651：1 286

C. 校正系数为 1.03

D. 校正系数为 0.97

14. 混凝土配合比设计的相关问题如下：

(1) 混凝土配合比设计分为（　）设计阶段。

A. 初步配合比　　B. 试验室配合比

C. 基准配合比　　D. 施工配合比

(2) 混凝土初步配合比为 345：190：630：1246，则下列正确的做法是（　）。

A. 试验室试拌 20L 混凝土，水泥、水、砂、碎石实际用量分别为 6.90kg，3.80kg，12.60kg，24.92kg

B. 试验室配合比需经过工作性、强度和密度检验

C. 强度检验应以 28d 龄期抗压强度判定

D. 混凝土湿表观密度测定应采用 15L 密度筒

(3) 测定材料含水率，正确的说法是（　）。

A. 进行施工配合比折算前，应测定所有材料的含水率

B. 砂、石含水率可采用酒精快速燃烧法测定

C. 含水率是砂石中含水质量占砂石干质量的百分率

D. 含水率是砂石中含水质量占砂石湿质量的百分率

(4) 混凝土试验室配合比为 342：185：626：1 250。施工现场砂含水率为 3%、碎石含水率为 1%，施工配合比为（　）。

A. 水泥：水：砂：碎石 =342：185：626：1 250　　B. 水泥：水：砂：碎石 =342：154：645：1 263

C. 1：1.89：3.69，W/C =0.45　　D. 1：1.83：3.65，W/C =0.54

(5) 进行混凝土施工配合比质量评定时，其评定方法有（　）。

A. 已知标准差和未知标准差的统计方法

B. 非统计评定方法

C. 当混凝土生产条件在较长时间内能保持一致，且强度变异性保持稳定时，采用已知标准差法评定

D. 非统计评定方法应由不少于 10 组的试件组成一个验收批

15. 70 号 A 级沥青的 RTFOT 试验结果如下表，请依表回答下列问题：

指　　标	实 测 值	技 术 要 求
质量变化(%)	0.3	≯ ±0.8
残留针入度比(%)	68	≮61
10℃残留延度(cm)	10	≮6
15℃残留延度(cm)	22	≮15

(1) 关于 70 号 A 级沥青的合适说法有（　）。

A. 该 70 号 A 级沥青的 RTFOT 试验结果合格

B. 70 号沥青适合于 2－1、2－2、2－3、2－4 气候分区

C. 该沥青适用于各个等级公路及任何场合和层次

D. 该沥青适合用作生产改性沥青、乳化沥青等的基质沥青

(2)RTFOT 的含义是( )。

A. 薄膜烘箱加热试验

B. 旋转薄膜烘箱加热试验

C. 加热老化试验

D. 老化试验

(3)RTFOT 试验评价沥青( )性能。

A. 老化

B. 耐久

C. 安全

D. 热稳定

(4)关于 RTFOT 试验说法正确的是( )。

A. 保持温度 163℃ ±1℃ 条件下，连续加热蒸发 5h

B. 163℃ ±0.5℃ 条件下，受热时间不应少于 75min，总受热时间为 85min

C. RTFOT 试验，采用 4 个盛样皿装入并形成薄膜，然后加热

D. 残留沥青试样如当日不能进行试验时，应放置在容器内但全部试验必须在加热后 72h 内完成

(5)关于沥青老化正确的解释是( )。

A. 老化因素有：沥青施工时加热、沥青路面使用中长期经受的自然因素，如大气、日照、降水、气温变化等

B. 沥青老化产生了不可逆的化学变化，导致其工程性能逐渐劣化

C. 老化试验残留物的变化：针入度、延度、软化点均变小

D. 采用 RTFOT 是评价沥青长期老化的试验方法

16. 某沥青性能指标试验记录表如下，根据数据回答下列问题：

检测指标	试验次数	单个值	平均值	技术标准
针入度(25℃)(0.1mm)	1	86	87	80～100
	2	88		
	3	87		
延度(15℃)(cm)	1	98	>100	>100
	2	104		
	3	107		
软化点 $T_{R\&B}$(℃)	1	45.2	45.5	不低于 44
	2	45.6		
针入度指数 P.I				－1.5～ +1.0

(1)( )是沥青针入度的正确说法。

A. 该沥青为 90 号沥青

B. 该沥青与 70 号沥青相比更适合 1－1 区

C. 沥青针入度比动力黏度更准确地反映沥青黏滞性

D. 针入度的表示错误，应准确至 0.1mm

(2)有关沥青延度试验的正确说法是(　)。

A. 延度记录错误,应记作 103cm

B. 沥青延度大小与耐久性有关

C. 沥青 0℃或 5℃低温延度可以评价沥青的低温抗裂性,拉伸速度为 1cm/min

D. 延度表示沥青的韧性

(3)沥青软化点试验的正确说法是(　)。

A. 软化点应表示为 45.4℃

B. 软化点试验的初始温度为室温,则试验结果会偏大

C. 软化点是沥青达到条件黏度时的温度

D. 沥青软化点的试验方法不同,试验结果大小也不同

(4)下列说法错误的是(　)。

A. 通常测定沥青在 25℃、100g、5s 条件下的针入度

B. 延度拉伸速度偏大,试验结果偏小

C. 软化点反映沥青的感温性

D. 当量软化点 T_{800} 和当量脆点 $T_{1.2}$ 分别反应沥青的温度稳定性与含蜡量

(5)关于沥青针入度指数合理的选项为(　)。

A. 沥青针入度指数的技术标准规定,道路黏稠沥青应为溶 - 凝胶结构

B. 该沥青的三大指标满足要求,无需评价针入度指数

C. 采用诺模图确定沥青针入度指数,还需测定沥青 5℃、20℃或 30℃的针入度

D. 黏稠石油沥青达到软化点时,针入度一般在 600 ~ 1000(0.1mm)范围内

17. 70 号道路石油沥青的密度试验结果如下,针对沥青密度试验回答下列问题:

试验次数	试验温度(℃)	比重瓶质量 m_1(g)	瓶 + 满水合质量 m_2(g)	瓶 + 试样合质量 m_4(g)	瓶 + 试样 + 水合质量 m_5(g)	水的密度 ρ_w(g/cm³)	密度(g/cm³)	
							实测值	平均值
1	15	28.276	53.853	45.745	53.870	0.999	1.000	1.008
2	15	29.301	53.470	46.117	53.742		1.015	

(1)(　)是沥青密度试验的规定。

A. 试验过程中比重瓶的恒温温度为 15℃ ±0.5℃

B. 烧杯中水深必须超过比重瓶顶部 40mm 以上,并在烧杯中插入温度计测量恒温温度

C. 采用自来水为试验用水

D. 对于黏稠石油沥青,应将准备好的热熔沥青试样小心注入比重瓶中约至 2/3 高度

(2)沥青密度试验结果有误的是(　)。

A. 沥青密度结果表示错误,应为 1.009g/cm³

B. 三次为一组平行试验

C. 沥青密度试验结果应准确至 0.01g/cm³

D. 两次试验结果超出 0.003g/cm³,沥青密度 1.008g/cm³ 无效,需重做

(3)沥青密度与相对密度说法正确的是(　)。

A. 沥青可以测定15℃或25℃的密度

B. 沥青混合料配合比设计采用25℃相对密度

C. 沥青混合料配合比设计采用15℃或25℃相对密度

D. 沥青相对密度(25/25℃)=沥青密度(15℃)×0.996

(4)比重瓶体积测定步骤中错误的做法是(　)。

A. 比重瓶水值即为比重瓶体积

B. 称量盛满水的比重瓶质量,应多次擦拭瓶塞顶部至小水滴不再出现

C. 待烧杯中水温达到规定恒温温度后,需保温30min

D. 比重瓶水值应经常校正,每年至少校正1次

(5)关于沥青密度测定,(　)说法正确。

A. 测定液体沥青密度可遵照黏稠沥青密度的测定方法

B. 也可以采用固体沥青颗粒测定其密度,但比重瓶的水中应加入几滴1%洗衣液防止固体沥青颗粒上浮

C. 测定比重瓶水值时,若瓶内有气泡,则沥青密度结果偏小

D. 比重瓶内注入约2/3沥青时,不慎夹有气泡,则密度测定值偏小

18. 以下是沥青混合料马歇尔试验要点,请回答下列问题:

(1)关于黏温曲线,下列内容(　)正确。

A. 绘制黏温曲线,确定沥青混合料的施工温度

B. 利用布洛克菲尔德黏度计测定不同温度的表观黏度

C. 根据黏温曲线,宜以表观黏度为0.17Pa·s±0.02Pa·s时的温度作为拌和温度范围

D. 根据黏温曲线,宜以表观黏度为0.28Pa·s±0.03Pa·s时的温度作为压实温度范围

(2)制备马歇尔试件,正确的说法是(　)。

A. 可以采用击实法、SGC法、GTM法

B. 将各种规格的矿料置105℃±5℃的烘箱中烘干至恒重(一般不少于4~6h),再于约163℃温度烘箱备用

C. 改性沥青比石油沥青的拌和与压实温度稍高10~20℃,掺加纤维时再提高10℃左右

D. 装有试件的试模横向放置冷却1h,置脱模机上脱出试件

(3)制备一块油石比为5.0%的标准马歇尔试件,称量热拌沥青混合料1 210g,成型试件高度为62.0mm,正确的做法是(　)。

A. 需按标准试件高度调整沥青混合料用量为1 239g

B. 高度65.2mm满足63.5mm±2.5mm的要求,无需调整

C. 若制备马歇尔试件的毛体积密度为2.330g/cm^3,则一块试件的沥青混合料用量为1 199g

D. 用卡尺在试件两侧量取高度,如高度不符合规定要求或两侧高度差大于2mm时,

应作废

(4)测定马歇尔试件的体积参数,(　)内容正确。

A. 马歇尔试件的吸水率为2.3%,采用表干法测定其毛体积密度结果偏大

B. 马歇尔试件的吸水率为1.5%,采用表干法测定毛体积密度

C. SMA、OGFC试件采用表干法测定毛体积密度

D. 采用真空法测定沥青混合料最大理论密度为$2.436g/cm^3$,其毛体积密度为$2.335g/cm^3$,则空隙率为4.1%

(5)测定马歇尔稳定度,正确的做法是(　)。

A. 保温时间:标准马歇尔试件需30min,大马歇尔试件需60min

B. 试件加载速度为50mm/min±5mm/min

C. 从恒温水槽中取出试件至测出最大荷载值的时间不得超过30s

D. 一组马歇尔试件制备了4块,马歇尔稳定度测定结果分别为:8.4kN、14.2kN、9.1kN、7.5kN,稳定度应为8.3kN

19. 请回答某高速公路沥青路面上面层进行配合比设计的相关问题。

(1)上面层沥青混合料宜选择(　)类型。

A. AC-10　　B. AC-13C

C. OGFC-13　　D. SMA-13

(2)采用图解法进行密级配沥青混凝土的矿料配合比设计,需要(　)内容。

A. 确定矿质混合料工程级配范围

B. 选择级配范围下限作为目标设计级配

C. 调整矿料配合比宜使级配曲线偏向级配范围下限

D. 宜适当减少公称最大粒径附近的粗集料和0.6mm以下部分细粉的用量,增加中等粒径集料,形成S型级配曲线

(3)马歇尔试件的击实高度超出了规定要求,分析原因有(　)。

A. 沥青混合料数量偏多　　B. 击实温度偏高

C. 双面各击实50次　　D. 击实锤落距低于规定要求

(4)经马歇尔试验确定的最佳油石比OAC,应进行(　)。

A. 对预计可能产生较大车辙的路面,宜在空隙率符合要求的范围内将OAC减小0.1%~0.5%

B. 对交通量很少的公路,宜在OAC的基础上增加0.1%~0.3%,以适当减小设计空隙率,但不得降低压实度要求

C. 粉胶比检验,合适范围在1.0~1.5

D. 进行车辙、浸水马歇尔、冻融劈裂等试验检验OAC

(5)目标配合比设计、生产配合比设计与生产配合比验证阶段的正确关系为(　)。

A. 应用实际施工拌和机进行试拌,确定生产配合比,且生产配合比与目标配合比设计的最佳沥青用量的差值不宜大于±1%

B. 采用目标配合比设计OAC,按照OAC-0.3%、OAC、OAC+0.3%等三个沥青用量进行马歇尔试验和试拌

C. 取样进行马歇尔试验,同时从路上钻芯取样观察空隙率的大小,确定生产配合比

D. 标准配合比的矿料合成级配中,至少应包括0.075mm、2.36mm、4.75mm及公称最大粒径筛孔的通过率接近优选的工程设计级配范围中值,并避免在0.3~0.6mm处出现驼峰

20. 请回答关于SMA沥青混合料的相关问题。

(1)( )是SMA的特点。

A. 粗集料比例较高,可达70%~80%

B. 细集料和矿粉用量少

C. 沥青用量多

D. 采用纤维作为稳定剂

(2)SMA级配设计特点有( )。

A. 采用间断型密级配

B. 选择级配范围中值曲线作为设计目标

C. 初试三个级配:上、中、下三条级配曲线

D. $VAC_{mix} < VCA_{DRC}$

(3)SMA对原材料的要求为( )。

A. 石灰岩矿粉

B. 坚硬粗、细集料,常用玄武岩碎石与机制砂

C. 高稠度沥青,聚合物改性沥青较好

D. 主要采用木质素纤维

(4)SMA的主要设计指标是( )。

A. 目标空隙率VV(3%~4%)

B. 矿料间隙率VMA

C. 沥青饱和度

D. 高温稳定性指标:稳定度、流值、动稳定度

(5)确定SMA最佳油石比,需要进行( )试验。

A. 马歇尔试验

B. 车辙试验

C. 谢伦堡析漏试验,检验最大沥青用量

D. 肯塔堡飞散试验,检验所需的最少沥青用量

第三部分　练习题答案与题解

一、单项选择题答案

1. C	2. B	3. A	4. A	5. A	6. A	7. D	8. B	9. A	10. B
11. A	12. B	13. A	14. B	15. A	16. B	17. A	18. A	19. B	20. B
21. A	22. A	23. B	24. B	25. B	26. B	27. B	28. B	29. A	30. B
31. A	32. D	33. C	34. B	35. A	36. B	37. A	38. A	39. A	40. A
41. C	42. C	43. B	44. B	45. B	46. B	47. A	48. B	49. B	50. A
51. C	52. B	53. B	54. A	55. D	56. C	57. A	58. B	59. B	60. A
61. A	62. C	63. C	64. A	65. D	66. B	67. A	68. B	69. B	70. A
71. B	72. C	73. B	74. A	75. A	76. A	77. B	78. A	79. B	80. B
81. A	82. B	83. B	84. B	85. B	86. B	87. A	88. A	89. A	90. A
91. B	92. B	93. B	94. A	95. B	96. A	97. B	98. B	99. A	100. A
101. B	102. C	103. C	104. C	105. A	106. D	107. A	108. B	109. B	110. D
111. B	112. B	113. A	114. A	115. B	116. A	117. D	118. D	119. B	120. A
121. B	122. C	123. D	124. A	125. C	126. D	127. C	128. C	129. D	130. B
131. A	132. B	133. A	134. D	135. D	136. B	137. A	138. B	139. D	140. C
141. C	142. B	143. A	144. B	145. C	146. B	147. D	148. B	149. B	150. D
151. C	152. A	153. B	154. B	155. A	156. D	157. A	158. C	159. D	160. A
161. D	162. C	163. B	164. A	165. B	166. D	167. A	168. C	169. D	170. A
171. A	172. A	173. B	174. C	175. D	176. C	177. A	178. A	179. C	180. D
181. D	182. C	183. D	184. B	185. B	186. A	187. A	188. C	189. C	190. D
191. B	192. A	193. D	194. C	195. A	196. A	197. D	198. C	199. B	200. C
201. C	202. D	203. C	204. A	205. B	206. B	207. B	208. A	209. B	210. A
211. B	212. D	213. A	214. D	215. A	216. B	217. B	218. A	219. B	220. C
221. B	222. D	223. C	224. D	225. B	226. B	227. A	228. C	229. C	230. C
231. A	232. B	233. B	234. C	235. D	236. D	237. A	238. B	239. B	240. B
241. C	242. A	243. B	244. C	245. A	246. B	247. B	248. D	249. B	250. B
251. C	252. C	253. A	254. A	255. C	256. B	257. A	258. B	259. B	260. D
261. B	262. B	263. A	264. D	265. B	266. C	267. D	268. C	269. D	270. A
271. B	272. B	273. C	274. D	275. A	276. B	277. B	278. D	279. A	280. D
281. C	282. A	283. A	284. B	285. C	286. A	287. C	288. B	289. C	290. D
291. D	292. A	293. A	294. A	295. B	296. C	297. A	298. A	299. A	300. C
301. B	302. C	303. D	304. A	305. C	306. D	307. C	308. D	309. B	310. B
311. A	312. A	313. D	314. C	315. D	316. B	317. C	318. C	319. B	320. D
321. A	322. B	323. A	324. B	325. B	326. C	327. A	328. B	329. B	330. C
331. A	332. D	333. B	334. A	335. C	336. A	337. D	338. B	339. A	340. D

341. C　342. B　343. C　344. A　345. A　346. B　347. D　348. C　349. A　350. B
351. B　352. C　353. B　354. D　355. A　356. C　357. B　358. D　359. A　360. C
361. D　362. A　363. B　364. C　365. B　366. A　367. B　368. B　369. C　370. B
371. C　372. D　373. C　374. B　375. B　376. C　377. C　378. A　379. A　380. B
381. A　382. D　383. B　384. D　385. C　386. C　387. D　388. B　389. A　390. B

二、判断题答案与题解

1. ✓
2. ✓
3. ×（正确：小击实筒击实后，土样不宜高出筒顶5mm）
4. ×（正确：承载比试验制件应泡水4昼夜）
5. ✓
6. ✓
7. ×（正确：有机质土测含水率时烘箱温度为65~70℃）
8. ✓
9. ✓
10. ×（正确：压缩实验时，土样侧向无变形）
11. ✓
12. ×（正确：大试筒击实后土样不宜高出筒顶6mm）
13. ✓
14. ✓
15. ✓
16. ✓
17. ✓
18. ✓
19. ✓
20. ✓
21. ✓
22. ✓
23. ×（正确：塑限指黏土从塑性体状态向固体状态过渡的界限含水率）
24. ×（正确：液限指黏土从液体状态向塑性体状态过渡的界限含水率）
25. ×（正确：滚搓法可以同时测定土的塑限）
26. ✓
27. ✓
28. ✓
29. ✓
30. ✓

31. √
32. √
33. √
34. ×(正确:CBR 试验试件泡水时,水面应高出试件顶面 25mm)
35. √
36. √
37. √
38. √
39. √
40. √
41. ×(正确:固结试验能测出土的先期固结压力)
42. √
43. ×(正确:酸碱度试验,土悬液土水比为 1:5)
44. √
45. ×(正确:土的烧失量是指土灼烧后减少的质量与原质量的比值)
46. ×(正确:做土的烧失量试验时,土为烘干土)
47. √
48. √
49. √
50. √
51. ×(正确:击实试验选取击实曲线峰点处的干密度为最大干密度)
52. ×(正确:土达到饱和状态时,饱和度为 1)
53. √
54. ×(正确:烘干法适用于有机质土类的含水率测定)
55. √
56. ×(正确:土的塑限是锥重 100g,锥入深度没有具体数值的土的含水率)
57. ×(正确:土的液塑限联合测定试验,若三点不在一条直线上,则过 A 点与 B、C 两点连两条直线)
58. √
59. √
60. ×(正确:土中黏粒含量越多,土的可塑性越高,塑性指数越大)
61. ×(正确:砂磨细到粒径小于 0.002mm 时,也不具有可塑性)
62. √
63. √
64. √
65. √
66. √
67. √

68. ×（正确:测定土的渗透系数时,标准温度为20℃）
69. √
70. ×（正确:直剪试验,砂土与黏土的试样制备方法不同）
71. √
72. √
73. √
74. √
75. √
76. √
77. √
78. √
79. ×（正确:含水率的没有最大值）
80. ×（正确:饱和度为1时,土的含水率不一定为多少,二者之间没有比例关系）
81. √
82. √
83. √
84. ×（正确:土的强度指土的抗剪强度）
85. √
86. ×（正确:击实曲线与饱和曲线不会相交）
87. ×（正确:击实土不会被击实至完全饱和状态）
88. ×（正确:土的压缩机理与压实机理不同）
89. √
90. √
91. √
92. √
93. √
94. √
95. √
96. ×（正确:击实法可用于扰动土试件制备）
97. √
98. √
99. ×（正确:土工合成材料的断裂拉力与拉伸强度不同）
100. √
101. ×（正确:电动取土器法不能测定易破裂土的密度）
102. √
103. ×（正确:虹吸筒法可测定土的相对密度）
104. √
105. √

106. ✓

107. ✓

108. ✓

109. ✓

110. ✓

111. ✓

112. ✓

113. ✓

114. ✓

115. ✓

116. ✓

117. ✓

118. ✓

119. ✓

120. ×(正确:《公路土工合成材料试验规程》(JTG E50—2006)中规定,宽条拉伸试验,试样宽度为200mm)

121. ✓

122. ✓

123. ✓

124. ✓

125. ×(正确:土工合成材料宽条拉伸试验属于土工合成材料的力学性能试验)

126. ×(正确:土工织物厚度是在承受规定压力条件下,正反两面之间的距离)

127. ✓

128. ×(正确:压力试验机的加载范围应为300~2000kN)

129. ✓

130. ×(正确:从1级到4级,表示强度从强逐渐到弱)

131. ×(正确:碱性石料 SiO_2 含量应该小于52%,SiO_2 含量小于45%者为超基性岩石)

132. ×(正确:耐冻系数应大于0.75,质量损失率不大于5%)

133. ✓

134. ×(正确:需要加入12个钢球,总质量为5000g±50g)

135. ✓

136. ×(正确:通常烘干时间不少于4h)

137. ×(正确:称为公称最大粒径)

138. ✓

139. ×(正确:应先铲除堆角处无代表性的部分,再在料堆的顶部、中部和底部取大致相同的若干份试样,组成一组试样)

140. ×(正确:应准确至小数点后3位)

141. ✓

142. √

143. ×（正确：沥青混合料所用填料，主要采用磨细石灰石等碱性矿粉、消石灰粉、水泥、粉煤灰等粒径小于0.075mm的矿物质粉末）

144. ×（正确：粗集料的表观密度和毛体积密度重复性试验的精密度要求两次试验结果之差不得超过0.02；对吸水率不得超过0.2%）

145. √

146. ×（正确：粗集料的物理性质试验主要包括各种密度、空隙率、吸水率、含水率、级配、针片状颗粒含量、坚固性等技术指标的试验检测）

147. ×（正确：对水泥混凝土用粗集料可以采用干筛法试验；对沥青混合料及基层用粗集料必须采用水洗法试验）

148. ×（正确：同一试样应平行试验5个集料颗粒，并由两名以上经验丰富的试验人员分别评定后，取平均等级作为试验结果）

149. √

150. ×（正确：对亲水性矿粉应采用煤油作介质）

151. ×（正确：大一级的粒径不可以选择小一级的容量筒，否则，试样用量少，缺乏代表性）

152. √

153. √

154. ×（正确：压碎值是衡量粗集料的力学性能指标，能够代表粗集料的强度）

155. √

156. ×（正确：砂的筛分曲线只能表示砂的颗粒粒径分布情况，不能表示砂的细度模数）

157. √

158. ×（正确：两种集料的细度模数相同，它们的级配不一定相同）

159. √

160. ×（正确：既可以采用连续级配，也可以采用间断级配）

161. ×（正确：中砂的细度模数 M_X 的划分范围为3.0～2.3）

162. √

163. ×（正确：细度模数是划分细集料粗细程度的指标）

164. ×（正确：吸水率和含水率的含水状态不同。吸水率是集料在饱水状态下的最大吸水程度，而含水率是集料在自然状态下的含水程度）

165. ×（正确：孔隙指石料自身的开口孔隙和闭口孔隙，空隙指集料颗粒之间的空隙）

166. √

167. ×（正确：针状颗粒指长度大于其所属粒级平均粒径2.4倍的颗粒；片状颗粒指厚度小于平均粒径0.4倍的颗粒）

168. ×（正确：采用亲水系数小于1的碱性石灰岩矿粉）

169. ×（正确：图解设计法中相邻的两条级配曲线的重叠位置关系最常见）

170. √

171. ×（正确：不能直接通过0.075mm筛水洗，应与0.15mm、0.3mm、0.6mm筛孔组成套

筛，否则 0.075mm 筛面易损坏、堵塞，或与矿粉发生共振，影响通过量）

172. ×（正确：亲水系数小于 1 者，为碱性矿粉）

173. ×（正确：石料的磨光值越高，表示其抗滑性越好；石料的磨耗值越高，表示其耐磨性越差）

174. √

175. √

176. ×（正确：粗集料的最大粒径和公称最大粒径均为 37.5mm。因集料最大粒径定义为集料 100% 都要求通过的最小标准筛筛孔尺寸。公称最大粒径的定义为集料可能全部通过、或允许有少量筛余[不超过 10%]的最小标准筛筛孔尺寸）

177. √

178. ×（正确：要求针片状颗粒含量[混合料中总含量]为高速公路、一级公路表面层不大于 15%，其他层次不大于 18%；其他等级公路不大于 20%）

179. √

180. ×（正确：集料的毛体积密度是在规定条件下，单位毛体积颗粒的干质量）

181. ×（正确：现行标准采用比表面积表示硅酸盐水泥的细度）

182. ×（正确：需要进行筛余结果的修正，否则，会影响试验结果）

183. √

184. √

185. ×（正确：采用标准法维卡仪测定水泥标准稠度用水量，应称量 500g 水泥，按经验调整水量法测定）

186. ×（正确：测定水泥的终凝时间，是以当试针沉入试体 0.5mm 时，即环形附件开始不能在试体上留下痕迹时作为终凝状态）

187. √

188. ×（正确：测定结果发生争议时，以雷氏夹法为准）

189. ×（正确：养护龄期为 3d 和 28d）

190. √

191. √

192. √

193. ×（正确：是由于活性混合材料含有活性氧化硅和氧化铝，在氧化钙的激发下具有一定的水硬性）

194. ×（正确：水泥试验初凝时间不符合标准要求的水泥为不合格品，不得在结构工程中使用）

195. ×（正确：沸煮法主要检测水泥中是否含有过量的游离 CaO）

196. ×（正确：按照《通用硅酸盐水泥》（GB 175—2007）的规定，应为不合格品）

197. √

198. √

199. √

200. ×（正确：用沸煮法不能全面检验硅酸盐水泥的体积安定性是否良好，只能检验水泥

中是否含有过量的游离 CaO。检验是否有过量的游离 MgO，应采用压蒸法）

201. √

202. ×（正确：对于两个龄期以上的试件，在编号时应将同一试模中的三条试件分在两个以上的龄期内）

203. √

204. √

205. ×（正确：《水泥胶砂强度检验方法（ISO 法）》GB/T 1767—1999 适用于硅酸盐水泥、普通水泥、矿渣水泥、粉煤灰水泥、复合水泥、道路水泥、石灰石硅酸盐水泥）

206. ×（正确：矿渣硅酸盐水泥是由硅酸盐水泥熟料、粒化高炉矿渣和适量石膏共同磨细制得的水硬性胶凝材料）

207. ×（正确：测定水泥标准稠度用水量的目的是为配制标准稠度水泥净浆，用于测定水泥凝结时间和安定性）

208. ×（正确：以一组三个试件得到的 6 个抗压强度算术平均值为抗压强度试验结果。如 6 个测定值中有一个超出 6 个平均值的 ±10%，舍去该结果，而以剩下 5 个测定值的平均值作为结果，如五个测定值中再有超过其平均值 ±10% 的，则该次试验结果作废）

209. ×（正确：在水泥试件 3d、28d 龄期的抗压、抗折强度都满足某一强度等级水泥的技术要求的前提下，水泥强度等级是以 28d 抗压强度确定的）

210. √

211. √

212. ×（正确：按照《通用硅酸盐水泥》（GB 175—2007）的规定，该水泥应为不合格品，不得使用）

213. ×（正确：当游离 MgO 和 SO_3 的含量过高时，水化产物的膨胀作用能致使硬化后的水泥石产生裂缝和开裂，因此，水泥出厂时必须检测化学性质）

214. √

215. √

216. ×（正确：P·S 代表矿渣水泥）

217. ×（正确：沸煮法主要检测水泥中是否含有过量的游离 CaO，不能检测 SO_3）

218. √

219. ×（正确：加载速度应按混凝土强度等级大小不同选择：小于 C30 的混凝土，加荷速度为 0.02 ~ 0.05MPa/s；大于等于 C30 且小于 C60 的混凝土，加荷速度为 0.05 ~ 0.08MPa/s；大于等于 60 的混凝土，加荷速度为 0.08 ~ 0.10MPa/s）

220. √

221. ×（正确：平均极限荷载为 34.50kN，则最后的试验结果是 4.60MPa）

222. ×（正确：39.67kN 超出了 34.24kN 的 15%，应采用 34.24kN 作为试验极限荷载计算抗折强度，计算试验结果为 4.56MPa）

223. ×（正确：混凝土的最佳砂率是指在水泥浆用量一定的条件下，能够使新拌混凝土的流动性最大，且能保持良好的黏聚性和保水性的砂率）

224. √

225. √

226. ×(正确:采用标准养护的混凝土试件拆模后,当无标准养护室时,可放在温度为20℃ ±2℃的不流动的$Ca(OH)_2$饱和溶液中进行养护)

227. √

228. √

229. ×(正确:当坍落度大于220mm时,需要测量坍落扩展度值表示混凝土的和易性)

230. √

231. ×(正确:混凝土拌和物的维勃稠度值越大,其坍落度越小)

232. √

233. ×(正确:轴心抗压强度能更真实地反映混凝土的实际受力情况)

234. √

235. ×(正确:对混凝土拌和物流动性大小起决定作用的是用水量、水灰比和砂率)

236. ×(正确:标准养护条件为:温度20℃ ±2℃,相对湿度95%以上)

237. ×(正确:大流动性混凝土的坍落度要求大于160mm)

238. ×(正确:当试件接近破坏而开始迅速变化时,应停止并调整试验机的油门,直至试件破坏)

239. ×(正确:如任一个测定值与中值的差超过中值的15%,应取中值作为测定结果)

240. √

241. √

242. ×(正确:混凝土的和易性应通过流动性、黏聚性和保水性三个方面综合反映。流动性符合设计要求,同时黏聚性和保水性良好,才能说明和易性好)

243. ×(正确:混凝土抗压强度与其灰水比呈线性关系)

244. √(注解:使用水泥的实际强度,计算的混凝土水灰比大,则水泥用量少)

245. ×(注解:砂浆的流动性指标是稠度;砂浆的保水性指标是保水率)

246. ×(正确:不一样。相同点:三种强度测定值的计算方法和异常数据的取舍原则相同。不同点:计算结果的精度要求不同,水泥混凝土抗压强度、轴心抗压强度计算结果精确到0.1MPa,劈裂抗拉强度计算结果精确到0.01MPa)

247. ×(正确:如任一个测值与中值差超出中值15%时,取中值作为测定结果。如最大值和最小值与中值的差均超出中值15%时,则该组试验无效)

248. ×(正确:为节约水泥,采用高强度等级水泥配制低强度等级混凝土,可以使强度设计能够正好保证满足要求,由于水泥用量少,混凝土空隙多,耐久性得不到保证)

249. √(注解:配制混凝土希望矿料具有高的密度和小的比面,在结构尺寸和施工条件允许的前提下,粗集料的粒径尽可能选择得大一些,降低矿料比面,可以节约水泥)

250. ×(正确:不一定。增大混凝土的流动性不仅仅可以通过提高水灰比来实现,还可以采用掺加外加剂,或者保持水灰比不变,增加水泥浆量等措施来实现)

251. ×(正确:水灰比的确定与三个因素有关系:混凝土配制强度、水泥实际强度和粗集料的种类)

252. √(注解:试验室试拌调整混凝土配合比,只要工作性满足混凝土的设计要求,该配

比即为基准配合比）

253. ✓

254. ✓（注解：如果不考虑集料的含水率，实际上减少了砂石用量，增加了水的用量。这样水灰比增大了，就会降低混凝土的强度）

255. ×（正确：采用体积法计算混凝土的砂石用量时，必须考虑混凝土的含气率）

256. ✓

257. ✓

258. ×（正确：已知标准差法适用于混凝土批量较大，在较长时间内混凝土的生产条件保持一致，且同一品种混凝土的强度性能保持稳定的混凝土。未知标准差法适用于混凝土批量较小，施工周期较短的混凝土）

259. ×（正确：当混凝土强度等级大于 C20 时，应用公式 $\bar{f}_{cu} \geqslant f_{cu,k} + 0.7\sigma_0$，$f_{cu,min} \geqslant f_{cu,k} - 0.7\sigma_0$，$f_{cu,min} \geqslant 0.9 f_{cu,k}$ 进行评定）

260. ✓

261. ✓

262. ✓

263. ✓

264. ×（正确：含蜡量较高，延度较小，比重较小是国产沥青的特点）

265. ×（正确：针入度越大，表示沥青的黏度越小）

266. ×（正确：针入度不是反映沥青感温性的指标。针入度指数越大，沥青的感温性越小）

267. ×（正确：应采用 5℃/min 的加热速度）

268. ✓

269. ✓

270. ×（正确：软化点既可以反映沥青的热稳定性，又可以表征沥青的条件黏度）

271. ×（正确：试验结果表明 B 的黏度大于 A。因为在相同的条件下，沥青流出相同体积的时间越长，表明沥青的黏度相对越大）

272. ×（正确：溶—凝胶型结构的沥青对温度的敏感性较低，路用性能最好）

273. ×（正确：沥青试样加热时不可以采用电炉或煤气炉直接加热）

274. ×（正确：反复加热的次数不得超过 2 次）

275. ×（正确：灌模剩余的沥青应立即清理干净，不得反复使用）

276. ×（正确：计算三次试验结果的平均值，取整数作为针入度试验结果，以 0.1mm 为单位）

277. ✓

278. ×（正确：杯中水温应在 3min 内调节，升温速度维持在 5℃/min ±0.5℃/min）

279. ✓

280. ✓

281. ×（正确：应用热刮刀自试模的中间刮向两端，且表面平滑）

282. ✓

283. ✓

284. ×(正确:试验结果记作“ >100cm”)

285. ✓

286. ×(正确:若该比例配制的隔离剂偏稀,也可以改变配合比,只要隔离剂能起到有效的防黏连作用即可)

287. ✓

288. ✓

289. ×(正确:应准确至3位小数)

290. ×(正确:对于最大粒径大于13.2mm的集料应采用水煮法试验)

291. ✓

292. ×(正确:蒸发损失率可正可负,正值表明质量不但没有损失,而是由于加热过程中沥青与空气中某些成分发生了反应,反而引起质量增加)

293. ✓

294. ×(正确:沥青稠度愈高,针入度愈小)

295. ×(正确:道路石油沥青的标号是按针入度值划分的)

296. ✓

297. ✓

298. ×(正确:可采用连续型或间断型密级配矿质混合料)

299. ×(正确:沥青碎石属于半开级配沥青混合料)

300. ×(正确:沥青玛蹄脂碎石是工程中典型的密实—骨架结构)

301. ×(正确:沥青混合料获得的黏聚力大,内摩擦角小)

302. ✓

303. ×(正确:由于高温时抗剪强度不足或塑性变形过大而产生的推挤等现象)

304. ✓

305. ×(正确:影响沥青混合料施工和易性的首要因素是材料组成)

306. ×(正确:混合后,还应按四分法取样至足够数量)

307. ×(正确:应将预热的粗细集料置于拌和机中适当拌和,然后加入定量的沥青拌和,最后再加入矿粉拌和)

308. ✓

309. ×(正确:再用插刀或大螺丝刀沿周边插捣15次、中间捣10次)

310. ×(正确:针入度小、稠度大的沥青取高限;针入度大、稠度小的沥青取低限,一般取中值)

311. ×(正确:若不符合63.5mm ±1.3mm的要求时应作废)

312. ×(正确:试件高度的变化对稳定度和流值的试验结果均有影响)

313. ×(正确:测定吸水率不大于2%的沥青混合料的毛体积密度的方法是表干法)

314. ×(正确:蜡封法适用于测定吸水率大于2%的沥青混合料试件的毛体积密度)

315. ✓

316. ×(正确:因为影响测定结果的因素很多,因此无法比较两种方法的测定结果。采用哪种方法应根据试件吸水率的大小确定)

317. ×(正确:当集料公称最大粒径≤26.5mm时,采用标准击实法,一组试件的数量不少

于4个；当集料公称最大粒径≥26.5mm时，采用大型击实法，一组试件的数量不少于6个）

318. √

319. ×（正确：应保温30～40min）

320. ×（正确：温度越高，测定的稳定度值愈小，流值愈大）

321. ×（正确：稳定度应准确至0.01kN，流值应准确至0.1mm）

322. √

323. √

324. ×（正确：若天平读数持续变化，不能很快达到稳定，说明试件有吸水情况，应改用蜡封法测定）

325. ×（正确：用洁净柔软的拧干湿毛巾轻轻擦去试件的表面水，不得吸走空隙内的水）

326. √

327. ×（正确：指试件浸水48h后的稳定度）

328. √

329. √

330. √

331. ×（正确：随沥青含量增加，饱和度和流值都递增，但递增曲线不相似）

332. ×（正确：不包括矿料自身内部的孔隙）

333. √

334. ×（正确：造成沥青路面泛油的原因主要是沥青用量过大。施工时，混合料的加热温度过高，沥青会发生老化；过低，沥青混合料会压实困难）

335. √

336. ×（正确：无论采用室内成型的试件，还是工程现场钻芯、切割的试件，密度试验的标准温度场为25℃±0.5℃）

337. ×（正确：当集料公称最大粒径≥26.5mm时，采用大型击实法，一组试件不少于6个）

338. √

339. √

340. ×（正确：沥青混合料车辙试验是在规定条件下，测量一定时间内的车辙变形量，然后计算出试件变形1mm所需要的行车行走次数，作为动稳定度）

341. √

342. √

343. √

344. √

345. √

346. ×（正确：要求冲刷物沉底12h后，烘干沉淀物并称其质量，作为30min的累计冲刷量）

347. ×（正确：石灰稳定细粒土强度低，不可以作高速公路的基层）

348. √

349. ×（正确：有效氧化钙在20%以上的等外灰，若混合料的强度能够满足要求可以使用）

350. ×(正确:应选用终凝时间较长(宜在6h以上)的水泥,不应使用快硬水泥、早强水泥)

351. √

352. ×(正确:每种2个样品)

353. ×(正确:虽然是按照同样的浓度进行配置,但由于操作时会存在一定的误差,不可能配置出完全一样浓度的试剂,所以必须重作标准曲线)

354. ×(正确:EDAT为乙二胺四乙酸)

355. ×(正确:应使用湿混合料)

356. ×(正确:制件所用的试模内径两端尺寸相同)

357. ×(正确:钙红指示剂加入石灰土和EDTA进行反应,溶液呈纯蓝色)

358. ×(正确:无机结合料稳定土击实试验分为甲法、乙法和丙法三种试验方法,均为重型击实试验)

359. ×(正确:当最大粒径达到26.5mm时,适合用乙法)

360. √

361. ×(正确:无机结合料稳定材料无侧限抗压强度试件养生温度,宜采用20℃±2℃)

362. ×(正确:半刚性基层稳定材料设计,以无侧限抗压强度作为设计指标)

363. √

364. ×(正确:镇静钢脱氧比较完全,质量好,且成本低)

365. √

366. ×(正确:含碳量不同)

367. √

368. ×(正确:可分为低碳钢、中碳钢和高碳钢三种)

369. ×(正确:分为低合金钢、中合金钢、高合金钢三种)

370. ×(正确:软钢以屈服强度σ_s作为设计计算的取值依据;硬钢以条件屈服强度$\sigma_{0.2}$作为设计计算的取值依据)

371. ×(正确:强度较高的钢筋应采用人工时效;强度较低的钢筋应采用自然时效)

372. ×(正确:碳素结构钢随牌号增大,强度增大,伸长率降低)

373. √

374. ×(正确:拉伸试样$L \geqslant 5d + 200$mm[直径$d \leqslant 10$mm的光圆钢筋:$L \geqslant 10d + 200$mm],冷弯试样$L \geqslant 5d + 150$mm)

375. ×(正确:钢筋拉伸试验原始截面积的测定,宜在试样平行长度中心区域以足够的点数测量试样的相关尺寸,计算平均原始截面积)

376. ×(正确:L_1为试件拉断后的标距长度,L_0为试件的原始标距长度)

377. ×(正确:钢筋的屈强比越小,说明钢筋在结构中的安全性和可靠性越高)

378. ×(正确:大多数钢材的牌号是按其屈服强度值划分的)

379. √

380. √

381. ×(正确:钢材的时效处理包括自然时效处理和人工时效处理)

382. √

383. ×（正确：钢材热处理是将钢材按一定的规则加热、保温、再冷却的过程）

384. √

385. √

386. √

387. √

388. ×（正确：焊接钢筋网应采用 CRB550 冷轧带肋钢筋和无纵肋的热轧带肋钢筋）

389. √

390. √

391. √

392. ×（正确：焊接钢筋网纵向钢筋间距宜为 50mm 的整数倍，横向钢筋间距宜为 25mm 的整数倍，最小间距宜采用 100mm。钢筋伸出长度宜小于 25mm）

393. √

394. √

395. √

396. ×（正确：岩石以 SiO_2 的含量划分酸性、中性和碱性石料）

397. √

398. √

399. √

400. ×（正确：水泥混凝土拌和物含气量试验适用于集料公称最大粒径不大于 31.5mm、含气量不大于 10% 且有坍落度的混凝土）

401. ×（正确：道路硅酸盐水泥的初凝时间不得早于 1.5h，终凝时间不得迟于 10h）

402. ×（正确：道路硅酸盐水泥分为 32.5、42.5、52.5 三个强度等级）

403. ×（正确：道路石油沥青的技术标准中规定的 60℃ 动力黏度指绝对黏度，采用真空减压毛细管法测定，真空度为 40kPa）

404. √

405. ×（正确：弹性恢复性试验适合于热塑性橡胶类聚合物改性沥青）

三、多项选择题答案

1. ABC	2. ABD	3. ABD	4. ABD	5. ABCD
6. AB	7. ABC	8. ABCD	9. ACD	10. ABD
11. AB	12. AC	13. BD	14. ABD	15. AB
16. ABCD	17. BCD	18. ABC	19. AB	20. AB
21. BC	22. AB	23. AC	24. ABCD	25. ABC
26. ACD	27. AC	28. AC	29. ABCD	30. ACD
31. AD	32. AC	33. ABC	34. CD	35. ABC
36. ABC	37. ABC	38. ABC	39. ABC	40. ABC

41. ABC　42. AB　43. ABC　44. BC　45. ABC
46. AB　47. CD　48. AB　49. ABC　50. BCD
51. ABC　52. BCD　53. ABC　54. ABD　55. ABC
56. AB　57. ABCD　58. ABC　59. ABC　60. ACD
61. ACD　62. ABC　63. ABCD　64. ABC　65. ABC
66. ACD　67. ABC　68. ABCD　69. ABD　70. ABC
71. AB　72. AD　73. ABCD　74. AB　75. ABC
76. ABC　77. AB　78. AB　79. AC　80. AC
81. ACD　82. AC　83. AD　84. ABC　85. BC
86. AB　87. AD　88. ABC　89. ABCD　90. ABCD
91. ACD　92. AB　93. AD　94. ABC　95. BD
96. BCD　97. ABC　98. ABC　99. ABCD　100. ABCD
101. ABD　102. ABCD　103. ABD　104. ABCD　105. ABC
106. AD　107. BC　108. BC　109. ABCD　110. BC
111. AC　112. CD　113. ABCD　114. ACD　115. BC
116. AB　117. BC　118. ABCD　119. ABC　120. ACD
121. ABD　122. ACD　123. ABC　124. ABC　125. ABCD
126. CD　127. AD　128. ABCD　129. ABCD　130. ABCD
131. ABC　132. ABC　133. ABD　134. ACD　135. AD
136. BC　137. ABC　138. CD　139. ABCD　140. CD
141. CD　142. AD　143. ABCD　144. ACD　145. ABCD
146. BD　147. ACD　148. ABC　149. AC　150. AB
151. ABC　152. AC　153. ABCD　154. ABCD　155. ABCD
156. ABCD　157. BC　158. ABC　159. ABCD　160. AD
161. CD　162. CD　163. BCD　164. BD　165. ABC
166. ACD　167. ABC　168. ABCD　169. AC　170. ABCD
171. ABCD　172. ACD　173. AC　174. ABD　175. ABCD
176. ABCD　177. AB　178. ACD　179. BD　180. AD
181. BD　182. AB　183. ABC　184. ABC　185. BD
186. ABC　187. AD　188. AD　189. ABCD　190. BC
191. ABCD　192. AB　193. ABCD　194. ABC　195. AD
196. CD　197. ABCD　198. ACD　199. ACD　200. ABC
201. BC　202. ABC　203. BC　204. AC　205. AD
206. AD　207. AC　208. ABCD　209. ABCD　210. ACD
211. ABD　212. AD　213. CD　214. ABC　215. AB
216. AB　217. BC　218. ABCD　219. ABCD　220. ABCD
221. AC　222. ABD　223. ABCD　224. ABCD　225. ABCD
226. AC　227. ABCD　228. ABC　229. AC　230. ABC

231. BD	232. BCD	233. AD	234. BD	235. ACD
236. ABD	237. AC	238. AB	239. AB	240. ABC
241. ACD	242. ABCD	243. CD	244. ABCD	245. BCD
246. ABCD	247. CD	248. AB	249. AB	250. CD
251. BC	252. BD	253. AC	254. ABCD	255. CD
256. ABCD	257. BD	258. BD	259. AB	260. ABD
261. CD	262. ABCD	263. AD	264. AC	265. BCD
266. BDA	267. ACD	268. AC	269. BCD	270. AB
271. AD	272. CD	273. AC	274. ABCD	275. ABC
276. BCD	277. BD	278. BCD	279. AC	280. ABCD

四、问答与计算题答案

(一)试验操作题答案

1. 答:(1)土的分类依据:土颗粒组成特征;土的塑性指标:液限、塑限、塑性指数;土中有机质存在情况。

(2)颗粒分析试验方法:

①筛分法:适用于粒径大于0.075mm的土,其中对于无凝聚性土用干筛分;对含黏土粒的砂砾土用水筛法。

②沉降分析法:适用于粒径小于0.075mm的土。

(3)干筛分试验步骤:

①按规定称取试样,将试样分批过2mm筛。

②将大于2mm的试样从大到小的次序,通过大于2mm的各级粗筛,将留在筛上的土分别称量。

③将2mm筛下的土从大到小的次序过小于2mm的各级细筛。

④由最大孔径的筛开始,将各筛取下,用手轻扣,至每分钟筛下数量不大于该级筛余质量的1%为止。

⑤筛后各级筛上和筛底土总质量与筛前试样质量之差不应大于1%。

⑥如2mm筛下的土不超过试样总质量的10%,可省略细筛分;如2mm筛上的土不超过试样总质量的10%,可省略粗筛分。

2. 答:(1)《公路土工试验规程》(JTG E40—2007),测定土的密度方法有:环刀法、电动取土器法、蜡封法、灌水法、灌砂法等。

(2)灌砂法测密度试验步骤如下:

①应先标定灌砂筒内砂的质量 m_1,量砂密度 ρ_s。

②在试验地点,选一块40cm×40cm的平坦表面,并将其清扫干净。将基板放在此平坦表面上,如此表面的粗糙度较大,则将盛有量砂 m_5 的灌砂筒放在基板中间的圆孔上,打开灌砂筒开关,让砂流入基板的中孔,直到储砂筒内的砂不再下流时关闭开关,称筒内砂的质量 m_6。

③取走基板,将留在试验地点的量砂收回,将基板放在清扫干净的表面上,沿基板中孔凿洞,并随时将凿松的材料取出,放在塑料袋内,密封,试洞的深度应等于碾压层厚度,称塑料袋

内全部试样质量 m_1。

④从挖出的试样中取有代表性的样品，测含水率。

⑤将基板放在试坑上，将灌砂筒放在基板中间，打开灌砂筒开关，让砂流入试洞内。关闭开关，称量筒内剩余砂的质量 m_4。

⑥如清扫干净的平坦表面上，粗糙度不大，则不需放基板，将灌砂筒直接放在已挖好的试洞上。打开筒的开关，让砂流入试洞内。

(3)结果整理：

有基板：$m_b = m_1 - m_4 - (m_5 - m_6)$

无基板：$m_b = m_1 - m_4 - m_2$

湿密度：$\rho = \frac{m_t}{m_b} \times \rho_s$ 干密度：$\rho_d = \frac{\rho}{1 + w}$

3. 答：(1)土的相对密度：土在 105 ~ 110℃下烘至恒重时的质量与同体积 4℃蒸馏水质量的比值。

(2)相对密度测试方法：比重瓶法、浮称法、虹吸筒法。

(3)比重瓶法试验步骤如下：

①将比重瓶烘干，将烘干土 m_s 装入比重瓶内，称量。向比重瓶内注入蒸馏水，使液面恰至刻度，称瓶、水、土总质量 m_2。测出瓶内水的温度，根据测得的温度，从已绘制的温度与瓶、水总质量关系曲线中查得瓶水总质量 m_1。或将水注满比重瓶，称瓶、水总质量 m_1。

②结果整理，相对密度计算：

$$G_s = \frac{m_s}{m_1 + m_s - m_2} \times G_{wt}$$

4. 答：(1)试验步骤如下：

①按四分法取样，至少准备 5 个不同含水率的试样，拌匀后闷料一夜。将击实筒放在坚硬的地面上，取制备好的土样分 3 ~ 5 次倒入筒内，小筒按五层法，大筒按三层法，放入试样，按规定击实数进行击实，第一层击完后，将试样层面拉毛，然后再装入套筒，重复上述方法进行其余各层土的击实。小试筒击实后，试样不应高出筒顶面 5mm，大试筒击实后，试样不应高出筒顶面 6mm。

②脱模，称量。

③从试样中心处取样测含水率。

(2)结果整理，计算干密度：

$$\rho_d = \frac{\rho}{1 + w}$$

以干密度为横坐标，含水率为纵坐标，绘制干密度与含水率的关系曲线，曲线上峰值点的纵横坐标分别为最大干密度与最佳含水率。

5. 答：(1)土的三相比例指标(物理性质指标)中，土的密度、含水率、土的密度三项指标为直接测试指标。

(2)含水率测试方法有：烘干法、酒精燃烧法、密度法现介绍烘干法，步骤如下：

取有代表性试样，放入称量盒内，盖好盒盖，称质量 m；揭开盒盖，将试样和盒放入烘箱内，在温度 105 ~ 110℃恒温下烘干；将烘干后的试样和盒取出，冷却，冷却后盖好盒盖，称质量 m_s。

含水率：
$$w = \frac{m - m_s}{m_s} \times 100$$

附注：可以回答其他方法，如酒精燃烧法、比重法。

6. 答：(1)《公路土工试验规程》(JTG E40—2007)，测定土的密度方法有：环刀法、电动取土器法、蜡封法、灌水法、灌砂法等。

(2)环刀法测密度试验步骤如下：

①按工程需要取原状土或制备所需状态达到扰动土样，整平两端，环刀内壁涂一薄层凡士林，刀口向下放在土样上。用修土刀将土样上部削成略大于环刀直径的土柱，然后将环刀垂直下压，边压边削，至土样伸出环刀上部为止。削去两端余土，使与环刀口面齐平，并用剩余土样测含水率。擦净环刀外壁，称环刀与土总质量 m_1。环刀质量为 m_2，容积为 v。

②密度计算式：
$$\rho = \frac{m_1 - m_2}{v}$$

7. 答：(1)试验步骤如下：

①取0.5mm 筛下的代表性土样200g，分开放入三个盛土皿中，加不同数量的蒸馏水，土样的含水率分别控制在液限(a 点)、略大于塑限(c 点)和两者的中间状态(b 点)，用调土刀调匀，放置18h 以上，测定 a 点锥入深度，对于100g 锥应为20mm ±0.2mm；对于76g 锥应为17mm。测定 c 点的锥入深度，对于100g 锥应控制在5mm 以下；对于76g 锥应控制在2mm 以下。

②将制备的土样搅拌均匀，分层装入盛土杯，压密，使空气逸出。

③将装好土样的试杯放在联合测定仪的升降座上，待锥尖与土样刚好接触，锥体下落，5s 时读数得锥入深度 h_1。

④改变锥尖与土接触位置，测得锥入深度 h_2，h_1 与 h_2 允许误差为0.5mm，否则应重做，取 h_1、h_2 平均值作为该点的锥入深度 h。

⑤去掉锥尖处的凡士林，取10g 以上的土样两个，测定其含水率，计算含水率平均值 w。

⑥重复上述步骤，对其他两个含水率土样进行试验，测其锥入深度与含水率。

(2)结果整理方法如下：

①在双对数坐标纸上，以含水率为横坐标，锥入深度为纵坐标，点绘 a、b、c 三点，连此3点应呈一条直线，如3点不在同一直线上，要过 a 点与 b、c 两点连成两条直线，根据液限在 h_p-w_l 图上查得 h_p，以此 h_p 再在 h-w 图的 ab、ac 两直线上求出相应的两个含水率，当两个含水率的差值小于2%时，以该两点含水率的平均值与 a 点连成一条直线，当两个含水率差值大于2%时，应重做实验。

②在 h-w 图上，对于100g 锥，查得纵坐标入土深度 h = 20mm 所对应的含水率为液限；若采用76g 锥，则在 h-w 图上，查得纵坐标入土深度 h = 17mm 所对应的横坐标的含水率为土样液限。

③100g 锥塑限应根据液限，通过 h_p-w_l 关系曲线，查得 h_p，再由 h-w 图求出入土深度为 h_p 时所对应的含水率限为塑限。

④对于76g 锥，通过其锥入土深度 h 与含水率 w 的关系曲线，查得锥入深度为2mm 所对应的含水率即为该土的塑限。

8. 答：(1)现场压实质量用压实度表示，对于路基土及路面基层，压实度是指工地实际达到的干密度与室内标准击实试验所得的最大干密度的比值。

(2)灌砂法测压实度试验步骤如下：

①应先标定灌砂筒内砂的质量 m_1，量砂密度 ρ_s。

②在试验地点，选一块 40cm×40cm 的平坦表面，并将其清扫干净。将基板放在此平坦表面上，如此表面的粗糙度较大，则将盛有量砂 m_5 的灌砂筒放在基板中间的圆孔上。打开灌砂筒开关，让砂流入基板的中孔，直到储砂筒内的砂不再下流时关闭开关。称筒内砂的质量 m_6。

③取走基板，将留在试验地点的量砂收回，将基板放在清扫干净的表面上，沿基板中孔凿洞。并随时将凿松的材料取出，放在塑料袋内，密封。试洞的深度应等于碾压层厚度。称塑料袋内全部试样质量 m_1。

④从挖出的试样中取有代表性的样品，测含水率。

⑤将基板放在试坑上，将灌砂筒放在基板中间，打开灌砂筒开关，让砂流入试洞内。关闭开关。称量筒内剩余砂的质量 m_4。

⑥如清扫干净的平坦表面上，粗糙度不大，则不需放基板，将灌砂筒直接放在已挖好的试洞上。打开筒的开关，让砂流入试洞内。

(3)结果整理：

有基板
$$m_b = m_1 - m_4 - (m_5 - m_6)$$

无基板
$$m_b = m_1 - m_4 - m_2$$

湿密度
$$\rho = \frac{m_t}{m_b} \times \rho_s$$

干密度
$$\rho_d = \frac{\rho}{1 + w}$$

压实度
$$k = \frac{\rho_d}{\rho_{dmax}}$$

9. 答：(1)《公路土工试验规程》(JTG E40—2007)土回弹模量的测定方法有：承载板法，强度仪法。

(2)试验步骤如下：

①安装试样。

②预压。

③分级加载，每级荷载加载时间为 1min，记录千分表读数。

④卸载，卸载 1min 后，记录千分表读数。

10. 答：搓条法步骤如下：

取土样 50g，使含水率接近塑限，取一小块试样，先用手搓成椭圆形，然后用手掌在毛玻璃板上轻轻搓滚，直至土条直径达 3mm 时，产生裂缝并开始断裂为止，收集 3～5g 合格的断裂土条，放入称量盒内，测其含水率，即为塑限。

11. 答：(1)CBR 值：指试料贯入量 2.5mm 时，单位压力对标准碎石压入相同贯入量时标准荷载强度的比值。

(2)泡水测膨胀量试验的步骤如下：

试件制成后，试件顶面放一张滤纸，并在上安装附有调节杆的多孔板，在多孔板上加 4 块荷载板。将试筒与多孔板一起放入槽内，安装百分表，并读取初读数。向水槽内放水，槽内水面应保持在试件顶面以上大约25mm。饱水终了时，读取试件上百分表的终读数。从水槽中取出试件，倒出试件顶面的水，静置15min，卸去附加荷载。多孔板，称量。

12. 答：将空坩埚放入已升温至950℃的高温炉中灼烧0.5h，稍冷，放入干燥器中冷却0.5h，称量。称取通过1mm的烘干土1～2g，放入坩埚中，把坩埚放入未升温的高温炉中，斜盖上锅盖。徐徐升温至950℃，并保持恒温0.5h，取出稍冷。放入干燥器内，冷却0.5h后称量。重复灼烧称量，至前后两次质量相差小于0.5mg。

13. 答：(1)试件制作。

(2)将切削好的试件立即称量，同时取切削下的余土测定含水率。

(3)在试件两端抹一薄层凡士林，将制备好的试件放在允许膨胀压缩仪下加压板上，转动手轮，使其与上加压板接触，调测力计百分表读数为0.3。以轴向应变1%～3%/min的速度转动手轮，使试验在8～20min内完成。

(4)当百分表达到峰值或读数达到稳定，再继续剪3%～5%应变值即可停止试验。试验结束后，迅速反转手轮，取下试件。

14. 答：黏土直剪试验慢剪的试验步骤如下：

将带有试样的环刀推入剪切盒内。安装测力计与位移量测装置，施加垂直压力。拔去固定销，以小于0.02mm/min的速度进行剪切，直至剪损。当测力计百分表读数不变或后退时，继续剪切至剪切位移为4mm停止。

15. 答：固结试验的试验步骤如下：

(1)称环刀与土总质量并测土的含水率。

(2)将环刀及护环放入容器内，放下加压导环及传压活塞，使各部分密切接触。

(3)将环刀刀口向下放入护环内。

(4)加预压，调整百分表读数为0。

(5)去掉预压，立即加第一级荷载开动秒表。

(6)24h后，待沉降稳定，进行读数。

16. 答：土工织物宽条拉伸试验的试验步骤如下：

(1)拉伸试验机的设定，选择试验机的负荷量程，使断裂强力在满量程负荷的30%～90%之间。设定试验机的拉伸速度，使试样的拉伸速率为名义夹持长度的(20%±1%)/min。

(2)夹持试样，将试样在夹具中对中夹持。

(3)试样预张，对已夹持好的试件进行预张，预张力相当于最大负荷的1%，记录因预张试样产生的夹持长度增加值。

(4)测定拉伸性能，开动试验机连续加荷直至试样断裂，停机并恢复至初始标距位置。记录最大负荷。

(5)测定特定伸长率下的拉伸力。

17. 答：土工织物厚度测定的步骤如下：

(1)取样并进行试样调湿和状态调节。

(2)试样制备，裁取有代表性的试样10块，试样尺寸应不小于基准板的面积。

(3)擦净基准板和5N的压块，压块放在基准板上，调整百分表为零点。

(4)提起5N的压块,将试样放在基准板与压块之间,轻轻放下压块,使试样受到压力为2kPa ±0.01kPa,放下百分表触头,接触后开始计时,30s时读数。完成10块试样测试。

(5)根据需要选用不同压块,使压力为20kPa ±0.1kPa、200kPa ±1kPa,分别进行试样厚度测试。

18. 答:土工织物垂直渗透性能试验(恒水头法)的步骤如下:

(1)试样制备,取不少于5块试样。

(2)将试样置于含湿润剂的水中,至少浸泡12h直至饱和并赶走气泡。

(3)将饱和试样装入渗透仪的夹持器内。

(4)向渗透仪注水,直到试样两侧达到50mm的水头差,调整水流,使水头差达到70mm ±5mm,在规定试件周期内收集渗透流量至少1000mL,时间至少30s。

(5)分别对最大水头差0.8、0.6、0.4和0.2倍的水头差收集渗透流量至少1000mL,时间至少30s,从最高流速开始到最低流速结束,记录相应的渗透水量和时间。

19. 答:土工织物有效孔径的试验步骤如下:

(1)试验前将标准颗粒与试样同时放在标准大气条件下进行调湿平衡。

(2)将同组5块试样平整、无褶皱地放在支撑筛网上。从较细粒径规格的标准颗粒中称50g,均匀撒在土工织物表面上。

(3)将筛框、试样和接收盘夹紧在振筛机上,开动振筛机,摇筛试样10min。

(4)关机后,称量通过试样进入接收盘的标准颗粒质量。

(5)更换新一组试样,用下一较粗规格粒径的标准颗粒材料重复上述步骤,直到取得不少于三组连续分级标准颗粒材料,并有一组的过筛率达到或低于5%。

20. 答:(1)石料的力学性质采用石料饱水抗压强度试验评价;石料的耐久性采用抗冻性和坚固性试验评价。

(2)石料饱水抗压强度试验方法如下:

①用切石机(或钻石机)从岩石试样或岩芯中钻取标准试件(即边长50mm ±0.5mm的正立方体或直径与高均为50mm ±0.5mm的圆柱体试件)6块。对有显著层理的岩石,应分别沿平行和垂直层理方向各取试件6块。试件上下端面应平行和磨平,试件端面的平面度公差应小于0.05mm,端面对于试件轴线垂直度偏差不应超过0.25°。

②用游标卡尺量取试件尺寸(精确至0.1mm),对于立方体试件在顶面和底面各量取其边长,以各个面上相互平行的两个边长的算术平均值计算其承压面积A;对于圆柱体试体在顶面和底面分别量取两个相互正交的直径,以其算术平均值计算顶面和底面的面积,取顶面和底面面积的算术平均值作为计算抗压强度所用的截面积。

③按吸水率试验方法对试件进行饱水处理,最后一次加水深度应使水面高出试件至少20mm。

④试件自由浸水48h后取出,擦干表面,放在压力机上进行强度试验。施加在试件上的应力速率应在0.5~1.0MPa/s的限度内。

⑤记录抗压试件试验的最大荷载P,以N为单位,精度为1%。

⑥石料的抗压强度$R = P/A$,精确至0.1MPa。

⑦取6块试件试验结果的算术平均值作为抗压强度测定值。

(3)石料抗冻性试验方法如下：

①试件制备

a. 采用圆柱体标准试件，直径为50mm ±2mm、高径比为2:1。

b. 每组试件不应少于3个，此外再制备同样试件3个，用于做冻融系数试验。

②试验步骤

a. 将试件编号，用放大镜详细检查，并作外观描述。然后量出每个试件的尺寸，计算受压面积。将试件放入烘箱，在105～110℃下烘至恒量，烘干时间一般为12～24h，待在干燥器内冷却至室温后取出，立即称其质量ms，精确至0.01g(以下皆同此)。

b. 按吸水率试验方法，让试件自由吸水饱和，然后取出擦去表面水分，放在铁盘中，试件与试件之间应留有一定间距。

c. 待冰箱温度下降到－15℃以下时，将铁盘连同试件一起放入冰箱，并立即开始计时。冻结4h后取出试件，放入20℃ ±5℃的水中融解4h，如此反复冻融至规定次数为止。

d. 每隔一定的冻融循环次数(如10次、15次、25次等)详细检查各试件有无剥落、裂缝、分层及掉角等现象，并记录检查情况。

e. 称量冻融试验后的试件饱水质量 m_f'，再将其烘干至恒量，称其质量 m_f。按抗压强度试验方法测定冻融试验后试件的饱水抗压强度，另取3个未经冻融试验的试件测定其饱水抗压强度。

③结果整理

a. 计算岩石冻融后的质量损失率 $L=\frac{m_s-m_f}{m_s}\times 100$，试验结果精确至0.1%。

b. 冻融后的质量损失率取3个试件试验结果的算术平均值。

c. 计算岩石冻融后的吸水率 $w'_{sa}=\frac{m'_f-m_f}{m_f}\times 100$，试验结果精确至0.1%。

d. 计算岩石的冻融系数 $K_f=\frac{R_f}{R_s}$，试验结果精确至0.01。

e. 试验记录：应包括岩石名称、试验编号、试件编号、试件描述、冻融循环次数、冻融试验前后的烘干质量、冻融试验后的试件饱水抗压强度、未经冻融试验的试件饱水抗压强度。

(4)石料坚固性试验方法如下：

①试件制备：与石料抗冻性试验要求相同。

②试验步骤

a. 将试件放入烘箱，在105～110℃下烘至恒量，烘干时间一般为12～24h，取出置于干燥器内，冷却至室温，称其质量 m_1(精确至0.01g，以下皆同此)。

b. 把烘干试件浸入装有硫酸钠溶液的盛器中，溶液应高出试件顶面2cm以上，用盖将盛器盖好，浸置20h。然后将试件取出，再用瓷皿衬住置于105～110℃的烘箱中烘4h。4h后取出试件，将其冷却至室温，再重新浸入硫酸钠溶液中，至硫酸钠结晶溶解后取出试件，用放大镜及钢针仔细观察岩石试件有无破坏现象，并详细描述记录。

c. 按上述方法反复浸烘5次，最后一次循环后，用热洁净水煮洗几遍，直至将试件中硫酸钠溶液全部洗净为止。是否洗净可用10%氯化钡溶液进行检验，具体操作为：取洗试件的水若干毫升，滴入少量氯化钡溶液，如无白色沉淀，则说明硫酸钠已被洗净，将洗净的试件烘至恒量，准确称出其质量 m_2。

③结果整理

a. 计算岩石的坚固性试验质量损失率 $Q=\frac{m_1-m_2}{m_1}\times 100$，试验结果精确至0.1%。

b. 取3个试件试验结果的算术平均值作为测定值。

c. 试验记录：应包括岩石名称、试验编号、试件编号、试件描述、浸烘试验次数、试验前后的干试件质量。

21. 答：粗集料磨光值试验方法如下：

1）试验准备

（1）试验前应按相关试验规程对摆式仪进行检查或标定。

（2）将集料过筛，剔除针片状颗粒，取9.5～13.2mm的集料颗粒（根据需要，也可采用4.75～9.5mm的粗集料）用水洗净后置于温度为105℃±5℃的烘箱中烘干。

（3）将试模拼装并涂上脱模剂（或肥皂水）后烘干。安装试模端板时要注意使端板与模体齐平（使弧线平滑）。

（4）用清水淘洗小于0.3mm的砂，置105℃±5℃的烘箱中烘干成为干砂。

（5）预磨新橡胶轮：新橡胶轮正式使用前要在安装好试件的道路轮上进行预磨，C轮用粗金刚砂预磨6h，X轮用细金刚砂预磨6h，然后方能投入正常试验。

2）试件制备

（1）排料：每种集料宜制备6～10块试件，从中挑选4块试件供两次平行试验用。将9.5～13.2mm集料颗粒尽量紧密地排列于试模中（大面、平面向下）。排料时应除去高度大于试模的不合格颗粒。采用4.75～9.5mm的粗集料进行磨光试验时，各道工序需更加仔细。

（2）吹砂：用小勺将干砂填入已排妥的集料间隙中，并用洗耳球轻轻吹动干砂，使之填充密实。然后再吹去多余的砂，使砂与试模台阶大致齐平，但台阶上不得有砂。用洗耳球吹动干砂时不得碰动集料，且不使集料试样表面附有砂粒。

（3）配制环氧树脂砂浆：将固化剂与环氧树脂按一定比例（如使用6101环氧树脂时为1:4）配料、拌匀制成黏结剂，再与干砂按1:4～1:4.5的质量比拌匀制成环氧树脂砂浆。

一块试模中的环氧树脂砂浆各组成材料的用量通常为：环氧树脂9.0g、固化剂2.4g、干砂48g。

（4）填充环氧树脂砂浆：用小油灰刀将拌好的环氧树脂砂浆填入试模中，并尽量填充密实，但不得碰动集料。然后用热油灰刀在试模上刮去多余的填料，并将表面反复抹平，使填充的环氧树脂砂浆与试模顶部齐平。

（5）养护：通常在40℃烘箱中养护3h，再自然冷却9h拆模；如在室温下养护，时间应更长，使试件达到足够强度。有集料颗粒松动脱落，或有环氧树脂砂浆渗出表面时，试件应予废弃。

3）磨光试验

（1）试件分组：每轮1次磨14块试件，每种集料为2块试件，包括6种试验用集料和1种标准集料。

(2)试件编号:在试件的环氧树脂砂浆衬背和弧形侧边上用记号笔对6种集料编号为1～12,1种集料赋以相邻两个编号,标准试件为13号、14号。

(3)试件安装:按规定序号将试件排列在道路轮上,其中1号位和8号位为标准试件。试件应将有标记的一侧统一朝外(靠活动盖板一侧),每两块试件间加垫一片或数片1mm厚的橡胶石棉板垫片,垫片与试件端部断面相仿,但略低于试件高度2～3mm。然后盖上道路轮外侧板,边拧螺钉边用橡胶锤敲打外侧板,确保试件与道路轮紧密配合,以避免磨光过程中试件断裂或松动。随后将道路轮安装到轮轴上。

(4)磨光过程操作

①试件的加速磨光应在室温20℃ ±5℃的房间内进行。

②粗砂磨光

a.把标记C的橡胶轮安装在调整臂上,盖上道路轮罩,下面置一积砂盘,给贮水支架上的贮水罐加满水,调节流量阀,使水流暂时中断。

b.准备好30号金刚砂粗砂,装入专用贮砂斗,将贮砂斗安装在橡胶轮侧上方的位置上并接上微型电机电源。转动荷载调整手轮,使凸轮转动放下橡胶轮,将橡胶轮的轮幅完全压着道路轮上的集料试件表面。

c.调节溜砂量:用专用接料斗在出料口接住溜出的金刚砂,同时开始计时,1min后移出料斗,用天平称出溜砂量,使流量为27g/min ±7g/min,如不满足要求,应用调速按钮或调节贮料斗控制闸板的方法调整。

d.在控制面板上设定转数为57 600转,按下电源开关启动磨光机开始运转,同时按动粗砂调速按钮,打开贮砂斗控制闸板,使金刚砂溜砂量控制为27g/min ±7g/min。此时立即调节流量计,使水的流量达60mL/min。

e.在试验进行1h和2h时磨光机自动停机(注意不要按下面板上复零按钮和电源开关),用毛刷和小铲清除箱体上和沉在机器底部积砂盘中的金刚砂,检查并拧紧道路轮上有可能松动的螺母,再起动磨光机,至转数显示屏上显示57 600转时磨光机自动停止,所需的磨光时间约为3h。

f.转动荷载调整手轮使凸轮托起调整臂,清洗道路轮和试件,除去所有残留的金刚砂。

③细砂磨光

a.卸下C标记橡胶轮,更换为X标记橡胶轮,按粗砂磨光方法a步骤安装。

b.准备好280号金刚砂细砂,按粗砂磨光方法b步骤装入专用储砂斗。

c.重复粗砂磨光c步骤,调节溜砂量使流量为3g/min ±1g/min。

d.按粗砂磨光d步骤设定转数为57 600转,开始磨光操作,控制金刚砂溜砂量为3g/min ±1g/min,水的流量达60mL/min。

e.将试件磨2h后停机做适当清洁,按粗砂磨光方法e步骤检查并拧紧道路轮螺母,然后再起动磨光机至57 600转时自动停机。

f.按粗砂磨光方法f步骤清理试件及磨光机。

(5)磨光值测定

①在试验前2h和试验过程中应控制室温为20℃ ±2℃。

②将试件从道路轮上卸下并清洗试件,用毛刷清洗集料颗粒的间隙,去除所有残留的金

刚砂。

③将试件表面向下放在18～20℃的水中2h，然后取出试件，按下列步骤用摆式摩擦系数测定仪测定磨光值。

a. 调零：将摆式仪固定在测试平台上，松开固定把手，转动升降把手使摆升高并能自由摆动，然后锁紧固定把手，转动调平旋钮，使水准泡居中，当摆从右边水平位置落下并拨动指针后，指针应指零。若指针不指零，应拧紧或放松指针调节螺母，直至空摆时指针指零。

b. 固定试件：将试件放在测试平台的固定槽内，使摆可在其上面摆过，并使滑溜块居于试件轮迹中心。应使摆式仪摆头滑溜块在试件上的滑动方向与试件在磨光机上橡胶轮的运行方向一致，即测试时试件上作标记的弧形边背向测试者。

c. 测试：调节摆的高度，使滑溜块在试件上的滑动长度为76mm，用喷水壶喷洒清水润湿试件表面（注意，在试验中的任何时刻，试件都应保持湿润）。将摆向右提起挂在悬臂上，同时用左手拨动指针使之与摆杆轴线平行。按下释放开关使摆回落向左运动，当摆达到最高位置后下落时，用左手将摆杆接住，读取指针所指（小度盘）位置上的值，记录测试结果，准确到0.1。

注：摆式仪在使用新橡胶片时应该预磨使之达到稳定状态，预磨的方法是用新橡胶片在干燥的试块上（不用磨光后的试件）摆动10次，然后在湿润的试块上摆动20次。另外，橡胶片不得被油类污染。

d. 一块试件重复测试5次，5次读数的最大值和最小值之差不得大于3。取5次读数的平均值作为该试件的磨光值读数（PSV_r）。标准试件的磨光值读数用PSV_{br}表示。

（6）1种集料重复测试2次，每次都需同时对标准集料试件进行测试。

4）计算

（1）计算两次平行试验4块试件（每轮2块）的算术平均值PSV_{ra}，精确到0.1。但4块试件的磨光值读数PSV_r的最大值与最小值之差不得大于4.7，否则试验作废，应重新试验。

（2）计算两次平行试验4块标准试件（每轮2块）的算术平均值PSV_{bra}，准确到0.1。但4块标准试件的磨光值读数的平均值PSV_{bra}必须在46～52范围内，否则试验作废，应重新试验。

（3）计算集料的PSV值，取整数。$PSV = PSV_{ra} + 49 - PSV_{bra}$

5）报告

试验报告应报告集料的磨光值PSV、两次平行试验的试样磨光值读数平均值PSV_{ra}和标准试件磨光值读数平均值PSV_{bra}。

22. 答：（1）试验步骤如下：

①将试样用标准筛过筛除去其中的细集料，再用四分法或分料器法缩分至要求的质量，分两份备用。

②将每一份集料试样分别浸泡在水中，仔细洗去附在集料表面的尘土和石粉，经多次漂洗干净至水清澈为止。清洗过程中不得散失集料颗粒。

③取试样一份装入干净的搪瓷盘中，注入洁净的水，水面至少应高出试样20mm，轻轻搅动石料，使附着石料上的气泡逸出。在室温下浸水24h。

④将吊篮挂在天平的吊钩上，浸入溢流水槽中，向溢流水槽中注水，水面高度至水槽的溢流孔为止，将天平调零。

⑤调节水温在 15～25℃的范围内。将试样移入吊篮中，溢流水槽中的水面高度由水槽的溢流孔控制，维持不变。称取集料的水中质量 m_w。

⑥提起吊篮，稍稍滴水后，将试样倒入浅搪瓷盘中，或直接将粗集料倒在拧干的湿毛巾上。稍稍倾斜搪瓷盘，用毛巾吸走漏出的自由水。用拧干的湿毛巾轻轻擦干颗粒的表面水，至表面看不到发亮的水迹，即为饱和面干状态。

⑦立即在保持表干状态下，称取集料的表干质量 m_f。

⑧将集料置于浅盘中，放入 105℃ ±5℃的烘箱中烘干至恒量。取出浅盘，放在带盖的容器中冷却至室温，称取集料的烘干质量 m_a。

(2)结果计算：

①粗集料的表观密度 $$\rho_a = \frac{m_a}{m_a - m_w} \times \rho_T$$

②粗集料的表干密度 $$\rho_s = \frac{m_f}{m_f - m_w} \times \rho_T$$

③粗集料的毛体积密度 $$\rho_b = \frac{m_a}{m_f - m_w} \times \rho_T$$

ρ_T 为粗集料密度。

23. 答：粗集料针、片状颗粒含量的试验步骤：

(1)按规定取样，并缩分至略大于规定的试验数量，烘干或风干后备用。

(2)根据试样的最大粒径，称取规定数量试样 1 份(G_1)，精确至 1g，然后按规定的粒级和规定方法进行筛分。

(3)按规定的粒级分别用规准仪逐粒检验，凡颗粒长度大于针状规准仪上相应间距者，为针状颗粒；颗粒厚度小于片状规准仪上相应孔宽者，为片状颗粒。称出其总质量(G_2)，精确至 1g。

(4)石子粒径大于 37.5mm 的碎石或卵石可用卡尺检测针、片状颗粒。卡尺卡口的设定宽度应符合规定要求。

(5)结果计算：碎石或卵石中针、片状颗粒含量 $Q_c = \frac{G_2}{G_1} \times 100$，精确至 1%。

24. 答：粗集料压碎值试验的操作步骤如下：

(1)按规定取样，风干后筛除大于 19.0mm 及小于 9.50mm 的颗粒，并去除针、片状颗粒，分为大致相等的三份备用。当试样中粒径在 9.50～19.0mm 之间的颗粒不足时，允许将粒径大于 19.0mm 的颗粒破碎成粒径在 9.50～19.0mm 之间的颗粒用于压碎值试验。

(2)称取试样 3000g，精确至 1g。将试样分两层装入圆模(置于底座上)内，每装完一层试样后，在底盘下面垫放一直径为 10mm 的圆钢，将筒按住，左右交替颠击地面各 25 下，两层颠实后，平整模内试样表面，盖上压头。当圆模装不下 3000g 试样时，以装至距圆模上口 10mm 为准。

(3)把装有试样的圆模置于压力试验机上，开动压力机，按 1kN/s 速度均匀地加荷到 200kN，并稳荷 5s，然后卸荷。取下压头，倒出试样，用孔径 2.36mm 的筛筛除被压碎的细料，称量留在筛上的试样质量，精确至 1g。

(4)结果计算及精度要求:压碎值 $Q_e = \frac{G_1 - G_2}{G_1} \times 100$,精确至0.1%。式中,$G_1$ 为试样质量;G_2 为压碎试验后筛余的试样质量。

压碎值取3次平行试验结果的算术平均值,精确至1%。

25.答:粗集料洛杉矶磨耗试验的操作步骤如下:

(1)将不同规格的集料用水冲洗干净,置烘箱中烘干至恒量。

(2)对所使用的集料,根据实际情况按规程要求选择最接近的粒级类别,确定相应的试验条件。按规定的粒级组成备料、筛分。

(3)分级称量(准确至5g),称取总质量 m_1,装入磨耗机的圆筒中。

(4)选择钢球,使钢球的数量及总质量符合试验条件的规定。将钢球加入钢筒中,盖好筒盖,紧固密封。

(5)将计数器调整到零位,设定要求的回转次数,开动磨耗机,以30~33r/min的转速转动至要求的回转次数为止。

(6)取出钢球,将经过磨耗后的试样从投料口倒入浅搪瓷盘中。

(7)将试样用1.7mm的方孔筛过筛,筛去试样中被撞击磨碎的细屑。

(8)用水冲洗干净留在筛上的碎石,置105℃±5℃的烘箱中烘干至恒重(通常不少于4h),准确称量 m_2。

(9)结果计算:粗集料洛杉矶磨耗损失 $Q = (m_1 - m_2)/m_1 \times 100$,准确至0.1%。

26.答:1)试验步骤

(1)准确称取已准备好的烘干试样 m_1 约500g,准确至0.5g,置于套筛的最上面一只筛(4.75mm筛)上,将套筛装入摇筛机,摇筛约10min,然后取出套筛,再按筛孔大小顺序,从最大的筛号开始,在清洁的浅搪瓷盘上逐个进行手筛,直到每分钟的筛出量不超过筛上剩余量的0.1%时为止,将筛出通过的颗粒并入下一号筛,和下一号筛中的试样一起过筛,以此顺序进行至各号筛全部筛完为止。

(2)称量各筛筛余试样的质量,精确至0.5g。所有各筛的分计筛余量和底盘中剩余量的总量与筛分前的试样总量,相差不得超过后者的1%。

2)结果计算及处理方法:

(1)计算级配参数。

①分计筛余百分率:为各号筛上的筛余量除以试样总量 m_1 的百分率,精确至0.1%。

②累计筛余百分率:为该号筛及大于该号筛的各号筛的分计筛余百分率之和,精确至0.1%。

③质量通过百分率:等于100减去该号筛的累计筛余百分率,精确至0.1%。

(2)根据各筛的累计筛余百分率或通过百分率,绘制级配曲线。

(3)计算天然砂的细度模数:$M_X = \frac{(A_{0.15} + A_{0.3} + A_{0.6} + A_{1.18} + A_{2.36}) - 5A_{4.75}}{100 - A_{4.75}}$,精确至0.01。

(4)应进行两次平行试验,以试验结果的算术平均值作为测定值。如两次试验所得的细度模数之差大于0.2,应重新进行试验。

27.答:(1)应采用水洗法筛分试验。

(2)筛分试验步骤如下：

①准确称取烘干试样 m_1 约500g,准确至0.5g。

②将试样置一洁净容器中,加入足够数量的洁净水,将集料全部淹没。

③用搅棒充分搅动集料,使集料表面洗涤干净,使细粉悬浮于水中,但不得有集料从水中溅出。

④用1.18mm筛及0.075mm筛组成套筛。仔细将容器中混有细粉的悬浮液徐徐倒出,经过套筛流入另一容器中,但不得将集料倒出。

⑤重复以上步骤,直至倒出的水洁净且小于0.075mm的颗粒全部倒出。

⑥将容器中的集料倒入搪瓷盘中,用少量水冲洗,使容器上黏附的集料颗粒全部进入搪瓷盘中。将筛子反扣过来,用少量水将筛上的集料冲洗入搪瓷盘中。操作过程中不得有集料散失。

⑦将搪瓷盘连同集料一起置于105℃ ±5℃烘箱中烘干至恒重,称取干燥试样的总质量 m_2,准确至0.1%。m_1 与 m_2 之差即为通过0.075mm筛部分。

⑧将全部要求筛孔组成套筛(但不需0.075mm筛),将已经洗去小于0.075mm部分的干燥集料置于套筛上(通常为4.75mm筛),将套筛装入摇筛机,摇筛约10min,然后取出套筛,再按筛孔大小顺序,从最大的筛号开始,按上述筛分过程和要求逐个进行手筛,直到各号筛全部筛完为止。

⑨称量各筛筛余试样的质量,精确至0.5g。所有各筛的分计筛余量和底盘中剩余量的总质量与筛分前的试样总量 m_2 的差不得超过后者的1%。

⑩结果计算:计算级配参数(分计筛余百分率、累计筛余百分率、质量通过百分率);绘制级配曲线;计算细度模数。

28. 答:(1)矿粉的密度主要采用李氏比重瓶法测定。

(2)试验步骤如下：

①将代表性矿粉试样置于瓷皿中,在105℃烘箱中烘干至恒重(一般不少于6h),放入干燥器中冷却后,连同小牛角匙、漏斗一起准确称量 m_1,准确至0.01g,矿粉质量应不少于200g。

②向比重瓶中注入蒸馏水,至刻度0~1mL之间,将比重瓶放入20℃的恒温水槽中,静放至比重瓶中的水温不再变化为止(一般不少于2h),读取比重瓶中水面的刻度 V_1,准确至0.02mL。

③用小牛角匙将矿粉试样通过漏斗徐徐加入比重瓶中,待比重瓶中水的液面上升至接近比重瓶的最大读数时为止,轻轻摇晃比重瓶,使瓶中的空气充分逸出。再次将比重瓶放入恒温水槽中,待温度不再变化时,读取比重瓶的读数 V_2,准确至0.02mL。整个试验过程中,比重瓶中的水温变化不得超过1℃。

④准确称取牛角匙、瓷皿、漏斗及剩余矿粉的总质量 m_2,准确至0.01g。

⑤试验结果计算:矿粉的密度 $\rho_f = (m_1 - m_2)/(v_2 - v_1)$,准确至小数点后3位。

29. 答:(1)负压筛析试验方法：

①筛析试验前,应把负压筛放在筛座上,盖上筛盖,接通电源,检查控制系统,调节负压至4000~6000Pa范围内。

②称取试样 $m = 25$g,置于洁净的负压筛中,盖上筛盖,放在筛座上,开动筛析仪连续筛析

2min,在此期间如有试样附着在筛盖上,可轻轻地敲击筛盖使试样落下。筛毕,用天平称量筛余物的质量 m_s。

③当工作负压小于4000Pa时,应清理吸尘器内水泥,使负压恢复正常。

(2)试验结果计算及修正方法:

①水泥试样筛余百分数 $F = m_s/m \times 100$,结果精确到0.1%。

②筛余结果的修正如下:

为使试验结果可比,应采用试验筛修正系数方法修正。

试验筛修正系数测定方法:用一种已知80μm标准筛筛余百分数 F_n 的粉状试样(该试样不受环境影响,筛余百分数不发生变化)作为标准样。按上述试验步骤测定标准样在试验筛上的筛余百分数 F_t。

试验筛修正系数 $C = F_n/F_t$,修正系数计算精确至0.01。C 应为0.80~1.20,否则试验筛不能检验水泥细度。

③水泥试样筛余百分数结果修正如下:

水泥试样修正后的筛余百分数 $F_c = C \times F$。

30. 答:水泥净浆的拌制方法如下:

(1)用水泥净浆搅拌机拌制,搅拌锅和搅拌叶片先用湿布擦过,将拌和水倒入搅拌锅内,然后在5~10s内小心将称好的500g水泥加入水中,防止水和水泥溅出。

(2)拌和时,先将锅放在搅拌机的锅座上,升至搅拌位置。

(3)启动搅拌机,低速搅拌120s,停拌15s,同时将叶片和锅壁上的水泥浆刮入锅中间,接着高速搅拌120s停机。

31. 答:标准维卡仪测定水泥净浆标准稠度用水量的试验步骤如下:

(1)试验准备工作

试验前必须做到:维卡仪的金属棒能自由滑动;试模和玻璃底板用湿布擦拭,将试模放在底板上;调整至试杆接触玻璃板时指针对准零点;搅拌机运转正常。

(2)水泥净浆的拌制

①用水泥净浆搅拌机拌制,搅拌锅和搅拌叶片先用湿布擦过,将拌和水倒入搅拌锅内,然后在5~10s内小心将称好的500g水泥加入水中,防止水和水泥溅出。

②拌和时,先将锅放在搅拌机的锅座上,升至搅拌位置。

③启动搅拌机,低速搅拌120s,停拌15s,同时将叶片和锅壁上的水泥浆刮入锅中间,接着高速搅拌120s停机。

(3)标准稠度用水量的测定

①拌和结束后,立即取适量水泥净浆一次性将其装入已置于玻璃底板上的试模中,浆体超过试模上端,用宽约25mm的直边刀轻轻拍打超出试模部分的浆体5次以排除浆体中的孔隙,然后在试模上表面约1/3处,略倾斜于试模分别向外轻轻锯掉多余净浆,再从试模边沿轻抹顶部一次,使净浆表面光滑。在锯掉多余净浆和抹平的操作过程中,注意不要压实净浆。

②抹平后迅速将试模和底板移到维卡仪上,并将其中心定在试杆下,降低试杆直至与水泥净浆表面接触,拧紧螺丝1~2s后,突然放松,使试杆垂直自由地沉入水泥净浆中。在试杆停止沉入或释放试杆30s时记录试杆距底板之间的距离,升起试杆后,立即擦净。

③整个操作应在搅拌后 1.5min 内完成。以试杆沉入净浆并距底板 6mm ± 1mm 的水泥净浆为标准稠度净浆。其拌和水量为该水泥的标准稠度用水量，按水泥质量的百分比计。

32. 答：1)水泥凝结时间的试验方法

(1)测定前的准备工作

调整凝结时间测定仪的试针接触玻璃板时指针对准零点。

(2)试件的制备

①在玻璃底板上及试模内侧稍稍涂上一层机油，然后将试模放在玻璃底板上。

②以标准稠度用水量拌制标准稠度水泥净浆（记录水泥全部加入水中的时间作为凝结时间的起始时间），并按测定标准稠度用水量的规定方法装模、刮平后，立即放入湿气养护箱中。

(3)初凝时间的测定

①试件在湿气养护箱中养护至加水后 30min 时进行第一次测定。测定时，从湿气养护箱中取出试模放到试针下，降低试针与水泥净浆表面接触。拧紧螺丝 1 ~ 2s 后，突然放松，试针垂直自由地沉入水泥净浆，观察试针停止下沉或释放试针 30s 时指针的读数。

②临近初凝时，每隔 5min（或更短时间）测定一次。当试针沉至距底板 4mm ± 1mm 时，为水泥达到初凝状态。

③达初凝时应立即重复测一次，当两次结论相同时，才能定为到达初凝状态。

④记录水泥全部加入水中至初凝状态的时间作为初凝时间，用 min 计。

(4)终凝时间的测定

①为准确观测试针沉入的状况，在终凝针上安装了一个环形附件。在完成初凝时间测定后，立即将试模连同浆体以平移的方式从玻璃板取下，翻转 180°，直径大端向上，小端向下放在玻璃板上，再放入湿气养护箱中继续养护。

②临近终凝时间时每隔 15min（或更短时间）测定一次，当试针沉入试体 0.5mm 时，即环形附件开始不能在试体上留下痕迹时，为水泥达到终凝状态。

③达终凝时应立即重复测一次，当两次结论相同时，才能定为到达终凝状态。

④由水泥全部加入水中至终凝状态的时间为水泥的终凝时间，用 min 计。

2)注意事项

①最初测定时，应轻轻扶持金属柱，使其徐徐下降，以防试针撞弯，但结果以自由下落为准。在整个测试过程中，试针沉入的位置至少要距圆模内壁 10mm。每次测定不得让试针落入原针孔，每次测试完毕须将试针擦净并将试模放回湿气养护箱内，整个测试过程要防止试模振动。

②临近初凝时，每隔 5min（或更短时间）测定一次，临近终凝时，每隔 15min（或更短时间）测定一次，达初凝或终凝时应立即重复测一次，当两次结论相同时，才能定为达到初凝或终凝状态。

③可以使用能测出与标准中规定方法相同结果的凝结时间自动测定仪，有矛盾时以标准规定方法为准。

33. 答：雷氏法测定水泥安定性的试验步骤：

(1)测定前的准备工作

每个试样需成型两个试件,在玻璃板表面和雷氏夹内表面要稍稍涂上一层油(矿物油比较合适)。

(2)雷氏夹试件的成型

将预先准备好的雷氏夹放在已稍擦油的玻璃板上,并立刻将已制好的标准稠度净浆一次装满雷氏夹。装浆时一只手轻轻扶持雷氏夹,另一只手用宽约25mm的直边刀在浆体表面轻轻插捣3次,然后抹平,盖上稍涂油的玻璃板,接着立刻将试件移至湿气养护箱内养护24h±2h。

(3)沸煮

①调整好沸煮箱内的水位,使能保证在整个煮沸过程中都超过试件,不需中途添补试验用水,同时又能保证在30min±5min内升至沸腾。

②脱去玻璃板取下试件,先测量雷氏夹指针尖端间的距离A,精确到0.5mm,接着将试件放入沸煮箱水中的试件架上,指针朝上,然后在30min±5min内加热水至沸腾,并恒沸180min±5min。

③沸煮结束后,立即放掉沸煮箱中的热水,打开箱盖,待箱体冷却至室温,取出试件进行判别。

(4)结果判定

测量雷氏夹指针尖端的距离C,准确至0.5mm。当两个试件煮后增加距离($C-A$)的平均值不大于5.0mm时,即认为该水泥安定性合格;当两个试件煮后增加距离($C-A$)的平均值大于5.0mm时,应用同一样品立即重做一次试验。以复检结果为准。

34.答:1)水泥胶砂强度试验方法(ISO法)操作步骤

(1)试件的制备

①成型前将试模擦净,四周的模板与底座的接触面上应涂黄油,紧密装配,防止漏浆,内壁均匀地涂一薄层机油。

②水泥与标准砂的质量比为1:3,水灰比为0.5。每成型三条试件需称量的材料及用量为:水泥450g±2g;标准砂1350g±5g;水225mL±1mL。

③搅拌:将水加入锅中,再加入水泥,把锅放在固定架上,上升至固定位置。然后立即开动机器。

④胶砂制备后立即进行成型。

⑤在试模上作标记或加字条标明试件编号。

(2)试件的养护

①编号后,将试模放入养护箱养护。

②脱模:脱模应非常小心。对于24h龄期的,应在破型试验前20min内脱模。对于24h以上龄期的,应在成型后20~24h之间脱模。

③试件脱模后立即放入水槽中养护,试件之间间隔或试体上表面的水深不得小于5mm。

④除24h龄期或延迟至48h脱模的试件外,任何到龄期的试件应在试验(破型)前15min从水中取出。抹去试体表面沉积物,并用湿布覆盖。

(3)强度试验

①抗折强度试验。以中心加荷法测定抗折强度,将试件一个侧面放在试验机支撑圆柱上,

试件长轴垂直于支撑圆柱,通过加荷圆柱以 50N/s ±10N/s 的速率均匀地将荷载垂直地加在棱柱体相对侧面上,直至试件折断,记录破坏荷载 F_f。

保持两个半截棱柱体处于潮湿状态直至抗压试验。

②抗压强度试验。抗折试验后的断块应立即进行抗压试验。将折断的半截试块放在抗压夹具里,直接受压面为侧面,然后放在压力机上,压力机以 2400N/s ±200N/s 的速率均匀地加荷,直至试件破坏,记录破坏荷载 F_c。

2)ISO 法检验水泥胶砂强度试验结果处理

(1)强度计算

①抗折强度 $R_f = 1.5F_fL/b^3$,精确至 0.1MPa。其中,L 为支撑圆柱之间的距离(mm);b 为棱柱体正方形截面的边长(mm)。

②抗压强度 $R_c = F_c/A$,精确至 0.1MPa。其中,A 为受压部分面积(mm^2)(即抗压夹具的面积 $40mm \times 40mm = 1600mm^2$)。

(2)试验结果精度要求

①抗折强度:以一组三个棱柱体抗折结果的平均值作为试验结果。当三个强度中有超出平均值 ±10% 时,应剔除后再取平均值作为抗折强度试验结果。

②抗压强度:以一组三个棱柱体上得到的六个抗压强度测定值的算术平均值作为试验结果。如六个测定值中有一个超出六个平均值的 ±10%,就应剔除这个结果,而以剩下五个的平均数作为结果。如果五个测定值中再有超过它们平均数 ±10% 的,则此组结果作废。

35.答:1)水泥比表面积试验目的采用勃氏法检验水泥的比表面积,用以评价水泥的粗细程度。本方法适用于测定水泥的比表面积以及适合采用本标准方法的其他各种粉状物料(如粉煤灰等),不适用于测定多孔材料及超细粉状物料。

2)仪器校准方法

(1)漏气检查

将透气圆筒上口用橡皮塞塞紧,接到压力计上。用抽气装置从压力计一臂中抽出部分气体,然后关闭阀门,观察是否漏气。如发现漏气,用活塞油脂加以密封。

(2)试料层体积的测定

①水银排代法:将两片滤纸沿圆筒壁放入透气圆筒内,用一直径比透气圆筒略小的细长棒往下按,直到滤纸平整放在金属的穿孔板上。然后装满水银,用一小块薄玻璃板轻压水银表面,使水银面与圆筒口平齐,并须保证在玻璃板和水银表面之间没有气泡或空洞存在。从圆筒中倒出水银,称量,精确至 0.05g。重复几次测定,到数值基本不变为止。然后从圆筒中取出一片滤纸,试用约 3.3g 的水泥,按照以下水泥比表面积试验步骤的要求压实水泥层。再在圆筒上部空间注入水银,同上述方法除去气泡、压平、倒出水银称量,重复几次,直到水银称量值相差小于 50mg 为止。

注:应制备坚实的水泥层,如太松或水泥不能压到要求体积时,应调整水泥的试用量。

②圆筒内试料层体积计算:$V = (m_1 - m_2)/\rho_{水银}$,精确到 0.005mL。

③试料层体积的测定,至少应进行两次。每次应单独压实,取两次数值相差不超过 0.005mL的平均值,并记录测定过程中圆筒附近的温度。每隔一季度至半年应重新校正试料层体积。

3）主要试验步骤

（1）试样准备

①将110℃±5℃下烘干并在干燥器中冷却到室温的标准试样，倒入100mL的密闭瓶内，用力摇动2min，将结块成团的试样振碎，使试样松散。静置2min后，打开瓶盖，轻轻搅拌，使在松散过程中落到表面的细粉，分布到整个试样中。

②水泥试样，应先通过0.9mm方孔筛，再在110℃±5℃下烘干，并在干燥器中冷却至室温。

（2）确定试样量W

校正试验用的标准试样量和被测定水泥的质量，应达到在制备的试料层中的空隙率ε为0.500±0.005，计算式为：$W=\rho V(1-\varepsilon)$，其中ρ为试样密度。

注：如有些粉料算出的试样量在圆筒的有效体积中容纳不下或经捣实后未能充满圆筒的有效体积，则允许适当地改变空隙率。

（3）试料层制备

将穿孔板放入透气圆筒的突缘上，用一根直径比圆筒略小的细棒把一片滤纸送到穿孔板上，边缘压紧。称取按试验步骤（2）确定的水泥量，精确到0.001g，倒入圆筒。轻敲圆筒的边，使水泥层表面平坦。再放入一片滤纸，用捣器均匀捣实试料直至捣器的支持环紧紧接触圆筒顶边并旋转二周，慢慢取出捣器。

（4）透气试验

①把装有试料层的透气圆筒连接到压力计上，要保证紧密连接不致漏气，并不振动所制备的试料层。

注：为避免漏气，可先在圆筒下锥面涂一薄层活塞油脂，然后把它插入压力计顶端锥形磨口处，旋转两周。

②打开微型电磁泵慢慢从压力计一臂中抽出空气，直到压力计内液面上升到扩大部下端时关闭阀门。当压力计内液体的弯液面下降到第一个刻线时开始计时，当液体的弯月面下降到第二条刻线时停止计时，记录液面从第一条刻度线下降到第二条刻度线所需的时间。以秒（s）记录，并记下试验时的温度（℃）。

4）试验结果计算方法

（1）当被测物料的密度、试料层中空隙率与标准试样相同，试验时温差不大于±3℃时，比表面积计算式为：

$$S=\frac{S_s\sqrt{T}}{\sqrt{T_s}}$$

如试验时温差大于±3℃时，则计算式为：

$$S=\frac{S_s\sqrt{T}\sqrt{\eta_s}}{\sqrt{T_s}\sqrt{\eta}}$$

式中，T、T_s分别为被测试样和标准试样试验时，压力计中液面降落测得的时间；η、η_s分别为被测试样和标准试样试验温度下的空气黏度；S_s为标准试样的比表面积。

（2）当被测试样的试料层中空隙率与标准试样试料层中空隙率不同，试验时温差不大于±3℃时，比表面积计算式为：

$$S=\frac{S_s\sqrt{T}(1-\varepsilon_s)\sqrt{\varepsilon^3}}{\sqrt{T_s}(1-\varepsilon)\sqrt{\varepsilon_s^3}}$$

如试验时温差大于 ±3℃时，则计算式为：

$$S = \frac{S_s \sqrt{T}(1-\varepsilon_s)\sqrt{\varepsilon^3}\sqrt{\eta_s}}{\sqrt{T_s}(1-\varepsilon)\sqrt{\varepsilon_s^3}\sqrt{\eta}}$$

式中，ε、ε_s 分别为被测试样和标准试样试料层中的空隙率。

(3)当被测试样的密度和空隙率均与标准试样不同，试验时温差不大于 ±3℃时，比表面积计算式为：

$$S = \frac{S_s \sqrt{T}(1-\varepsilon_s)\sqrt{\varepsilon^3}\rho_s}{\sqrt{T_s}(1-\varepsilon)\sqrt{\varepsilon_s^3}\rho}$$

如试验时温度相差大于 ±3℃时，则计算式为：

$$S = \frac{S_s \sqrt{T}(1-\varepsilon_s)\sqrt{\varepsilon^3}\rho_s\sqrt{\eta_s}}{\sqrt{T_s}(1-\varepsilon)\sqrt{\varepsilon_s^3}\rho\sqrt{\eta}}$$

式中，ρ、ρ_s 分别为被测试样和标准试样的密度。

(4)精度要求。水泥比表面积应由两次透气试验结果的平均值确定。如两次试验结果相差2%以上时，应重新试验。计算应精确至 $10cm^2/g$，$10cm^2/g$ 以下的数值按四舍五入计。

36. 答：新拌水泥混凝土坍落度的试验步骤如下：

(1)先用湿布抹湿坍落度筒、铁锹和拌和板。

(2)拌和混凝土：可以采用拌和机拌和，也可以采用人工拌和。

(3)将漏斗放在坍落度筒上，脚踩踏板，将拌制的混凝土试样分三层均匀地装入筒内，每层装入高度稍大于筒高的1/3。每层用捣棒均匀插捣25次，插捣应沿螺旋方向由外向中心进行，插捣底层时插至底部，插捣其他两层时，应插透本层并插入下层约20～30mm，插捣应垂直压下，不得冲击。

(4)浇灌顶层时，混凝土应灌至高出筒口。插捣过程中，如混凝土沉落到低于筒口，则应随时添加。顶层插捣完后，刮去多余的混凝土，并用抹刀抹平。

(5)清除筒边底板上的混凝土后，立即垂直提起坍落度筒，操作过程应在5～10s内完成，并使混凝土不受横向及扭力作用。从开始装料到提坍落度筒的整个过程应在150s内完成。

(6)将坍落度筒放在已坍落的拌和物一旁，筒顶平放直尺，用钢尺量出直尺底面到坍落后混凝土试样最高点之间的垂直距离，即为该混凝土拌和物的坍落度值，以mm为单位，精确至1mm。

(7)当混凝土试样的一侧发生崩坍或一边剪坏现象，则应重新取样另行测定；如第二次试验仍出现上述现象，则表示该混凝土和易性不好，应记录。

(8)对坍落的拌和物进一步观察黏聚性。用捣棒在已坍落的混凝土锥体侧面轻轻敲打，如果锥体逐渐下沉，则表示黏聚性良好；如锥体突然倒塌、部分崩裂或发生石子离析，则表示黏聚性不好。

(9)观察整个试验过程中水分从拌和物中析出程度，评价保水性。若坍落度筒提起后如有较多的水分从底部析出，锥体部分的混凝土也因失浆而集料外露，则表明此混凝土拌和物的保水性能不好；如坍落度筒提起后无稀浆或仅有少量稀浆自底部析出，则表示此混凝土拌和物的保水性良好。

37. 答:1)水泥混凝土试件成型方法

振动台振实法、人工插捣法、插入式振捣棒振实法。

2)各方法成型步骤

(1)振动台振实法

①取样或拌制好的混凝土拌和物应至少用铁锨再来回拌和三次。

②将混凝土拌和物一次装入试模,装料时应用抹刀沿各试模壁插捣,并使混凝土拌和物高出试模口。

③试模应附着或固定在振动台上,振动时试模不得有任何跳动,振动应持续到表面出浆为止;不得过振。

(2)人工插捣法

①混凝土拌和物应分两层装入模内,每层的装料厚度大致相等。

②插捣应按螺旋方向从边缘向中心均匀进行。在插捣底层混凝土时,捣棒应达到试模底部;插捣上层时,捣棒应贯穿上层后插入下层 20 ~ 30mm;插捣时捣棒应保持垂直,不得倾斜。然后应用抹刀沿试模内壁插拔数次。

③每层插捣次数按在 10000mm^2 截面积内不得少于 12 次确定。

④插捣后应用橡皮锤轻轻敲击试模四周,直至插捣棒留下的空洞消失为止。

(3)插入式振捣棒振实法

①将混凝土拌和物一次装入试模,装料时应用抹刀沿各试模壁插捣,使混凝土拌和物高出试模口。

②宜用直径为 ϕ25mm 的插入式振捣棒,插入试模振捣时,振捣棒距试模底板 10 ~ 20mm 且不得触及试模底板,振动应持续到表面出浆为止,且应避免过振,以防止混凝土离析;一般振捣时间为 20s。振捣棒拔出时要缓慢,拔出后不得留有孔洞。

③刮除试模上口多余的混凝土,待混凝土临近初凝时,用抹刀抹平。

38. 答:水泥混凝土试件的养护方法如下:

(1)试件成型后应立即用不透水的薄膜覆盖表面。

(2)采用标准养护的试件,应在温度为 20℃ ±5℃ 的环境中静置 1 ~ 2 昼夜,然后编号、拆模。拆模后应立即放入温度为 20℃ ±2℃,相对湿度为 95% 以上的标准养护室中养护,或在温度为 20℃ ±2℃ 的不流动的 $Ca(OH)_2$ 饱和溶液中养护。标准养护室内的试件应放在支架上,彼此间隔 10 ~ 20mm,试件表面应保持潮湿,并不得被水直接冲淋。

(3)同条件养护试件的拆模时间可与实际构件的拆模时间相同,拆模后,试件仍需保持同条件养护。

(4)标准养护龄期为 28d(从搅拌加水开始计时)。

39. 答:混凝土拌和物表观密度试验方法:

(1)用湿布将容量筒内外擦干净,称出容量筒质量 m_1,精确至 50g。

(2)混凝土的装料和捣实方法应根据拌和物的稠度而定。坍落度不小于 70mm 的混凝土,宜用人工捣固:用 5L 容量筒时,混凝土拌和物应分两层装入,每层的插捣次数应为 25 次;用大于 5L 容量筒时,每层混凝土的高度不应大于 100mm,每层的插捣次数应按每

10 000mm^2截面积不小于12次计算。各层插捣应由边缘向中心均匀地插捣。捣棒应垂直压下，不得冲击，插捣底层时应至层底，捣上两层时，需插入其下一层约20~30mm。每一层捣完后应在容量筒外壁敲打5~10次，直至拌和物表面不出现气泡为止。当坍落度小于70mm时，采用振动台振实，应将容量筒在振动台上夹紧，一次将混凝土拌和物装满容量筒，立即开始振动，振动过程中如混凝土低于筒口，应随时添加混凝土，振动直至混凝土拌和物表面出浆为止。

(3)用刮尺将筒口多余的混凝土拌和物刮去，表面如有凹陷应填平；将容量筒外壁擦净，称出混凝土试样与容量筒总质量m_2，精确至50g。

(4)结果计算：混凝土拌和物的表观密度$\rho_h=(m_2-m_1)/V\times1\,000$，精确至10kg/$m^3$。$V$是容量筒容积(L)。

40.答：1)水泥混凝土抗压强度的试验步骤

(1)将养护至试验龄期的试件自养护室取出，应尽快试验，避免其湿度变化。

(2)擦除表面水分，检查测量试件外部尺寸及形状，相应两面要平行。破型前应保持试件原有湿度，在试验时擦干试件。

(3)以成型时侧面为上下承压面，试件中心应与压力机几何对中。

(4)开动压力机，施加荷载时，强度等级小于C30的混凝土取0.3~0.5MPa/s的加荷速度；强度等级大于C30小于C60的混凝土取0.5~0.8MPa/s的加荷速度；强度等级大于C60的混凝土取0.8~1.0MPa/s的加荷速度。当试件接近破坏而开始迅速变形时，应停止调整试验机油门，直至试件破坏，记录破坏极限荷载F(N)。

2)试验结果处理方法

(1)混凝土立方体抗压强度$f_{cu}=F/A$，精确至0.1MPa。

(2)强度值的确定应符合下列规定：

①三个试件测值的算术平均值为测定值，精确至0.1MPa。

②三个测值中的最大值或最小值中如有一个与中间值的差值超过中间值的15%时，则取中间值为测定值。如最大值和最小值与中间值的差均超过中间值的15%，则该组试验结果无效。

41.答：(1)水泥混凝土抗弯拉强度的试验步骤如下：

①将达到规定龄期的抗折试件取出，用湿毛巾覆盖并及时试验。在试件中部量出其宽度和高度，精确至1mm。

②调整两个可移动支座，将试件安放在支座上，试件成型时的侧面朝上，几何对中后，务必使支座及承压面与活动船形垫块的接触面平稳、均匀，否则应垫平。

③施加荷载应保持均匀、连续，当混凝土的强度等级小于C30的混凝土取0.02~0.05MPa/s的加荷速度；强度等级大于C30小于C60的混凝土取0.05~0.08MPa/s的加荷速度；强度等级大于C60的混凝土取0.08~0.10MPa/s的加荷速度。当试件接近破坏而开始迅速变形时，不得调整试验机油门，直至试件破坏。

④记录破坏极限荷载F(N)和试件下边缘断裂的位置。

(2)结果计算以及数据处理方法：

①当断面发生在两个加荷点之间时，则抗弯拉强度$f_f=FL/bh^2$，精确至0.0lMPa。其中，L

为支座间跨度(mm);b 为试件截面宽度(mm);h 为试件截面高度(mm)。

②三个试件测值的算术平均值为测定值,精确至0.01MPa。

③三个测值中的最大值或最小值中如有一个与中间值的差值超过中间值的15%时,则取中间值为测定值。如最大值和最小值与中间值的差均超过中间值的15%,则该组试验结果无效。

④三个试件中若有一个断裂面位于两个加荷点之外,则混凝土抗折强度值按另两个试件的试验结果计算。若这两个测值的差值不大于这两个测值中较小值的15%时,则以两个测值的平均值为测定值,否则结果无效。

⑤若有两个试件均出现断裂面位于加荷点外侧,则该组结果无效。

42. 答:沥青针入度试验的操作方法如下:

(1)将按规定方法加热的沥青试样注入盛样皿中,试样高度应超过预计针入度值10mm,盖上盛样皿,以防落入灰尘。盛有试样的盛样皿在15~30℃室温中冷却1.5h(小盛样皿)、2h(大盛样皿)或3h(特殊盛样皿)后,移入保持规定试验温度±0.1℃的恒温水槽中1.5h(小盛样皿)、2h(大盛样皿)或2.5h(特殊盛样皿)。

(2)调整针入度仪使之水平。检查针连杆和导轨,以确认无水和其他外来物,无明显摩擦。用三氯乙烯或其他溶剂清洗标准针,并擦干。将标准针插入针连杆,用螺钉固紧。按试验条件,加上附加砝码。

(3)取出达到恒温的盛样皿,并移入水温控制在试验温度±0.1℃(可用恒温水槽中的水)的平底玻璃皿中的三脚架上,试样表面以上的水层深度不少于10mm。

(4)将盛有试样的平底玻璃皿置于针入度仪的平台上。慢慢放下针连杆,用适当位置的反光镜或灯光反射观察,使针尖恰好与试样表面接触,将位移计或刻度盘指针复位为零。

(5)开始试验,这时计时与标准针下落贯入试样同时开始,5s时自动停止。

(6)读取位移计或刻度盘指针的读数,准确至0.1mm。

(7)同一试样平行试验至少三次,各测试点之间及与盛样皿边缘的距离不应少于10mm。每次试验后应将盛有盛样皿的平底玻璃皿放入恒温水槽,使平底玻璃皿中水温保持试验温度。每次试验应换一根干净的标准针或将标准针取下用蘸有三氯乙烯溶剂的棉花或布揩净,再用干棉花或布擦干。

(8)测定针入度大于200的沥青试样时,至少用三支标准针,每次试验后将针留在试样中,直至三次平行试验完成后,才能将标准针取出。

(9)测定针入度指数时,可按同样方法分别测定15℃、25℃、30℃(或5℃)三个温度条件下的针入度,但仲裁试验的温度条件应为五个。

43. 答:沥青软化点试验的操作方法如下:

(1)制备试样:将试样环置于涂有隔离剂的试样底板上,将按规定方法准备好的沥青试样徐徐注入试样环内至略高出环面为止。如估计试样软化点高于120℃,则试样环与试样底板(不用玻璃板)均应预热至80~100℃。试样在室温冷却30min后,用热刮刀刮除环面上的试样,应使其与环面齐平。

(2)实际试验操作时,根据沥青实际软化点的高低采用两种不同方式进行。

试样软化点在80℃以下者,试验步骤如下:

①将装有试样的试样环连同金属板置于5℃ ±0.5℃水的恒温水槽中至少15min;同时将金属支架、钢球、钢球定位环等亦置于相同水槽中。

②烧杯内注入新煮沸并冷却至5℃的蒸馏水或纯净水,水面略低于立杆上的深度标记。

③从恒温水槽中取出盛有试样的试样环放置在支架中层板的圆孔中,并套上定位环;然后将整个环架放入烧杯中,调整水面至深度标记,并保持水温为5℃ ±0.5℃。环架上任何部分不得附有气泡。将0~100℃的温度计由上层板中心孔垂直插入,使端部测温头底部与试样环下面齐平。

④将盛有水和环架的烧杯移至放有石棉网的加热炉具上,然后将钢球放在定位环中间的试样中央,立即开动振荡搅拌器,使水微微振荡,并开始加热,使杯中水温在3min内调节至维持每分钟上升5℃ ±0.5℃。在加热过程中,应记录每分钟上升的温度值,如温度上升速度超出此范围时,则试验应重做。

⑤试样受热软化逐渐下坠,至与下层底板表面接触时,立即读取温度,准确至0.5℃。

试样软化点在80℃以上者,试验步骤如下:

①将装有试样的试样环连同金属底板置于装有32℃ ±1℃甘油的恒温槽中至少15min;同时将金属支架、钢球、钢球定位环等亦置于甘油中。

②在烧杯内注入预先加热至32℃的甘油,其液面略低于立杆上的深度标记。

③从恒温槽中取出装有试样的试样环,按上述方法进行测定,准确至1℃。

44. 答:沥青延度试验的操作方法如下:

(1)制备试件

①将隔离剂拌和均匀,涂于清洁干燥的试模底板和两个侧模的内侧表面,并将试模在试模底板上装妥。

②按规定方法准备试样,将试样仔细自试模的一端至另一端往返数次缓缓注入模中,最后略高出试模。注意:灌模时勿使气泡混入。

③试件在室温中冷却不少于1.5h,然后用热刮刀刮除高出试模的沥青,使沥青面与试模面齐平。沥青的刮法应自模的中间刮向两端,且表面应刮得平滑。将试模连同底板再浸入规定试验温度的水槽中保温1.5h。

(2)检查延度仪拉伸速度是否符合规定要求,然后移动滑板使其指针正对标尺的零点。将延度仪注水,并保温达试验温度 ±0.1℃。

(3)将保温后的试件连同底板移入延度仪的水槽中,然后将盛有试样的试模自玻璃板或不锈钢板上取下,将试模两端的孔分别套在滑板及槽端固定板的金属柱上,取下侧模。水面距试件表面应不小于25mm。

(4)开动延度仪,并注意观察试样的延伸情况。在试验时,如发现沥青细丝浮于水面或沉入槽底时,则应在水中加入酒精或食盐调整水的密度至与试样相近后,再重新试验。

(5)试件拉断时,读取指针所指标尺上的读数,以cm表示。在正常情况下,试件延伸时应成锥尖状,拉断时实际断面接近于零。如不能得到这种结果,则应在报告中注明。

45. 答:薄膜烘箱加热试验步骤如下:

(1)将洁净、烘干、冷却后的盛样皿编号,称其质量,准确至1mg。

(2)按规定方法准备沥青试样,分别注入四个已称质量的盛样皿中50g ±0.5g,并形成沥青厚度均匀的薄膜，放入干燥器中冷却至室温后称取质量，准确至 1mg。同时按规定方法，测定沥青试样薄膜加热试验前的针入度、黏度、软化点、脆点及延度等性质。当试验项目需要，预计沥青数量不够时，可增加盛样皿数目，但不允许将不同品种或不同标号的沥青同时放在一个烘箱中进行试验。

(3)将温度计垂直悬挂于转盘轴上，位于转盘中心，水银球应在转盘顶面上的 6mm 处，并将烘箱加热并保持至 163℃ ±1℃。

(4)把烘箱调整水平，使转盘在水平面上以 5.5r/min ±1r/min 的速度旋转，转盘与水平面倾斜角不大于 3°，温度计位置距转盘中心和边缘距离相等。

(5)在烘箱达到恒温 163℃后，迅速将盛有试样的盛样皿放入烘箱内的转盘上，并关闭烘箱门和开动转盘架。使烘箱内温度回升至 162℃时开始计时，并在 163℃ ±1℃温度下保持 5h。但从放置盛样皿开始至试验结束的总时间，不得超过 5.25h。

(6)试验结束后，从烘箱中取出盛样皿，如不需要测定试样的质量变化，按(8)进行；如需测定试样的质量变化，随机取其中两个盛样皿放入干燥器中冷却至室温后，分别称其质量 m_2，准确至 1mg。

(7)试样称量后，将盛样皿放回 163℃ ±1℃的烘箱中转动 15min，取出试样，立即进行以下工作。

(8)将每个盛样皿的试样，用刮刀或刮铲刮入一适当的容器内，置于加热炉上加热，并适当搅拌使之充分融化达流动状态。倒入针入度盛样皿或延度、软化点等试模内，并按规定方法进行针入度等各项薄膜加热试验后残留物的相应试验。如在当日不能进行试验时，试样应放置在容器内，但全部试验必须在加热后 72h 内完成。

(9)计算沥青薄膜试验后质量变化、残留物针入度比、软化点增值、黏度比、老化指数。

46. 答：黏稠石油沥青密度的检测方法如下：

(1)准备工作

①用洗液、水、蒸馏水先后仔细洗涤比重瓶，然后烘干称其质量 m_1，准确至 1mg。

②将盛有新煮沸并冷却的蒸馏水的烧杯浸入恒温水槽中一同保温，在烧杯中插入温度计，水的深度必须超过比重瓶顶部 40mm 以上。

③使恒温水槽及烧杯中的蒸馏水达至规定的试验温度 ±0.1℃。

(2)比重瓶水值的测定步骤

①将比重瓶及瓶塞放入恒温水槽中的烧杯里，烧杯底浸没水中的深度应不少于 100mm，烧杯口露出水面，并用夹具将其固牢。

②待烧杯中水温再次达至规定温度并保温 30min 后，将瓶塞塞入瓶口，使多余的水由瓶塞上的毛细孔中挤出。此时比重瓶内不得有气泡。

③将烧杯从水槽中取出，再从烧杯中取出比重瓶，立即用干净软布将瓶塞顶部擦拭一次，再迅速擦干比重瓶外面的水分，称其质量 m_2，准确至 1mg。注意瓶塞顶部只能擦拭一次，即使由于膨胀瓶塞上有小水滴也不能再擦拭。

④以 $m_2 - m_1$ 作为试验温度时比重瓶的水值。

(3)黏稠沥青试样密度的试验步骤

①将按规定方法准备好的沥青试样，将沥青小心注入比重瓶中，约至 2/3 高度。注意勿使

试样黏附瓶口或上方瓶壁，并防止混入气泡。

②取出盛有试样的比重瓶，移入干燥器中，在室温下冷却不少于1h，连同瓶塞称其质量m_4，准确至3位小数。

③将盛有蒸馏水的烧杯放入已达试验温度的恒温水槽中，然后将称量后盛有试样的比重瓶放入烧杯中（瓶塞也放进烧杯中）。等烧杯中的水温达到规定温度后保温30min后，使比重瓶中气泡上升到水面，待确认比重瓶已经恒温且无气泡后，再用保温在规定温度水中的瓶塞塞紧，使多余的水从塞孔中溢出，此时应注意不得带入气泡。

④取出比重瓶，按前述方法迅速揩干瓶外水分后称其质量m_5，准确至3位小数。

(4)结果计算

试验温度下黏稠沥青试样的密度$\rho_b = \dfrac{m_4 - m_1}{(m_2 - m_1) - (m_5 - m_4)} \times \rho_w$、相对密度$\gamma_b = \dfrac{m_4 - m_1}{(m_2 - m_1) - (m_5 - m_4)}$，式中$\rho_w$为试验温度下水的密度，计算结果准确至3位小数。

47. 答：(1)制备沥青混合料马歇尔试件（击实法）时，拌制温度的确定方法如下：

按规定方法测定沥青的黏度，绘制黏温曲线。按规范提供的参照表确定适宜于沥青混合料拌和及压实的等黏温度。

当缺乏运动黏度测定条件时，试件的拌和与压实温度可按规范建议的参考表选用，并根据沥青品种和标号作适当调整。

(2)沥青混合料试件的制作条件

①在拌和厂或施工现场采取沥青混合料制作试样时，按规定方法取样，将试样置于烘箱中加热或保温，在混合料中插入温度计测量温度，待混合料符合要求后成型。需要拌和时可倒入已加热的室内沥青混合料拌和机中适当拌和，时间不超过1min。不得在电炉或明火上加热炒拌。

②在试验室人工配制沥青混合料时，按下列步骤制作试件：

a. 将各种规格的矿料置105℃ ±5℃的烘箱中烘干至恒重（一般不少于4~6h）。

b. 将烘干分级的粗细集料，按每个试件设计级配要求称其质量，在一金属盘中混合均匀，矿粉单独放入小盆里；然后置烘箱中预热至沥青拌和温度以上约15℃（采用石油沥青时通常为163℃；采用改性沥青时通常需180℃）备用。一般按一组试件（每组4~6个）备料，但进行配合比设计时宜对每个试件分别备料。

c. 将按规定采取的沥青试样，用烘箱加热至规定的沥青混合料拌和温度，但不得超过175℃。当不得已采用燃气炉或电炉直接加热进行脱水时，必须使用石棉垫隔开。

(3)沥青混合料的拌制方法如下：

①用蘸有少许黄油的棉纱擦净试模、套筒及击实座等，并置100℃左右烘箱中加热1h备用。

②将沥青混合料拌和机预热至拌和温度以上10℃备用。

③将每个试件预热的粗细集料置于拌和机中，用小铲适当混合；然后再加入需要数量的沥青（如沥青已称量在一专用容器内时，可在倒掉沥青后用一部分热矿粉将粘在容器壁上的沥青擦拭掉并一起倒入拌和锅中），开动拌和机，一边搅拌一边将拌和叶片插入混合料中拌和

1～1.5min；暂停拌和，加入加热的矿粉，继续拌和至均匀为止，并使沥青混合料保持在要求的拌和温度范围内。标准的总拌和时间为3min。

(4)试件成型方法如下：

①将拌好的沥青混合料，用小铲适当拌和均匀，称取一个试件所需的用量（标准马歇尔试件约1200g，大型马歇尔试件约4050g）。当已知沥青混合料的密度时，可根据试件的标准尺寸计算并乘以1.03得到要求沥青混合料数量。当一次拌和几个试件时，宜将其倒入经预热的金属盘中，用小铲拌和均匀分成几份，分别取用。在试件制作过程中，为防止混合料温度下降，应连盘放入烘箱中保温。

②从烘箱中取出预热的试模及套筒，用蘸有少许黄油的棉纱擦拭套筒、底座及击实锤底面，将试模装在底座上，垫一张圆形的吸油性小的纸，用小铲将混合料铲入试模中，用插刀或大螺丝刀沿周边插捣15次，中间捣10次。插捣后将沥青混合料表面整平。对大型马歇尔试件，混合料分两次加入，每次插捣次数同上。

③插入温度计，至混合料中心附近，检查混合料温度。

④待混合料温度符合要求的压实温度后，将试模连同底座一起放在击实台上固定，在装好的混合料上垫一张吸油性小的圆纸，再将装有击实锤及导向棒的压实头放入试模中。开启电动机，使击实锤从457mm的高度自由落下到击实规定的次数（75次或50次）。对大型马歇尔试件，击实次数为75次（相应于标准击实50次的情况）或112次（相应于标准击实75次）。

⑤试件击实一面后，取下套筒，将试模翻面，装上套筒；然后以同样的方法和相同的次数击实另一面。

⑥试件击实结束后，应立即用镊子取掉上下面的纸，用卡尺量取试件离试模上口的高度并由此计算试件高度，如高度不符合要求时，试件应作废，并调整试件的混合料质量（按下式调整），以保证高度符合63.5mm±1.3mm（标准试件）或95.3mm±2.5mm（大型试件）的要求。

$$\text{调整后混合料质量}=\frac{\text{要求试件高度}\times\text{原用混合料质量}}{\text{所得试件高度}}$$

⑦卸去套筒和底座，将装有试件的试模横向放置冷却至室温后（不少于12h），置脱模机上脱出试件。用于现场马歇尔指标检验的试件，如施工质量检验过程中急需试验，允许采用电风扇吹冷1h或浸水冷却3min以上的方法脱模；但浸水脱模法不能用于测量密度、空隙率等各项物理指标。

⑧逐一编号，并将试件仔细置于干燥洁净的平面上，供试验用。

48.答：沥青混合料马歇尔试件毛体积密度的试验步骤如下：

1）表干法（当试件的吸水率不大于2%时采用）

(1)选择适宜的浸水天平或电子秤，最大称量应满足试件质量要求。

(2)除去试件表面的浮粒，称取干燥试件在空气中的质量 m_a 根据选择天平的感量读数，准确至0.1g或0.5g。

(3)将溢流水箱水温保持在25℃±0.5℃。挂上网篮，浸入溢流水箱的水中，调节水位，将天平调平并复零，把试件置于网篮中（注意不要使水晃动），浸水约3～5min，称取水中质量 m_w。若天平读数持续变化，不能很快达到稳定，则说明试件吸水较严重，不适用于此方法，应改用蜡封法测定。

(4)从水中取出试件，用洁净柔软的拧干湿毛巾轻轻擦去试件的表面水（不得吸走空隙内的水），称取试件的表干质量 m_f。从试件拿出水面到擦拭结束不宜超过5s，称量过程中流出的水不得再擦干。

(5)对从工程现场钻取的非干燥试件，可先称取水中质量 m_w 和表干质量 m_f，然后用电风扇将试件吹干至恒重（一般不少于12h，当不需进行其他试验时，也可用60℃ ±5℃的烘箱烘干至恒重），再称取在空气中的质量 m_a。

(6)结果计算：沥青混合料试件毛体积密度 $\rho_f = \frac{m_a}{m_f - m_w} \times \rho_w$，式中，$\rho_w$ 为25℃时水的密度，取0.9971g/cm^3；试件的毛体积相对密度 $\gamma_f = \frac{m_a}{m_f - m_w}$。计算结果均取3位小数。

2)蜡封法（当试件的吸水率大于2%时采用）

(1)选择适宜的浸水天平或电子秤，最大称量应满足试件质量的要求。

(2)称取干燥试件的空中质量 m_a，根据选择的天平感量读数，准确至0.1g或0.5g。当为钻芯法取得的非干燥试件时，应用电风扇吹干12h以上至恒重作为空中质量，但不得用烘干法。

(3)将试件置于冰箱中，在4～5℃条件下冷却不少于30min。

(4)将石蜡融化至其熔点以上5.5℃ ±0.5℃。

(5)从冰箱中取出试件立即浸入石蜡液中，至全部表面被石蜡封住后迅速取出试件，在常温下放置30min，称取蜡封试件的空中质量 m_p。

(6)挂上网篮，浸入溢流水箱中，调节水位，将天平调平或复零。调整水温并保持在25℃ ±0.5℃内。将蜡封试件放入网篮浸水约1min，读取水中质量 m_c。

(7)如果试件在测定密度后还需要做其他实验时，为便于除去石蜡，可事先在干燥试件表面涂一薄层滑石粉，称取涂滑石粉后的试件质量 m_s，然后再蜡封测定。

(8)用于蜡封法测定时，石蜡对水的相对密度按下列步骤实测确定：

①取一块铅或铁之类的重物，称取空中质量 m_g；

②测定重物在水温25℃ ±0.5℃的水中质量 m'_g；

③待重物干燥后，按上述试件蜡封的步骤将重物蜡封后测定其空中质量 m_d 及水温在25℃ ±0.5℃时的水中质量 m'_d；

④计算石蜡对水的相对密度：$\gamma_P = \frac{m_d - m_g}{(m_d - m_g) - (m'_d - m'_g)}$。

(9)计算试件的毛体积相对密度，取3位小数。

①蜡封法测定的试件毛体积相对密度计算：$\gamma_f = \frac{m_a}{(m_p - m_c) - \frac{(m_p - m_a)}{\gamma_p}}$；

②涂滑石粉后用蜡封法测定的试件毛体积相对密度计算：

$$\gamma_f = \frac{m_a}{(m_p - m_c) - \left(\frac{m_p - m_s}{\gamma_p} + \frac{m_s - m_a}{\gamma_s}\right)};$$

③试件的毛体积密度计算：$\rho_f = \gamma_f \times \rho_w$，式中，$\rho_w$ 为 25℃时水的密度，取 0.9971g/cm^3。

49. 答：1）燃烧炉法测定沥青混合料中沥青含量试验的操作要点

（1）准备试样。

①按规定沥青混合料取样方法，在拌和厂从运料卡车采取沥青混合料试，宜趁热放在金属盘（或搪瓷盘）中适当拌和，待温度下降至 100℃以下时，称取混合料试样，准确至 0.1g。

②当用钻孔法或切割法从路面上取得的试样时，应用电风扇吹风使其完全干燥，但不得用锤击以防集料破碎；然后置烘箱 125℃ ±5℃加热成松散状态，并至恒重；适当拌和后称取试样质量，准确至 0.1g。

③当混合料已经结团时，不得用刮刀或者铲刀处理，应该将试样置于托盘中放在烘箱 125℃ ±5℃中加热成松散状态取样。

（2）进行标定。

（3）试验步骤：

①将燃烧炉预热到设定温度（与标定温度相同）。将沥青用量的修正系数 C_f 输入到控制程序中，将打印机连接好。

②将试样放在 105℃ ±5℃的烘箱中烘至恒重。

③称量试验篮和托盘质量 m_1，准确至 0.1g。

④试样篮放入托盘中，将加热的试样均匀地摊平在试样篮中。称量试样、试验篮和托盘总质量 m_2，准确至 0.1g。计算初始试样总质量 m_3（即 $m_2 - m_1$），将 m_3 作为初始的试样质量输入燃烧炉控制程序中。

⑤将试样篮、托盘和试样放入燃烧炉关闭燃烧室门。查看燃烧炉控制程序显示质量，即试样、试样篮和托盘总质量 m_2 与显示质量 m_{B4} 的差值不得大于 5g，否则需调整托盘的位置。

⑥锁定燃烧室的门，启动开始按钮进行燃烧。

⑦按照规定的标定方法进行燃烧，连续 3min 试样质量每分钟损失率小于 0.01% 时结束，燃烧炉控制程序自动计算试样损失质量 m_4，准确至 0.1g。

2）数据处理方法

（1）计算修正后的沥青用量 $P = \left(\frac{m_4}{m_3} \times 100\right) - C_f$，准确至 0.01%。此值也可由燃烧炉控制程序自动计算。

（2）燃烧结束后，取出试样篮罩上保护罩，待试样适当冷却后，将试样篮中残留物倒入大盘子中，用钢丝刷将试样篮所有残留物都清理到盘子中，然后进行筛分，得到燃烧后沥青混合料各筛孔的通过率 P'_i，修正得到混合料级配 P_i。

（3）试验结果要求：同一沥青混合料试样至少平行测定 2 次，取平均值作为试验结果。

50. 答：（1）应采用水中重法，适用于吸水率小于 0.5% 的密实沥青混合料试件。

（2）试验步骤如下：

①选择适宜的浸水天平或电子秤，最大称量应满足试件质量的要求。

②除去试件表面的浮粒，称取干燥试件在空气中的质量 m_a，根据选择的天平的感量读数，准确至 0.1g 或 0.5g。

③挂上网篮浸入溢流水箱的水中，调节水位，将天平调平并复零，把试件置于网篮中（注

意不要使水晃动)，待天平稳定后立即读数，称取水中质量 m_w。若天平读数持续变化，不能在数秒钟内达到稳定，则说明试件有吸水情况，不适用于此法测定，应改用表干法或蜡封法测定。

④对从施工现场钻取的非干燥试件，可先称取水中质量 m_w，然后用电风扇将试件吹干至恒重(一般不少于12h，当不需进行其他试验时，也可用60℃ ±5℃的烘箱烘干至恒重)，再称取在空气中的质量 m_a。

⑤结果计算：试件的表观密度 $\rho_a = \frac{m_a}{m_a - m_w} \times \rho_w$，式中，$\rho_w$ 为25℃时水的密度，取0.9971g/cm^3；表观相对密度 $\gamma_a = \frac{m_a}{m_a - m_w}$，计算结果均取3位小数。

51. 答：沥青混合料理论最大相对密度的试验步骤如下：

(1)将沥青混合料试样装入干燥的负压容器中，称量容器及沥青混合料总质量，得到试样的净质量 m_a。

(2)在负压容器中注入约25℃ ±0.5℃的水，将混合料全部浸没，并较混合料顶面高出约2cm。

(3)将负压容器放到仪器上，与真空泵、压力表等连接，开动真空泵，使负压容器负压在2min内达到3.7kPa ±0.3kPa(27.5mmHg ±2.5mmHg)，开始计时，同时开启振动装置和抽真空，持续15min ±2min。

(4)当采用A类负压容器时，将盛试样的容器浸入保温至25℃ ±0.5℃的恒温水槽中，恒温10min ±1min后，称取负压容器与沥青混合料的水中质量 m_2；当采用B、C类负压容器时，将装有沥青混合料试样的容器浸入保温至25℃ ±0.5℃的恒温水槽中，恒温10min ±1min后，注意容器中不得有气泡，称取容器、水和沥青混合料的总质量 m_c。

(5)结果计算：

采用A类容器时，沥青混合料的理论最大相对密度 $\gamma_t = \frac{m_a}{m_a - (m_2 - m_1)}$；

采用B、C类容器时，沥青混合料的理论最大相对密度 $\gamma_t = \frac{m_a}{m_a + m_b - m_c}$。

52. 答：马歇尔稳定度试验操作过程如下：

(1)准备工作

①按标准击实法制备符合要求的马歇尔试件。标准马歇尔试件尺寸应符合直径101.6mm ±0.2mm，高63.5mm ±1.3mm的要求。对于大型马歇尔试件，尺寸应符合直径152.4mm ±0.2mm，高95.3mm ±2.5mm的要求。一组试件不得少于4个。

②测量试件直径和高度：用卡尺测量试件中部的直径，用马歇尔试件高度测定器或卡尺在十字对称的4个方向量测离试件边缘10mm处的高度，准确至0.1mm并取4个值的平均值作为试件的高度。如试件高度不符合63.5mm ±1.3mm或95.3mm ±2.5mm要求或两侧高度差大于2mm时，此试件应作废。

③按规定方法测量试件的密度，并计算空隙率、沥青体积百分率、沥青饱和度、矿料间隙率等体积指标。

④将恒温水槽的温度调节至要求的试验温度，对黏稠石油沥青或烘箱养生的乳化沥青混

合料温度为60℃ ±1℃,煤沥青混合料为33.8℃ ±1℃,空气养生的乳化沥青或液体沥青混合料为25℃ ±1℃。

(2)试验步骤

①将试件置于已达规定温度的恒温水槽中保温,保温时间对标准马歇尔试件需30～40min,对大型的马歇尔试件需45～60min。试件之间应有间隔,底下应垫起,距水槽底部不小于5cm。

②将马歇尔试验仪的上下压头放入水槽或烘箱中达到同样温度。将上下压头从水槽或烘箱中取出擦拭干净内面。为使上下压头滑动自如,可在下压头的导棒上涂少量黄油,再将试件取出置下压头上,盖上上压头,然后装在加载设备上。

③在上压头的球座上放妥钢球,并对准荷载测定装置的压头。

④当采用自动马歇尔试验仪时,将自动马歇尔试验仪的压力传感器、位移传感器与计算机或X－Y记录仪正确连接,调整好适宜的放大比例,压力和位移传感器调零。

⑤当采用压力环和流值计时,将流值计安装在导棒上,使导向套管轻轻地压住上压头,同时将流值计读数调零。调整压力环中百分表,对零。

⑥启动加载设备,使试件承受荷载,加载速度为50mm/min ±5mm/min。计算机或X-Y记录仪自动记录传感器压力和试件变形曲线并将数据自动存入计算机。

⑦当试验荷载达到最大值的瞬间,取下流值计,同时读取压力环中百分表读数及流值计的流值读数。

⑧从恒温水槽中取出试件至测出最大荷载值的时间,不得超过30s。

(3)试验结果

①当采用自动马歇尔试验仪时,可按荷载—变形曲线确定稳定度MS、流值FL。

②采用压力环和流值计测定时,将压力环百分表读数按压力环标定曲线换算为荷载值,或者由荷载测定装置读取的最大值,即为稳定度MS。流值计及位移传感器测定装置读取的试件垂直变形,即为流值FL。

③稳定度以kN计,准确至0.01kN;流值以mm计,准确至0.1mm。

④当一组测定值中某个测定值与平均值之差大于标准差的k倍时,该测定值应予以舍弃,并以其余测定值的平均值作为试验结果。当试件数目n为3、4、5、6个时,k值分别为1.15、1.46、1.67、1.82。

53.答:1)轮碾法成型的适用条件

(1)轮碾法适用于制备尺寸为300mm×300mm×(50～100)mm的板块状试件,以供车辙试验或检测混合料物理力学指标用。

(2)成型试件的密度应符合马歇尔标准击实试样密度100% ±1%的要求。

(3)试件厚度可根据集料粒径大小及工程需要进行选择。对集料公称最大粒径≤19mm者,宜选用300mm×300mm×50mm的试模成型;对集料公称最大粒径≥26.5mm者,宜选用300mm×300mm×(80～100)mm的试模成型。

2)成型方法

(1)试验室制备试件步骤如下:

①按马歇尔稳定度试件成型方法,确定沥青混合料的拌和温度和压实温度。

②在拌和厂或施工现场采取代表性的沥青混合料，如沥青混合料温度符合要求，可直接用于成型。

③将金属试模及小型击实锤等置于约100℃的烘箱中加热1h备用。常温沥青混合料用试模不加热。

④按规定方法拌制沥青混合料。称出制作一块试件所需要的各种材料的用量。先按一块试件体积 V 乘以马歇尔标准击实密度 ρ_s 再乘以系数1.03，即得材料总用量 $m=1.03V\rho_s$，再按配合比计算出各种材料用量。

⑤将预热的试模从烘箱中取出，装上试模框架，在试模中铺一张裁好的普通纸（可用报纸），使底面及侧面均被纸隔离；将拌和好的全部沥青混合料，用小铲稍加拌和后均匀地沿试模由边至中按顺序转圈装入试模，中部要略高于四周。

⑥取下试模框架，用预热的小型击实锤由边至中转周夯实一遍，整平成凸圆弧形。

⑦插入温度计，待混合料冷却至规定的压实温度（为使冷却均匀，试模底下可用垫木支起）时，在表面铺一张裁好尺寸的普通纸。

⑧成型前将碾压轮预热至100℃左右；然后，将盛有沥青混合料的试模置于轮碾机的平台上，轻轻放下碾压轮，调整总荷载为9kN（线荷载300N/cm）。

⑨启动轮碾机，先在一个方向碾压2个往返（4次）；卸荷；再抬起碾压轮，将试件掉转方向；再加相同荷载碾压至马歇尔标准密实度100% ±1%为止。试件正式压实前，应经试压，确定碾压次数。对普通沥青混合料，一般12个往返（24次）左右可达要求（试件厚度为50mm）。

⑩压实成型后，揭去表面的纸，用粉笔在试件表面上标明碾压方向。将盛有压实试件的试模置室温下冷却，至少12h后可脱模。

（2）工地制备试件步骤如下：

①按规定方法采取代表性的沥青混合料的样品，数量需多于3个试件的需要量。

②按试验室方法称取一个试样混合料数量，并装入符合要求尺寸的试模中，用小锤均匀击实。试模应不妨碍碾压成型。

③碾压成型：在工地上，可用小型振动压路机或其他适宜的压路机碾压，在规定的压实温度下，每一遍碾压3~4s，约25次往返，压实密度达到马歇尔标准密度的100% ±1%。

④如将工地取的样品送往试验室成型时，混合料必须放在保温桶内不使其温度下降，且在抵达试验室后立即成型；如温度低于要求时，可适当加热至压实温度后，用轮碾成型机成型。如属于完全冷却后经二次加热重塑成型的试件，必须在试验报告中注明。

54. 答：沥青混合料车辙试验的操作过程如下：

（1）准备工作

①测定试验轮接地压强：测定在60℃时进行，在试验台上放置一块50mm厚的钢板，其上铺一长毫米方格纸，上铺一张新的复写纸，以规定的700N荷载后试验轮静压复写纸，即可在方格纸上得出轮压面积，由此求出接地压强，应符合0.7MPa ±0.05MPa，如不符合，应适当调整荷载。

②按轮碾法成型试件后，连同试模一起在常温条件下放置时间不得少于12h。对聚合物改性沥青，以48h为宜，使聚合物改性沥青充分固化后方可进行车辙试验，室温放置时间不得

长于一周。

(2)试验过程

①将试件连同试模一起,置于达到试验温度60℃ ±1℃的恒温室中,保温不少于5h,也不多于24h。在试件的试验轮不行走的部位上,粘贴一个热电偶温度计,也可在试件制作时预先将热电偶导线埋入试件一角,控制试件温度稳定在60℃ ±0.5℃。

②将试件连同试模移至车辙试验机的试验台上,试验轮在试件的中央部位,其行走方向须与试件碾压方向一致。开动车辙变形自动记录仪,然后启动试验机,使试验轮往返行走,时间约1h,或最大变形达到25mm时为止。试验时,记录仪自动记录变形曲线及试件温度。

对试验时变形较小的试件,也可对一块试件在两侧1/3位置上进行两次试验取平均值。

55.答:沥青与粗集料黏附性有两种试验方法:水煮法和水浸法。

1)水煮法检验沥青与粗集料黏附性的试验步骤

(1)将集料过13.2mm和19mm的筛,取粒径13.2~19mm、形状接近立方体的规则集料5个,用洁净水洗净,置于温度为105℃ ±5℃的烘箱中烘干,然后放在干燥器中备用。

(2)将集料逐个用细线在中部系牢,再置105℃ ±5℃烘箱内1h。

(3)按标准方法加热沥青试样(石油沥青130~150℃、煤沥青100~110℃)。逐个取出加热的矿料颗粒用线提起,浸入加热的沥青试样中45s后,轻轻拿出,使集料颗粒完全为沥青膜所裹覆。

(4)将裹覆沥青的集料颗粒悬挂于试验架上,下面垫一张纸,使多余的沥青流掉,并在室温下冷却15min。

(5)将大烧杯中盛水,并置加热炉的石棉网上煮沸。

(6)待集料颗粒冷却后,逐个用线提起,浸入盛有煮沸水的大烧杯中央,调整加热炉,使烧杯中的水保持微沸状态,但不允许有沸开的泡沫。

(7)浸煮3min后,将集料从水中取出,观察矿料颗粒上沥青膜的剥落程度,并评定其黏附性等级。

(8)同一试样应平行试验5个集料颗粒,并由两名以上经验丰富的试验人员分别评定后,取平均等级作为试验结果。

2)水浸法试验检测沥青与粗集料黏附性的试验步骤

(1)准备工作如下:

①将集料过9.5mm和13.2mm筛,取粒径9.5~13.2mm形状规则的集料200g,用洁净水洗净,并置温度为105℃ ±5℃的烘箱中烘干,然后放在干燥器中备用。

②按标准方法准备沥青试样,加热至规范要求的沥青与矿料的拌和温度(采用石油沥青时通常为163℃、采用改性沥青时通常需180℃)。

③将煮沸过的热水注入恒温水槽中,并维持温度80℃ ±1℃。

(2)按四分法称取集料颗粒(9.5~13.2mm)100g置于搪瓷盘中,连同搪瓷盘一起放入已升温至沥青拌和温度以上5℃的烘箱中持续加热1h。

(3)按每100g矿料加入沥青5.5g ±0.2g的比例称取沥青,准确至0.1g,放入小型拌和容器中,一起置入同一烘箱中加热15min。

(4)将搪瓷盘中的集料倒入拌和容器的沥青中后,从烘箱中取出拌和容器,立即用金属铲均匀拌和 1～1.5min，使集料完全被沥青薄膜裹覆。然后，立即将裹有沥青的集料取 20 个，用小铲移至玻璃板上摊开，并置室温下冷却 1h。

(5)将放有集料的玻璃板浸入温度为 80℃ ±1℃的恒温水槽中，保持 30min，并将剥离及浮于水面的沥青用纸片捞出。

(6)从水中小心取出玻璃板，浸入水槽内的冷水中，仔细观察裹覆集料的沥青薄膜的剥落情况。由两名以上经验丰富的试验人员分别目测，评定剥离面积的百分率，评定后取平均值表示。最终由剥离面积百分率评定沥青与集料黏附性的等级。

56. 答：1)沥青混合料析漏试验和肯塔堡试验的目的、适用性

(1)沥青混合料谢伦堡沥青析漏试验的目的，是用以检测沥青结合料在高温状态下从沥青混合料析出并沥干多余的游离沥青的数量，供检验沥青玛蹄脂碎石混合料(SMA)、排水式大空隙沥青混合料(OGFC)或沥青碎石类混合料的最大沥青用量使用。

(2)沥青混合料肯塔堡飞散试验的目的，用以评价由于沥青用量或粘结性不足，在交通荷载作用下，路面表面集料脱落而散失的程度。以马歇尔试件在洛杉矶试验机中旋转撞击规定的次数，沥青混合料试件散落材料的质量的百分率表示。

标准飞散试验可用于确定沥青路面表面层使用的沥青玛蹄脂碎石混合料、排水式大孔隙沥青混合料、抗滑表层混合料、沥青碎石或乳化沥青碎石混合料所需的最少沥青用量；浸水飞散试验用以评价沥青混合料的水稳定性。

2)谢伦堡沥青析漏试验的主要步骤

(1)根据实际使用的沥青混合料的配合比，对集料、矿粉、沥青、纤维稳定剂等规定方法用小型沥青混合料拌和机拌和混合料。拌和时纤维稳定剂应在加入粗细集料后加入，并适当干拌分散，再加入沥青拌和至均匀。每次只能拌和一个试件，一组试件分别拌和 4 份，每 1 份为 1kg。第 1 锅拌和后即予废弃不用，使拌和锅或炒锅黏附一定量的沥青结合料，以免影响后面 3 锅油石比的准确性。当为施工质量检验时，直接从拌和机取样使用。

(2)洗净烧杯，干燥，称取烧杯质量 m_0，准确至 0.1g。

(3)将拌和好的 1kg 混合料，倒入 800mL 烧杯中，称烧杯及混合料的总质量 m_1，准确至0.1g。

(4)在烧杯上加玻璃板盖，放入 170℃ ±2℃烘箱中，当为改性沥青 SMA 时为 185℃，持续 60min ±1min。

(5)取出烧杯，不加任何冲击或振动，将混合料向下扣倒在玻璃板上，称取烧杯以及黏附在烧杯上的沥青结合料、细集料、玛蹄脂等的总质量 m_2，准确到 0.1g。

(6)计算沥青析漏损失：$\Delta m = \dfrac{m_2 - m_0}{m_1 - m_0} \times 100\%$ 。

(7)试验至少应平行试验 3 次，取平均值作为试验结果。

3)肯塔堡飞散试验的主要步骤

(1)准备工作

①根据实际使用的沥青混合料的配合比，标准击实法成型马歇尔试件，除非另有要求，击实成型次数为双面各 50 次，试件尺寸应符合直径 101.6mm ±0.2mm，高 63.5mm ±1.3mm 的要求，一组试件的数量不得少于 4 个。拌和时应注意事先在拌和锅或炒锅中加入相当于拌和

沥青混合料时在拌和锅内所粘附的沥青用量，以免影响油石比的准确性。

②量测试件的直径及高度，准确至0.1mm，尺寸不符合要求的试件应作废。

③按规定方法测定试件的密度、空隙率、沥青体积百分率、沥青饱和度、矿料间隙率等物理指标。

④将恒温水槽调节至要求的试验温度。标准飞散试验的试验温度为20℃ ±0.5℃；浸水飞散试验的试验温度为60℃ ±0.5℃。

(2)试验步骤

①将试件放入恒温水槽中养生。对标准飞散试验，在20℃ ±0.5℃恒温水槽中养生20h。对浸水飞散试验，先在60℃ ±0.5℃恒温水槽中养生48h，然后取出后在室温中放置24h。

②对标准飞散试验，从恒温水槽中取出试件，用洁净柔软的毛巾轻轻擦去试件的表面水，称取逐个试件质量 m_0，准确至0.1g；对浸水飞散试验，称取放置24h后的每个试件质量 m_0，准确至0.1g。

③立即将一个试件放入洛杉矶试验机中，不加钢球，盖紧盖子(一次只能试验一个试件)。

④开动洛杉矶试验机，以30~33r/min的速度旋转300转。

⑤打开试验机盖子，取出试件及碎块，称取试件的残留质量。当试件已经粉碎时，称取最大一块残留试件的混合料质量 m_1。

⑥重复以上步骤，一种混合料的平行试验不少于3次。

(3)计算沥青混合料的飞散损失：$\Delta m = \frac{m_0 - m_1}{m_0} \times 100\%$。

57.答：离心分离法测定沥青混合料中沥青含量的步骤如下：

1)准备工作

(1)在拌和厂从运料卡车按规定方法采取沥青混合料试样，放在金属盘中适当拌和，待温度稍下降至100℃以下时，用大烧杯取混合料试样质量 m 为1000~1500g(粗粒式沥青混合料用高限，细粒式用低限，中粒式用中限)，准确至0.1g。

(2)如果试样是路上用钻机法或切割法取得的，应用电风扇吹风使其完全干燥，置微波炉或烘箱中适当加热后成松散状态取样，但不得用锤击以防集料破碎。

2)试验步骤

(1)向装有试样的烧杯中注入三氯乙烯溶剂，将其浸没30min，记录溶剂用量，用玻璃棒适当搅动混合料，使沥青充分溶解。也可直接在离心分离器中浸泡。

(2)将混合料及溶液倒入离心分离器，用少量溶剂将烧杯及玻璃棒上的黏附物全部洗入分离器中。

(3)称取洁净的圆环形滤纸质量，准确至0.01g。注意，滤纸不宜多次反复使用，有损坏者不能使用，有石粉黏附时应用毛刷清除干净。

(4)将滤纸垫在分离器边缘上，加盖紧固。在分离器出口处放上回收瓶，上口应注意密封，防止流出液成雾状散失。

(5)开动离心机，转速逐渐增至3000r/min，沥青溶液通过排出口注入回收瓶中，待流出停止后停机。

(6)从上盖的孔中加入新溶液，数量大体相同。稍停3~5min后，重复上述操作，如此数次直至流出的抽提液呈清澈的淡黄色为止。

(7)卸下上盖，取下圆环形滤纸，在通风橱或室内空气中蒸发后放入105℃ ±5℃的烘箱中干燥，称取质量，其增重部分 m_2 为矿粉的一部分。

(8)将容器中的集料仔细取出，在通风橱或室内空气中蒸发后放入105℃ ±5℃的烘箱烘干(一般需要4h)，然后放入大干燥器中冷却至室温，称取集料质量 m_1。

(9)用压力过滤器过滤回收瓶中的沥青溶液，由滤纸的增重 m_3 得出泄漏入滤液中矿粉。如无压力过滤器时，也可用燃烧法测定。

(10)用燃烧法测定抽提液中矿粉质量得步骤如下：

①将回收瓶中的抽提液倒入量筒中，测量 V_a，准确定量至mL。

②充分搅匀抽提液，取出部分 V_b，(10mL)放入坩埚中，在热浴上适当加热使溶液试样变成暗黑色后，置高温炉500～600℃中烧成残渣，取出坩埚冷却。

③向坩埚中按每1g残渣5mL的用量比例，注入碳酸铵饱和溶液，静置1h后放入105℃ ±5℃烘箱中干燥。

④取出后放在干燥器中冷却，称取残渣质量 m_4，准确至1mg。

3)数据处理

(1)计算沥青混合料中矿料的总质量按式 $m_a = m_1 + m_2 + m_3$，其中，泄漏入抽提液中的矿粉质量 m_3 用燃烧法时可按公式 $m_3 = m_4 \times V_a / V_b$ 计算。

(2)计算沥青混合料中的沥青含量 $P_b = (m - m_a)/m$，或油石比 $P_a = (m - m_a)/m_a$。

(3)同一沥青混合料试样至少平行试验2次，取平均值作为试验结果。2次试验差值应小于0.3%，当大于0.3%但小于0.5%时，应补充平行试验一次，以3次试验的平均值作为试验结果，3次试验的最大值与最小值之差不得大于0.5%。

58. 答：石灰有效氧化钙的测定方法如下：

(1)准备试样

①生石灰试样：将生石灰样品打碎，使颗粒不大于2mm。拌和均匀后用四分法缩减至200g左右，放在瓷研钵中研细，再经四分法缩减几次至剩下20g左右。将研磨所得石灰样品通过0.10mm的筛，从此细样中均匀挑取10余克置于称量瓶中，在100℃的温度下烘干1h，贮于干燥器中，供试验用。

②消石灰试样：将消石灰样品用四分法缩减至10余克左右，如有大颗粒存在，须在瓷研钵中磨细至无不均匀颗粒存在为止。置于称量瓶中在105～110℃烘干1h，储于干燥器中，供试验用。

(2)试验步骤

称取约0.5g(用减量法称准至0.0005g)试样 m_1，放入干燥的250mL具塞三角瓶中，取5g蔗糖覆盖在试样表面，投入干玻璃珠15粒，迅速加入新煮沸并已冷却的蒸馏水50mL，立即加塞振荡15min(如有试样结块或黏于瓶壁现象，则应重新取样)。打开瓶塞，用水冲洗瓶塞及瓶壁，加入2～3滴酚酞指示剂，记录滴定管中盐酸标准溶液体积 V_3。用已标定的约0.5N盐酸标准溶液 M 滴定(滴定速度以每秒2～3滴为宜)，至溶液的粉红色显著消失并在30s内不再复现即为终点，记录滴定管中盐酸标准溶液的体积 V_1，mL。盐酸标准溶液消耗量 $V_5 = V_3 - V_1$，单位为mL。

(3)计算:有效氧化钙的百分含量 $X=\frac{V_5\times M\times 0.028}{m_1}\times 100$。

(4)结果整理:对同一石灰样品至少应做两个试样和进行两次测定,并取两次结果的平均值代表最终结果。

59.答:石灰氧化镁的测试方法如下:

(1)试验步骤

称取约0.5g(精确至0.0001g)试样 m,放入250mL烧杯中,用水湿润,加30mL1:10盐酸,用表面皿盖住烧杯,加热近沸并保持微沸8~10min。用水把表面皿洗净,冷却后把烧杯内的沉淀及溶液移入250mL容量瓶中,加水至刻度摇匀。待溶液沉淀后,用移液管吸取25mL溶液,放入250mL三角瓶中,加50mL水稀释后,加酒石酸钾钠溶液1mL、三乙醇胺溶液5mL,再加入铵—铵缓冲溶液10mL、酸性铬兰K—萘酚绿B指示剂约0.1g。记录滴定管中初始EDTA二钠标准溶液体积 V_5,用EDTA二钠标准溶液滴定至溶液由酒红色变为纯蓝色时即为终点,记录滴定管中EDTA二钠标准溶液体积 V_6,滴定钙镁含量的EDTA二钠标准溶液的消耗量 $V_3=V_5-V_6$,单位为mL。

再从同一容量瓶中用移液管吸取25mL溶液,置于300mL三角瓶中,加水150mL稀释后,加三乙醇胺溶液5mL及20%氢氧化钠溶液5mL,放入约0.2g钙指示剂。记录滴定管中初始EDTA二钠标准溶液体积 V_7,用EDTA二钠标准溶液滴定,至溶液由酒红色变为纯蓝色即为终点,记录滴定管中EDTA二钠标准溶液体积 V_8,滴定钙离子的EDTA二钠标准溶液的消耗量 $V_4=V_7-V_8$,单位为mL。

(2)结果计算:氧化镁的百分含量 $X=\frac{T_{MgO}(V_3-V_4)\times 10}{m\times 1000}\times 100$,其中,$T_{MgO}$ 为EDTA二钠标准溶液对氧化镁的滴定度。

(3)结果整理:对同一石灰样品至少应做两个试样和进行两次测定,读数精确至0.1mL,并取两次结果的平均值代表最终结果。

60.答:(1)石灰氧化镁测试需要的试剂:①1:10盐酸;②氢氧化铵—氯化铵缓冲溶液(pH=10);③酸性铬兰K—萘酚绿B(1:2.5)混合指示剂;④EDTA二钠标准溶液;⑤氧化钙标准溶液;⑥20%的氢氧化钠溶液;⑦钙指示剂;⑧10%酒石酸钾钠溶液;⑨三乙醇胺(1:2)溶液。

(2)EDTA二钠标准溶液与氧化钙和氧化镁的滴定度确定如下:

①精确吸取 V_1 为50mL的氧化钙标准溶液放于300mL三角瓶中,用水稀释至100mL左右;加入钙指示剂约0.2g,以20%氢氧化钠溶液调整溶液碱度到出现酒红色;再过量加3~4mL,以EDTA二钠标准液滴定,至溶液由酒红色变成纯蓝色为止,消耗EDTA二钠标准溶液体积为 V_2,单位为mL。

②EDTA二钠标准溶液对氧化钙滴定度 $T_{CaO}=C\times V_1/V_2$,式中,C 为1mL氧化钙标准溶液含有氧化钙的毫克数,等于1;

③EDTA二钠标准溶液对氧化镁的滴定度 $T_{MgO}=T_{CaO}\times(40.31/56.08)=0.72T_{CaO}$。

61.答:石灰有效氧化钙和氧化镁合量简易测试方法的原理如下:

(1)迅速称取石灰试样 $m=0.8\sim1.0$g(精确至0.0001g),放入300mL三角瓶中,加入150mL新煮沸并已冷却的蒸馏水和10颗玻璃珠。瓶口上插一短颈漏斗,加热5min(调到最高挡)，但勿使沸腾，迅速冷却。滴入酚酞指示剂 2 滴，记录滴定管中摩尔浓度为 N 的盐酸标准溶液体积 V_3。在不断摇动下以盐酸标准液滴定，控制速度为每秒 2 ~ 3 滴，至粉红色完全消失，稍停，又出现红色，继续滴入盐酸。如此重复几次，直至 5min 内不出现红色为止，记录滴定管中盐酸标准溶液体积 V_4。盐酸标准溶液消耗量 $V_5 = V_3 - V_4$，单位为 mL。

(2)石灰有效氧化钙和氧化镁合量为：$X = \dfrac{V_5 \times N \times 0.028}{m} \times 100\%$。

62.答：烘干法测定无机结合料稳定土含水率的试验步骤如下：

(1)取清洁干燥的铝盒，称取质量 m_1，取一定数量的试样经粉碎后松散地放在铝盒中，盖上盒盖，称取其质量 m_2。

(2)取下盒盖，将盛有试样的铝盒放在盒盖上，然后一起放到已达 110℃ 的烘箱内烘干。需要的烘干时间随土类和试样数量而变。当冷却试样连续两次称量的差值(每次间隔 4h)不超过原试样质量的 0.1% 时，即认为样品已经烘干。

(3)烘干后，从烘箱中取出盛有试样的铝盒，盖紧盒盖，放入干燥器内冷却。

(4)冷却后，称取铝盒和烘干试样的质量 m_3。

(5)计算无机结合料稳定土的含水率：$w = \dfrac{m_2 - m_3}{m_3 - m_1} \times 100\%$。

(6)说明：不同的稳定土，称取的试样质量、精度要求不同，区别如下：

稳定土种类	试样数量(g)	试样要求的最小数量(g)	称量精度(g)
稳定细粒土	50	50	0.01
稳定中粒土	500	300	0.1
稳定粗粒土	2000	2000	0.1

63.答：(1)无机结合料稳定土甲法击实试验的适用范围：甲法适用于内径 100mm、高 127mm 的小型击实筒；适用于水泥稳定土、石灰稳定土和石灰(或水泥)粉煤灰稳定土；最大粒径宜控制在 26.5mm 以内。

(2)甲法试验步骤如下：

①将已筛分的试样用四分法逐次分小至最后取出 10 ~ 15kg 试料。再用四分法将取出的试料分成 5 ~ 6 份，每份试料的干质量为 2.0kg(对细粒土)或 2.5kg(对中粒土)。

②预定 5 ~ 6 个不同含水率，依次相差 0.5% ~ 1.5%，且其中至少有两个大于和两个小于最佳含水率(对中、粗粒土，在最佳含水率附近取 0.5%，其余取 1%；对细粒土，取 1%，但对黏土，特别是重黏土，可能需要取 2%)。

③按预定含水率制备试样。将 1 份试料平铺于金属盘内，将事先计算得到的该份试料中应加的水量均匀喷洒到试料上，用小铲拌均匀，装入密闭容器或塑料口袋内浸润备用。

浸润时间要求：黏质土 12 ~ 24h，粉质土 6 ~ 8h，砂类土、砂砾土、红土砂砾、级配砂砾等可缩短到 4h 左右，含土很少的未筛分碎石、砂砾和砂可缩短到 2h。浸润时间一般不超过 24h。

混合料中素土(或集料)的质量为 m_n、测得的原始含水率(即风干含水率)为 w_n，混合料中水泥或石灰的质量为 m_c、测得的原始含水率为 w_c，要求达到的混合料的含水率为 w，则应加水量可按下式计算：

$$m_w = \left(\frac{m_n}{1+0.01w_n}+\frac{m_c}{1+0.01w_c}\right)\times 0.01w - \frac{m_n}{1+0.01w_n}\times 0.01w_n - \frac{m_c}{1+0.01w_c}\times 0.01w_c$$

④将所需要的稳定剂水泥加到浸润后的试料中，充分拌和均匀。加有水泥的试样应在拌和后1h内完成下述击实试验；否则，应予作废。

⑤称量试筒质量 m_2。将试筒、套环与击实底板应紧密联结。将击实筒放在坚实的地面上，取制备好的试样分400～500g（其量应使击实后的试样等于或略高于筒高的1/5）倒入筒内，整平表面并稍加压紧，然后将其安装到多功能自控电动击实仪上，设定所需锤击次数，进行第1层试样击实。第1层击实完后，检查该层高度是否合适，以便调整以后几层试样用量。用刮土刀或螺丝刀将已击实层的表面"拉毛"，然后重复上述方法进行其余4层试样的击实。最后一层击实后，试样高出试筒顶面的高度不得大于6mm，否则，应作废。

⑥用刮土刀沿套筒内壁削挖（使试样与套环脱离）后，扭动并取下套环。齐筒顶细心削平试样，拆除底板。如试样底面略突出筒外或有孔洞，则应细心刮平或修补。最后用工字型刮平尺齐筒顶和筒底将试样刮平。擦净筒外壁，称其质量 m_1。

⑦用脱模器推出筒内试样。在试样内部从上到下取两个有代表性的样品（可将脱出试件用锤打碎后，用四分法取样），立即放入105～110℃（事先应调整到110℃左右）的烘箱内烘干，测其含水率 w，计算至0.1%。

⑧计算：击实后稳定土的湿密度：$\rho_w=(m_1-m_2)/V$，式中，V 为试筒容积。

击实后稳定土的干密度：$\rho_d=\rho_w/(1+0.01w)$。

64. 答：无机结合料稳定材料无侧限抗压强度试件养生步骤如下：

(1)无机结合料稳定材料无侧限抗压强度试验，应按规定的标准养生方法进行养生。

(2)试件从试模内脱出并称量后，中试件和大试件应装入塑料袋内，试件装入塑料袋后，将袋内的空气排除干净，扎紧袋口，将包好的试件放入养护室。

(3)标准养生的温度为20℃±2℃，标准养生的湿度为≥95%。试件宜放在铁架或木架上，间距至少10～20mm。试件表面应保持一层水膜，并避免用水直接冲淋。

(4)无侧限抗压强度试验，标准养生龄期是7d，最后一天浸水。

(5)在养生的最后一天，将试件取出，观察试件的边角有无磨损和缺块，并量高称质量，然后将试件浸泡于20℃±2℃水中，应使水面在试件顶上约2.5mm。

(6)如在养生期间，试件有明显的边角缺损，应予作废；在养生期间，试件质量的损失应该符合下列规定：小试件不超过1g；中试件不超过4g；大试件不超过10g。质量损失超过此规定的试件，应予作废。

65. 答：EDTA滴定法测定水泥或石灰剂量的步骤如下：

1)准备标准曲线

(1)取样。

(2)计算混合料组成材料用量。

(3)准备5种试样，每种2个样品（以水泥稳定材料为例），如下：

①如为水泥稳定中、粗粒土，每个样品取1000g左右（如为细粒土，则可称取300g左右）准备试验。为了减少中、粗粒土的离散，宜按设计级配单份掺配的方式备料。

②5种混合料的水泥剂量应为：水泥剂量为0，最佳水泥剂量左右，最佳水泥剂量±2%和±4%，每种剂量取2个（为湿质量）试样，共10个试样，并分别放在10个大口聚乙烯桶（如为水泥细粒土，可用搪瓷杯或1000mL具塞三角瓶；如为水泥粗粒土，可用5L的大口聚乙烯桶）内。土的含水率应等于工地预期达到的最佳含水率，土中所加的水应与工地所用的水相同。

注意：准备标准曲线的水泥剂量可为0、2%、4%、6%、8%。如水泥剂量较高或较低，应保证工地实际所用水泥的剂量位于标准曲线所用剂量的中间。

③取一个盛有试样的盛样器，在盛样器内加入两倍试样质量（湿质量）体积的10%氯化铵溶液（如湿料质量为300g，则氯化铵溶液为600mL；如湿料质量为1000g，则氯化铵溶液为2000mL）。料为300g，则搅拌3min（每分钟搅110～120次）；料为1000g，则搅拌5min。如用1000mL具塞三角瓶，则手握三角瓶（瓶口向上）用力振荡3min（每分钟120次±5次），以代替搅拌棒搅拌。放置沉淀10min，然后将上部清液转移到300mL烧杯内，搅匀，加盖表面皿待测。

注意：如10min后得到的是混浊悬浮液，则应增加放置沉淀时间，直到出现无明显悬浮颗粒的悬浮液为止，并记录所需的时间。以后所有该种水泥（或石灰）稳定材料的试验，均应以同一时间为准。

④用移液管吸取上层（液面下1～2cm）悬浮液10.0mL放入200mL的三角瓶内，用量筒取1.8%氢氧化钠（内含三乙醇胺）溶液500mL倒入三角瓶中，此时溶液pH值为12.5～13.0（可用pH12～14精密试纸检验），然后加入钙红指示剂（质量约为0.2g），摇匀，溶剂呈玫瑰红色。记录滴定管中EDTA二钠标准溶液体积V_1，然后用EDTA二钠标准溶液滴定，边滴定边摇匀，并仔细观察溶液的颜色；在溶液颜色变为紫色时，放慢滴定速度，并摇匀；直到纯蓝色为终点，记录滴定管中EDTA二钠标准溶液体积V_2（以mL计，读至0.1mL）。计算V_1-V_2，即为EDTA二钠标准溶液的消耗量。

⑤对其他几个盛样器中的试样，用同样的方法进行试验，并记录各自EDTA二钠标准溶液的消耗量。

⑥以同一水泥或石灰剂量稳定材料EDTA二钠标准溶液消耗量（mL）的平均值为纵坐标，以水泥或石灰剂量（%）为横坐标制图。两者的关系应是一根顺滑的曲线。如素土、水泥或石灰改变，必须重做标准曲线。

2）试验步骤

（1）选取有代表性的无机结合料稳定材料，对稳定中、粗粒土取试样约3000g，对稳定细粒土取试样约1000g。

（2）对水泥或石灰稳定细粒土，称300g放在搪瓷杯中，用搅拌棒将结块搅散，加10%氯化铵溶液600mL，对水泥或石灰稳定中、粗粒土，可直接称取1000g左右，放入10%氯化铵溶液1000mL，然后如前述步骤进行试验。

（3）利用所绘制的标准曲线，根据EDTA二钠标准溶液消耗量，确定混合料中的水泥或石灰剂量。

66.答：标准曲线的制作方法如下：

(1)取样:取工地用石灰和集料,风干后分别过2.0mm或2.5mm筛,用烘干法测其含水率(如为水泥,可假定其含水率为0)。

(2)混合料组成的计算公式:

干料质量=湿料质量/(1+含水率)

计算步骤如下:

①求干混合料质量=湿混合料质量/(1+最佳含水率);

②干土质量=干混合料质量/[1+石灰(或水泥)剂量];

③干石灰(或水泥)质量=干混合料质量-干土质量;

④湿土质量=干土质量×(1+土的风干含水率);

⑤湿石灰质量=干石灰质量×(1+石灰的风干含水率);

⑥石灰土中应加入的水=湿混合料质量-湿土质量-湿石灰质量。

(3)准备5种试样,每种2个样品(以水泥稳定材料为例),如为水泥稳定中、粗粒土,每个样品取1000g左右(如为细粒土,则可称取300g左右)准备试验。为了减少中、粗粒土的离散,宜按设计级配单份掺配的方式备料。

5种混合料的水泥剂量应为:水泥剂量为0,最佳水泥剂量左右,最佳水泥剂量±2%和±4%,每种剂量取2个(为湿质量)试样,共10个试样,并分别放在10个大口聚乙烯桶(如为水泥细粒土,可用搪瓷杯或1000mL具塞三角瓶;如为水泥粗粒土,可用5L的大口聚乙烯桶)内。土的含水率应等于工地预期达到的最佳含水率,土中所加的水应与工地所用的水相同。

注意:准备标准曲线的水泥剂量可为0、2%、4%、6%、8%。如水泥剂量较高或较低,应保证工地实际所用水泥的剂量位于标准曲线所用剂量的中间。

(4)取一个盛有试样的盛样器,在盛样器内加入两倍试样质量(湿质量)体积的10%氯化铵溶液(如湿料质量为300g,则氯化铵溶液为600mL;如湿料质量为1000g,则氯化铵溶液为2000mL)。料为300g,则搅拌3min(每分钟搅110~120次);料为1000g,则搅拌5min。如用1000mL具塞三角瓶,则手握三角瓶(瓶口向上)用力振荡3min(每分钟120次±5次),以代替搅拌棒搅拌。放置沉淀10min,然后将上部清液转移到300mL烧杯内,搅匀,加盖表面皿待测。

注意:如10min后得到的是混浊悬浮液,则应增加放置沉淀时间,直到出现无明显悬浮颗粒的悬浮液为止,并记录所需的时间。以后所有该种水泥(或石灰)稳定材料的试验,均应以同一时间为准。

(5)用移液管吸取上层(液面下1~2cm)悬浮液10.0mL放入200mL的三角瓶内,用量筒量取1.8%氢氧化钠(内含三乙醇胺)溶液500mL倒入三角瓶中,此时溶液pH值为12.5~13.0(可用pH12~14精密试纸检验),然后加入钙红指示剂(质量约为0.2g),摇匀,溶剂呈玫瑰红色。记录滴定管中EDTA二钠标准溶液体积V_1,然后用EDTA二钠标准溶液滴定,边滴定边摇匀,并仔细观察溶液的颜色;在溶液颜色变为紫色时,放慢滴定速度,并摇匀;直到纯蓝色为终点,记录滴定管中EDTA二钠标准溶液体积V_2(以mL计,读至0.1mL)。计算V_1-V_2,即为EDTA二钠标准溶液的消耗量。

(6)对其他几个盛样器中的试样,用同样的方法进行试验,并记录各自EDTA二钠标准溶液的消耗量。

(7)以同一水泥或石灰剂量稳定材料EDTA二钠标准溶液消耗量(mL)的平均值为纵坐

标，以水泥或石灰剂量（%）为横坐标制图。两者的关系应是一条顺滑的曲线。

67. 答：顶面法的试验步骤如下：

（1）根据试验材料的类型和一般的工程经验，选择合适量程的测力计和试验机，对被测试件施加的压力应在量程的20% ~80%范围内。如采用压力机系统，需调试设备，设定好加载速度。

（2）加载板上的计算单位压力的选定值：对于无机结合料稳定基层材料，用0.5 ~0.7MPa；对于无机结合料稳定底基层材料，用0.2 ~0.4MPa。实际加载的单位最大压力应略大于选定值。

（3）将试件浸水24h后从水中取出，并用布擦干后放在加载底板上，在试件顶面撒少量0.25 ~0.5mm的细砂，并手压加载板在试件顶面边加压边旋转，使细砂填补表面微观的不平整，并使多余的砂流出，以增加顶板与试件的接触面积。

（4）安置千分表，使千分表的脚支在加载顶板直径线的两侧，并离试件中心距离大致相等。

（5）将带有试件的测形变装置放到路面材料强度试验仪的升降台上（也可以先将测变形装置放在升降台上，再安装试件和百分表），调整升降台的高度，使加载顶板与测力环下端的压头中心与加载顶板的中心接触。

（6）预压：先用拟施加的最大载荷的一半进行两次加载卸载预压试验，使加载顶板与试件表面紧密接触。每两次卸载后等待1min，然后将千分表的短指针约调到中间位置，并将长指针调到0，记录千分表的原始读数。

（7）回弹形变测量：将预定的单位压力分成5 ~6个等份，作为每次施加的压力值。实际施加的载荷应较预定级数增加一级。施加第1级载荷（如为预定最大荷载的1/5），待载荷作用达1min时，记录千分表的读数，施加第2级载荷（为预定最大荷载的2/5），同前待载荷作用1min，记录千分表的读数，卸去载荷。卸载后达0.5min时，再记录千分表的读数，并施加第3级载荷，如此逐级进行，直至记录下最后一级载荷下的回弹形变。

68. 答：无机结合料无侧限抗压强度的试验方法如下：

（1）试件制备

①标准试件为径高比1:1的圆柱体试件，对细粒土，试模为ϕ50mm×50mm；对中粒土，试模为ϕ100mm×100mm；对粗粒土，试模为ϕ150mm×150mm。

②风干试料准备。

③确定无机结合料混合料的最佳含水率和最大干密度。

④配制混合料。

⑤按预定的干密度制件：单个试件的标准质量为$m_0 = V \times \rho_{max} \times (1 + w_{opt}) \times \gamma$，单位为g。其中，$V$为试件体积，$w_{opt}$为混合料最佳含水率，$\rho_{max}$为混合料最大干密度，$\gamma$为混合料压实度标准。

（2）试件养生

①应按规定的标准养生方法进行7d的标准养生（温度为20℃ ±2℃，湿度为≥95%），最后一天浸水。

②在养生的最后一天，将试件取出，观察试件的边角有无磨损和缺块，并量高称质量，然后

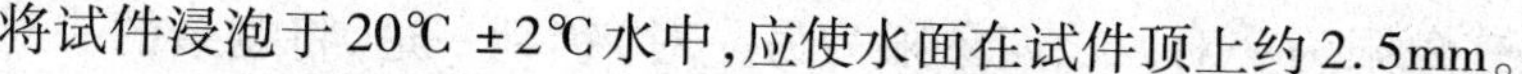

将试件浸泡于20℃ ±2℃水中,应使水面在试件顶上约2.5mm。

③如在养生期间,试件有明显的边角缺损,应予作废;在养生期间,试件质量的损失应该符合下列规定:小试件不超过1g;中试件不超过4g;大试件不超过10g。质量损失超过此规定的试件,应予作废。

(3)无侧限抗压强度试验

①根据试验材料的类型和一般的工程经验,选择合适量程的测力计和试验机,对被测试件施加的压力应在量程的20% ~80%范围内。球形支座和上下顶板涂上机油,使球形支座能够灵活转动。

②将已浸水一昼夜的试件从水中取出,用软布吸去试件表面的水分,并称试件的质量 m_4。

③用游标卡尺测量试件的高度 h,精确到0.1mm。

④将试件放到路面材料强度试验仪或压力机上,并在升降台上先放一扁球座,进行抗压试验。试验过程中,应保持加载速率为1mm/min。记录试件破坏时的最大压力 P,单位为N。

⑤从试件内部取有代表性的样品(经过打破),按规定方法测定其含水率 w。

(4)计算

试件的无侧限抗压强度 R_c 计算:$R_c = P/A$,单位:MPa。试件的截面积 $A = \pi D^2/4$,单位为 mm^2。

(5)结果整理

①抗压强度保留一为小数。

②同一组试件试验中,采用3倍均方差方法剔除异常值,小试件可以允许有1个异常值,中试件1 ~2个异常值,大试件2 ~3个异常值。异常值数量超过上述规定的试验重做。

③同一组试件试验的变异系数(%)应符合下列规定,方为有效试验:小试件≤6%,中试件≤10%,大试件≤15%。如不能保证试验结果的 C_V 小于规定值,则应按允许差10%和90%概率重新计算所需的试件数量,增加试件数量并另做新试验。新试验结果与老试验结果一并重新进行统计评定,直到变异系数满足上述规定。

69. 答:无机结合料稳定材料的取样方法如下:

1)适用范围

无机结合料稳定材料的取样方法适用于无机结合料稳定材料室内试验、配合比设计以及施工过程中的质量抽查等。

2)分料

可以采用四分法、分料器法,将整个样品缩小到每个试验所需材料的合适质量。

(1)四分法

①需要时应加清水使主样品变湿。充分拌和主样品:在一块清洁、平整、坚硬的表面上将试料堆成一个圆锥体,用铲翻动此锥体并形成一个新锥体,这样重复进行3次。在形成每一个锥体堆时,铲中的料要放在锥顶,使滑到边部的那部分料尽可能分布均匀,使锥体的中心不移动。

②将平头铲反复交错垂直插入最后一个锥体的顶部,使锥体顶变平,每次插入后提起铲时不要带有试料。沿两个垂直的直径,将已变成平顶的锥体料堆分成四部分,尽可能使这四部分料的质量相同。

③将对角的一对料(如一、三象限为一对,二、四象限为另一对)铲到一边,将剩余的一对料铲到一块。重复上述拌和以及缩小的过程,直到达到要求的试样质量。

(2)分料器法

如果集料中含有粒径2.36mm以下的细料,材料应该是表面干燥的。将材料充分拌和后通过分料器,保留一部分,将另一部分再次通过分料器。这样重复进行,直到将原样品缩小到需要的质量。

3)料堆取料

在料堆的上部、中部和下部各取一份试样,混合后按四分法分料取样。

4)试验室分料

(1)目标配合比阶段各种石料应逐级筛分,然后按设定级配进行配料。

(2)生产配合比阶段可采用四分法分料,且取料总质量应大于分料取样后每份质量的4~8倍。

5)施工过程中混合料取样

(1)在进行混合料验证时,宜在摊铺机后取料,且取料应分别来源于3~4台不同的料车,然后混合到一起进行四分法取样,进行无侧限抗压强度成型及试验。

(2)在评价施工离散性时,宜在施工现场取料。应在施工现场的不同位置按随机取样的原则分别取样品,对于结合料剂量还需要在同一位置的上层和下层分别取样,试样应单独成型。

70. 答:无机结合料稳定材料CBR试验步骤如下:

1)试样准备

在预定做击实试验的前一天,取有代表性的试料测定其风干含水率。

2)试验步骤

(1)称量试筒本身质量m_1,将试筒固定在底板上,将垫块放入筒内,并在垫块上放一张滤纸,安上套环。

(2)将1份试料,击实求试料的最大干密度和最佳含水率。

(3)将其余3份试料按最佳含水率制备3个试件。将1份试料平铺于金属盘内,按事先计算得到的该份试料应加的水量均匀地喷洒在试料上。

用小铲将试料充分拌和到均匀状态,然后装入密闭容器或塑料口袋内,浸润备用。

浸润时间:重黏土不得少于24h;轻黏土可缩短到12h;砂土可缩短到1h;天然砂砾可缩短到2h左右。

制备每个试件时,都要取样测定试料的含水率。

(4)将试筒放在坚硬的地面上,取备好的试样分3~5次倒入筒内(视最大料径而定)。按五层法时,每层需试样约900g(细粒土)~1100g(粗粒土);按三层法时,每层需试样1700g左右(其量应使击实后的试样高出1/3筒高1~2mm)。整平表面,并稍加压紧,然后按规定的击数进行第一层试样的击实,击实时锤应自由垂直落下,锤迹必须均匀分布于试样面上。第一层击实完后,将试样层面"拉毛",然后再装入套筒,重复上述方法进行其余每层试样的击实。大试筒击实后,试样不宜高出筒高10mm。

(5)卸下套环,用直刮刀沿试筒顶修平击实的试件,表面不平整处用细料修补。取出垫块,称量试筒和试件的质量 m_2。

(6)泡水测膨胀量的步骤如下:

①在试件制成后,取下试件顶面的破残滤纸,放一张好滤纸,并在其上安装附有调节杆的多孔板,在多孔板上加 4 块荷载板。

②将试筒与多孔板一起放入槽内(先不放水),并用拉杆将模具拉紧,安装百分表,并读取初读数。

③向水槽内放水,使水自由进到试件的顶部和底部。在泡水期间,槽内水面应保持在试件顶面以上大约 25mm。通常试件要泡水 4 昼夜。

④泡水终了时,读取试件上百分表的最终读数,并用下式计算膨胀量:

$$膨胀量 = \frac{泡水后试件高度变化}{原试件高度(120mm)} \times 100\%$$

⑤从水槽中取出试件,倒出试件顶面的水,静置 15min,让其排水,然后卸去附加荷载、多孔板、底板和滤纸,并称量 m_3,以计算试件的湿度和密度的变化。

(7)贯入试验

①将泡水试验终了的试件放到路面材料强度试验仪的升降台上,调整偏球座使贯入杆与试件顶面全面接触,在贯入杆周围放置 4 块荷载板。

②先在贯入杆上施加 45N 荷载,然后将测力和测变形的百分表的指针都调整至零点。

③加荷使贯入杆以 1 ~ 1.25mm/min 的速度压入试件,记录测力计内百分表某些整读数(如 20、40、60)时的贯入量,并注意使贯入量为 250×10^{-2}时,能有 5 个以上的读数。因此,测力计内的第一个读数应是贯入量 30×10^{-2}mm 左右。

3)结果整理

(1)以单位压力 P 为横坐标,贯入量 L 为纵坐标,绘制 P—L 关系曲线,若曲线开始段是凹曲线,则需要进行修正。修正时,在变曲率点引一切线,与纵坐标交于 O'点,O'即为修正后的原点。

(2)一般采用贯入量为 2.5mm 时的单位压力与标准压力(7.0MPa)之比,作为材料的承载比 CBR,即 $CBR = (P_{2.5}/7.0) \times 100\%$。

同时计算贯入量为 5mm 时的承载比:$CBR = (P_{5.0}/10.5) \times 100\%$。

一般采用 $CBR_{2.5}$,如 $CBR_5 > CBR_{2.5}$,则试验重做。结果仍然如此,则采用 CBR_5。

4)精度要求

如根据 3 个平行试验结果计算得到的承载比变异系数大于 12%,则去掉一个偏离大的值,取其余 2 个结果的平均值。如 C_v 小于 12%,且 3 个平行试验结果计算的干密度偏差小于 0.03g/cm^3,则取 3 个结果的平均值。如 3 个试验结果计算的干密度偏差超过 0.03g/cm^3,则去掉 1 个偏离大的值,取其余 2 个结果的平均值。

71. 答:1)标准养生方法的试验步骤

(1)试件从试模内脱出并量高称质量后,中试件和大试件应装入塑料袋内,试件装入塑料袋后,将袋内的空气排除干净,扎紧袋口,将包好的试件放入养护室。

(2)标准养生的温度为 20℃ ±2℃,标准养生的湿度为≥95%。试件宜放在铁架或木架上，间距至少 10 ~ 20mm。试件表面应保持一层水膜，并避免用水直接冲淋。

（3）对无侧限抗压强度试验，标准养生龄期是 7d，最后一天浸水。对弯拉强度、间接抗拉强度，水泥稳定材料类的标准养生龄期是 90d，石灰稳定材料类的标准养生龄期是 180d。

（4）在养生期的最后一天，将试件取出，观察试件的边角有无磨损和缺块，并量高称质量，然后将试件浸泡于 20℃ ±2℃水中，应使水面在试件顶上约 2.5cm。

（5）如在养生期间，试件有明显的边角缺损，应予作废；在养生期间，试件质量的损失应该符合下列规定：小试件不超过 1g；中试件不超过 4g；大试件不超过 10g。质量损失超过此规定的试件，应予作废。

2）快速养生方法的试验步骤

（1）快速养生龄期的确定

①将一组无机结合料稳定材料，在标准养生条件下（20℃ ±2℃，湿度≥95%）养生 180d（石灰稳定类材料养生 180d，水泥稳定类材料养生 90d），测试抗压强度值。

②将同样的一组无机结合料稳定材料，在高温养生条件下（60℃ ±1℃，湿度≥95%）养生 7d、14d、21d、28d 等，进行不同龄期的抗压强度试验，建立高温养生条件下强度 - 龄期的相关关系。

③在强度—龄期关系曲线上，找出标准养生长龄期强度对应的高温养生的短龄期。并以此作为快速养生的龄期。

（2）快速养生试验步骤

①将高温养护室的温度调至规定的温度 60℃ ±1℃，湿度也保持在 95% 以上，并能自动控温控湿。

②将制备的试件量高称质量后，小心装入塑料袋内。试件装入塑料袋后，将袋内的空气排除干净，并将袋口扎紧，将包好的试件放入养护箱中。

③养生期的最后一天，将试件从高温养护室内取出，晾至室温（约 2h），再打开塑料袋取出试件，观察试件有无缺损，量高称质量后，浸入 20℃ ±2℃恒温水槽中，水面高出试件顶2.5cm。浸水 24h 后，取出试件，用软布擦去可见自由水，称质量、量高后，立即进行相关的试验。

（3）如在养生期间，试件有明显的边角缺损，应予作废；在养生期间，对养生 90d 和 180d 的试件，质量损失应该符合下列规定：小试件不超过 1g；中试件不超过 10g；大试件不超过 20g。质量损失超过此规定的试件，应予作废。

72. 答：静力压实法成型无侧限抗压强度试件的步骤如下：

（1）试料准备

①将具有代表性的风干试料（必要时，可以在 50℃烘箱内烘干）用木锤捣碎或用木碾碾碎，但应避免破坏粒料的原粒径。按照公称最大粒径的大一级筛，将土过筛并进行分类。

②在预定做试验的前一天，取有代表性的试料测定其风干含水率。对于细粒土、中粒土和粗粒土，试样分别应不少于 100g、1 000g 和 2 000g。

③按规定方法确定无机结合料混合料的最佳含水率和最大干密度。

④根据击实结果，称取一定质量的风干土，其数量随试件大小而变。对 ϕ50mm ×50mm 的试件，1 个试件需干土 180 ~ 210g；对 ϕ100mm ×100mm 的试件，1 个试件需干土 1 700 ~ 1 900g；对 ϕ150mm ×150mm 的试件，1 个试件需干土 5 700 ~ 6 000g。

对于细粒土，可以一次称取 6 个试件的土；对于中粒土，一次宜称取 1 个试件的土；对于粗粒土，一次只称取 1 个试件的土。

⑤将准备好的试样分别装入塑料袋中备用。

（2）试验步骤

①调试成型所需的各种设备，检查是否运行正常；将成型用的模具擦拭干净，并涂抹机油。试模筒、上下垫块等应配套，并满足试验要求。

②对于无机结合料稳定细粒土，至少应该制备 6 个试件；对于无机结合料稳定中粒土和粗粒土，至少分别应该制备 9 个和 13 个试件。

③根据击实结果和无机结合料的配合比计算每份料的加水量、无机结合料的质量。

④将称好的土放在长方盘内。向土中加水拌料、闷料。除水泥稳定土外，可将石灰或粉煤灰和土一起拌和，将拌和均匀后的试料放在密闭容器或塑料袋（封口）内浸润备用。

对于细粒土（特别是黏性土），润湿时的含水率应比最佳含水率小 3%；对于中粒土和粗粒土，可按最佳含水率加水；对于水泥稳定类材料，加水量应比最佳含水率小 1% ~2%。

应加水量计算公式为：

$$m_w = \left(\frac{m_n}{1+0.01w_n} + \frac{m_c}{1+0.01w_c}\right)\times 0.01w - \frac{m_n}{1+0.01w_n}\times 0.01w_n - \frac{m_c}{1+0.01w_c}\times 0.01w_c$$

其中，混合料中素土（或集料）的质量为 m_n、测得的原始含水率（即风干含水率）为 w_n，混合料中水泥或石灰的质量为 m_c、测得的原始含水率为 w_c，要求达到的混合料的含水率为 w。

浸润时间要求：黏质土 12 ~24h，粉质土 6 ~8h，砂类土、砂砾土、红土砂砾、级配砂砾等可缩短到 4h 左右，含土很少的未筛分碎石、砂砾和砂可缩短到 2h。浸润时间一般不超过 24h。

⑤在试件成型前 1h 内，加入预定数量的水泥并拌和均匀。在拌和过程中，应将预留的水（对于细粒土为 3%，对水泥稳定类为 1% ~2%）加入土中，使混合料达到最佳含水率。拌和均匀的加有水泥的混合料应在 1h 内按下述方法制成试件，超过 1h 的混合料应该作废。其他结合料稳定土的混合料虽不受此限制，但也应尽快制成试件。

⑥用反力框架和液压千斤顶制件，或采用压力试验机。

将试模配套的下垫块放入试模的下部，但外露 2cm 左右。将称量的规定数量 m_2 的稳定材料混合料分 2 ~3 次灌入试模中，每次灌入后用夯棒轻轻均匀插实。如制备的是 ϕ50mm ×50mm 的小试件，则可以将混合料一次倒入试模中，然后将与试模配套的上垫块放入试模内，也应使其外露 2cm 左右（即上、下垫块露出试模外的部分应该相等）。

⑦将整个试模（连同上、下垫块）放到反力框架内的千斤顶上（千斤顶下应放一扁球座）或压力机上，以 1mm/min 的加载速率加压，直到上、下垫块都压入试模为止。维持压力 2min。

⑧解除压力后，取下试模，并放到脱模器上将试件顶出。对水泥稳定黏质土，制件后可立即脱模；对水泥稳定无黏结性的细粒土，最好过 2 ~4h 再脱模；对中、粗粒土的无机结合料稳定材料，也最好过 2 ~6h 脱模。

⑨在脱模器上取试件时，应用双手抱住试件侧面的中下部，然后沿水平方向轻轻旋转，待感觉到试件移动后，再将试件轻轻捧起，放置到试验台上。切勿直接将试件向上捧起。

⑩称取试件的质量 m_2，小试件精确至 0.01g；中试件精确到 0.01g；大试件精确到 0.1g。

然后用游标卡尺测量试件高度 h，精确到0.1mm。检查试件的高度和质量，不满足成型标准的试件作为废件。

高度误差：小试件、中试件、大试件的高度误差范围应分别为 -0.1 ~ 0.1cm、-0.1 ~ 0.15cm和 -0.1 ~0.2cm。

质量损失：小试件、中试件、大试件分别应不超过5g、25g 和 50g。

⑪试件称量后应立即放在塑料袋中封闭，并用潮湿的毛巾覆盖，移放至养护室。

(3)计算

①单个试件的标准质量为：$m_0 = V \times \rho_{max} \times (1 + w_{opt}) \times \gamma$，单位为 g。其中，$V$ 为试件体积，w_{opt} 为混合料最佳含水率，ρ_{max} 为混合料最大干密度，γ 为混合料压实度标准。

②考虑到成型过程中的质量损耗，实际操作过程中每个试件的质量可增加 0 ~ 2%，即：$m'_0 = m_0 \times (1 + \delta)$，其中 δ 为计算混合料质量的冗余量。

73. 答：普通钢筋拉伸性能试验的步骤如下：

(1)原始截面积的测定。宜在试样平行长度中心区域以足够的点数测量试样的相关尺寸，计算平均原始截面积 A。

(2)原始标距的标记。根据钢筋直径 d_0 确定钢筋试样的原始标距 L_0，并标记。

(3)使用满足准确度要求的试验机，选择合适的测力量程，调整好自动记录装置。并设定试验力零点。

(4)选择合适的夹持方法，将试样安装在试验机上。并选择合适的试验方法与速率（应变速率控制或应力控制速率的试验速率），开动试验机进行缓慢匀速加载。

(5)屈服强度的测定

上屈服强度测定，可以从力—延伸曲线图或峰值力显示器上测得，定义为力首次下降前的最大力值对应的应力。

下屈服强度测定，可以从力—延伸曲线上测得，定义为不计初始瞬时效应时屈服阶段中的最小力 F_s 所对应的应力。下屈服强度 $\sigma_s = F_s/A$，即为屈服强度（或称为屈服点）。

(6)抗拉强度测定：读取试验过程中的最大力 F_b，相应最大力对应的应力为抗拉强度，即 $\sigma_b = F_b/A$。

(7)断后伸长率的测定：为了测定断后伸长率，应将试样断裂的部分仔细地配接在一起使其轴线处于同一直线上，并采取特别措施确保试样断裂部分适当接触后测量试样断后标距 L_1。伸长率 $\delta = \dfrac{L_1 - L_0}{L_0} \times 100\%$ 。

74. 答：(1)冷弯试验步骤

①冷弯试验可采取弯曲至规定的弯曲角度、弯曲至两臂相距规定距离且相互平行、弯曲至两臂直接接触三种方法之一完成。

②试样弯曲至规定弯曲角度试验，应将试样放于两支辊或 V 形模具上，试样轴线应与弯曲压头轴线垂直，弯曲压头在两支座之间的中点处对试样连续施加力使其弯曲，直至达到规定的弯曲角度。

③试样弯曲至两臂相距规定距离且相互平行的试验，首先对试样进行初步弯曲，然后将试样置于两平行压板之间，连续施加力压其两端使进一步弯曲，直至两臂平行。试验时可以加或

不加内置垫块。

④试样弯曲至两臂直接接触的试验，首先对试样进行初步弯曲，然后将试样置于两平行压板之间，连续施加力压其两端使进一步弯曲，直至两臂直接接触。

（2）试验结果评定

应按照相关产品标准的要求评定弯曲试验结果。如未规定具体要求，弯曲试验后不使用放大仪器观察，试样弯曲外表面无可见裂纹应评定为合格。

75. 答：钢筋焊接接头的拉伸试验方法如下：

（1）按规定取用各种钢筋焊接接头的拉伸试样尺寸。

（2）根据钢筋的级别和直径，应选用适配的拉力试验机或万能试验机。

（3）夹紧装置应根据试样规格选用，在拉伸过程中不得与钢筋产生相对滑移。

（4）在使用预埋件 T 形接头拉伸试验吊架时，应将拉杆夹紧于试验机的上钳口内，试样的钢筋应穿过垫板放入吊架的槽孔中心，钢筋下端应夹紧于试验机的下钳口内。

（5）试验前应采用游标卡尺复核钢筋的直径。

（6）用静拉伸力对试样轴向拉伸时应连续而平稳，加载速率宜为 10～30MPa/s，将试样拉至断裂（或出现缩颈），可从测力盘上读取最大力或从拉伸曲线图上确定试验过程中的最大力。

（7）试验中，当试验设备发生故障或操作不当而影响试验数据时，试验结果应视为无效。

（8）当在试样断口上发现气孔、夹渣、未焊透、烧伤等焊接缺陷时，应在试验记录中注明。

（9）抗拉强度应按下式计算：$\sigma_b = F_b/S_0$，其中，F_b 为最大力，S_0 为试样公称截面面积。

76. 答：钢筋焊接接头弯曲试验的步骤如下：

（1）试样的长度宜为两支辊内侧距离另加 150mm。

（2）应将试样受压面的金属毛刺和镦粗变形部分去除至与母材外表齐平。

（3）弯曲试验可在压力机或万能试验机上进行。

（4）进行弯曲试验时，试样应放在两支点上，并应使焊缝中心与压头中心线一致，应缓慢地对试样施加弯曲力，直至达到规定的弯曲角度或出现裂纹、破断为止。

（5）压头弯心直径按规定选取，弯曲角度应为 90°。

（6）在试验过程中，应采取安全措施，防止试样突然断裂伤人。

（7）试验记录应包括下列内容：弯曲后试样受拉面有无裂纹、断裂时的弯曲角度、断口位置及特征、有无焊接缺陷。

77. 答：坚固性是用于评价粗集料抗冻性的一项指标。是采用硫酸钠坚固性法的一种快速测定粗集料抗冻性的方法。

粗集料坚固性试验的要点如下：

（1）按规定取样，并将试样缩分至规定的试验数量，用水淋洗干净，放在干燥箱中于 105℃ ± 5℃下烘干至恒量，待冷却至室温后，筛除小于 4.75mm 的颗粒，然后按规定进行筛分后备用。

（2）根据试样的最大粒径，称取规定数量试样 1 份（G_1），精确至 1g，将不同粒级的试样分别装入网篮，并浸入盛有硫酸钠溶液的容器中，溶液的体积应不小于试样总体积的 5 倍。网篮浸入溶液时，应上下升降 25 次，以排除试样的气泡，然后静置于该容器中，网篮底面应距离容器底面约 30mm，网篮之间距离应不小于 30mm，液面至少高出试样表面 30mm，溶液温度应保持在 20 ~ 25℃。

(3)浸泡 20h 后,把装试样的网篮从溶液中取出,放在干燥箱中于 105℃ ±5℃烘干 4h,至此,完成了第一次试验循环,待试样冷却至 20 ~ 25℃后,再按上述方法进行第二次循环。从第二次循环开始,浸泡与烘干时间均为 4h,共循环 5 次。

(4)最后一次循环后,用清洁的温水淋洗试样,直至淋洗试样后的水加入少量氯化钡溶液不出现白色浑浊为止,洗过的试样放在干燥箱中于 105℃ ±5℃下烘干至恒量。待冷却至室温后,用孔径为试样粒级下限的筛过筛,称出各粒级试样试验后的筛余量,精确至 0.1g。

(5)结果计算:各粒级试样质量损失百分率 $P_i = \frac{G_1 - G_2}{G_2} \times 100$,精确至 0.1% 。

78. 答:1)矿粉筛分试验的方法

采用水洗法进行矿粉筛分试验。

2)试验目的

测定矿粉的颗粒级配。同时适用于测定供拌制沥青混合料用的其他填料(如水泥、石灰、粉煤灰)的颗粒级配。

3)试验步骤:

(1)将矿粉试样放入 105℃ ±5℃烘箱中烘干至恒重,冷却,称取 100g,准确至 0.1g。如有矿粉团粒存在,可用橡皮头研杵轻轻研磨粉碎。

(2)将 0.075mm 筛装在筛底上,仔细倒入矿粉,盖上筛盖。手工轻轻筛分,至大体上筛不下去为止。存留在筛底上的小于 0.075mm 部分可弃去。

(3)除去筛盖和筛底,按筛孔大小顺序套成套筛。将存留在 0.075mm 筛上的矿粉倒回 0.6mm筛上,在自来水龙头下方接一胶管,打开自来水,用胶管的水轻轻冲洗矿粉过筛,0.075mm筛下部分任其流失,直至流出的水色清澈为止。水洗过程中,可以适当用于扰动试样,加速矿粉过筛,待上层筛冲干净后,取去 0.6mm 筛,接着从 0.3mm 筛或 0.15mm 筛上冲洗,但不得直接冲洗 0.075mm 筛。

(4)分别将各筛上的筛余反过来用小水流仔细冲洗入各个搪瓷盘中,待筛余沉淀后,稍稍倾斜搪瓷盘,仔细除去清水,放入 105℃ ±5℃烘箱中烘干至恒重。称取各号筛上的筛余量,准确至 0.1g。

4)计算

分计筛余百分率、累计筛余百分率、通过百分率,精确至 0.1% 。

以 2 次平行试验结果的平均值作为试验结果。各号筛的通过率相差不得大于 2% 。

79. 答:1)水泥烧失量试验(采用灼烧差减法)

(1)烧失量测定原理:试样在 950℃ ±25℃高温炉中灼烧,驱除二氧化碳和水分,同时将存在的易氧化的元素氧化。通常矿渣硅酸盐水泥应对由硫化物的氧化引起的烧失量的误差进行校正,而其他元素的氧化引起的误差一般可忽略不计。

(2)测定方法:

①分析步骤:称取约 1g 试样(m_7),精确至 0.0001g,放入已灼烧恒量的瓷坩埚中,将盖斜置于坩埚上,放在高温炉内,从低温开始逐渐升温,在 950℃ ±25℃下灼烧 15 ~ 20min,取出坩埚置于干燥器中,冷却至室温,称其质量。反复灼烧,直至恒量。灼烧后试样的质量为 m_8。

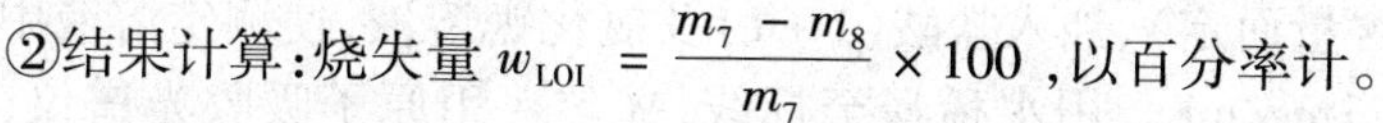

②结果计算：烧失量 $w_{LOI}=\dfrac{m_7-m_8}{m_7}\times 100$，以百分率计。

2）水泥三氧化硫含量试验（采用硫酸钡重量法）

（1）三氧化硫测定原理：在酸性溶液中，用氯化钡溶液沉淀硫酸盐，经过滤灼烧后，以硫酸钡形式称量。测定结果以三氧化硫计。

（2）测定方法：

①分析步骤：准确称取约 0.5g 试样（m_{11}），精确至 0.0001g，置于 200mL 烧杯中，加入约 40mL 水，搅拌使试样完全分散，在搅拌下加入 10mL 盐酸（1+1），用平头玻璃棒压碎块状物，加热煮沸并保持微沸 5min±0.5min。用中速滤纸过滤，用热水洗涤 10～12 次，滤液及洗液收集于 400mL 烧杯中。加水稀释至约 250mL，玻璃棒底部压一小片定量滤纸，盖上表面皿，加热煮沸，在微沸下从杯口缓慢滴加 10mL 热的氯化钡溶液，继续微沸 3min 以上使沉淀良好地形成，然后在常温下静置 12～24h 或温热处静置至少 4h（仲裁分析应在常温下静置 12～24h），此时溶液体积应保持在约 200mL。用慢速定量滤纸过滤，以温水洗涤，直至检验无氯离子为止。

将沉淀及滤纸一并移入已灼烧恒量的瓷坩埚中，灰化完成后，放入 800～900℃的高温炉内灼烧 30min，取出坩埚，置于干燥器中冷至室温，称量。反复灼烧，直至恒量。灼烧后沉淀物的质量为 m_{12}。

②结果计算：三氧化硫含量 $w_{SO_3}=\dfrac{m_{12}\times 0.343}{m_{11}}\times 100$，以百分率计。其中 0.343 为硫酸钡对三氧化硫的换算系数。

3）水泥氧化镁含量试验（采用原子吸收光谱法）

（1）氧化镁测定原理：以氢氟酸—高氯酸分解或氢氧化钠熔融—盐酸分解试样的方法制备溶液，用锶盐消除硅、铝、钛等对镁的干扰，在空气—乙炔火焰中，于波长 285.2nm 处测定溶液的吸光度。

（2）测定方法：

①分析步骤：

a. 氢氟酸—高氯酸分解试样：准确称取约 0.1g 试样（m_{19}），精确至 0.0001g，置于铂坩埚（或铂皿）中，加入 0.5～1mL 水润湿，加入 5～7mL 氢氟酸和 0.5mL 高氯酸，放入通风橱内低温电热板上加热，近干时摇动铂坩埚以防溅失。待白色浓烟完全驱尽后，取下冷却。加入 20mL 盐酸（1+1），温热至溶液澄清，冷却后，移入 250mL 容量瓶中，加入 5mL 氯化锶溶液，用水稀释至标线，摇匀。此溶液 C 供原子吸收光谱法测定氧化镁、三氧化二铁、氧化钾和氧化钠、一氧化锰用。

b. 氢氧化钠熔融—盐酸分解试样：准确称取约 0.1g 试样（m_{20}），精确至 0.0001g，置于铂坩埚中，加入 3～4g 氢氧化钠，盖上坩埚盖（留有缝隙），放入高温炉中，在 750℃的高温下熔融 10min，取出冷却。将坩埚放入已盛有约 100mL 沸水的 300mL 烧杯中，盖上表面皿，待熔块完全浸出后（必要时适当加热），取出坩埚，用水冲洗坩埚和盖。在搅拌下一次加入 35mL 盐酸（1+1），用热盐酸（1+9）洗净坩埚和盖。将溶液加热煮沸，冷却后，移入 250mL 容量瓶中，用水稀释至标线，摇匀。此溶液 D 供原子吸收光谱法测定氧化镁用。

c. 氧化镁测定：从溶液 C 或溶液 D 中吸收一定量的溶液放入容量瓶中（试样溶液的分取

量及容量瓶的容积视氧化镁的含量而定），加入盐酸（1+1）及氯化锶溶液，使测定溶液中盐酸的体积分数为6%，锶的浓度为1mg/mL。用水稀释至标线，摇匀。用原子吸收光谱仪，在空气-乙炔火焰中，用镁空心阴极灯，于波长285.2nm处，在相同仪器条件下测定溶液的吸光度，在工作曲线上查出氧化镁的浓度（c_1）。

②结果计算：氧化镁 $w_{MgO}=\dfrac{c_1\times V_{19}\times n}{m_{21}\times 1000}\times 100=\dfrac{c_1\times V_{19}\times n\times 0.1}{m_{21}}$，以百分率计。式中，$V_{19}$为测定溶液的体积（mL）；$n$ 为全部试样溶液与所分取试样溶液的体积比；m_{21}为 m_{19}或 m_{20}中试料的质量（g）。

80. 答：1）水泥胶砂流动的意义

对于需水量较大的水泥（如火山灰水泥、粉煤灰水泥、复合水泥和掺火山灰质混合材的普通水泥）进行胶砂强度检验时，其用水量应按0.50水灰比和胶砂流动度不小于180mm来确定。

因此，本方法适用于火山灰硅酸盐水泥、复合硅酸盐水泥和掺有火山灰的普通硅酸盐水泥、矿渣硅酸盐水泥及指定采用本方法的其他品种水泥的胶砂流动度测定。

2）水泥胶砂流动度的测定方法

（1）如跳桌在24h内未被使用，先空跳一个周期25次。

（2）在制备胶砂的同时，用潮湿棉布擦拭跳桌台面、试模内壁、捣棒以及与胶砂接触的用具，将试模放在跳桌台面中央并用潮湿棉布覆盖。

（3）将拌好的胶砂分两层迅速装入流动试模，第一层装至截锥圆模高度约2/3处，用小刀在相互垂直的两个方向上各划5次，用捣棒由边缘至中心均匀捣压15次，之后装第二层胶砂，装至高出截锥圆模约20mm，用小刀在相互垂直的两个方向上各划5次，再用捣棒由边缘至中心均匀捣压10次。捣压后应使胶砂略高于截锥圆模。捣压深度，第一层捣至胶砂高度的1/2，第二层捣实不超过已捣实底层表面。装胶砂和捣压时，用手扶稳试模，不要使其移动。

（4）捣压完毕，取下模套，用小刀由中间向边缘分两次以近水平的角度将高出截锥圆模的胶砂刮去并抹平，擦去落在桌面上的胶砂。将截锥圆模垂直向上轻轻提起，立刻开动跳桌，每秒钟一次，在25s±1s内完成25次跳动。

（5）跳动完毕，用卡尺测量胶砂底面最大扩散直径及与其垂直方向的直径，计算平均值，精确至1mm，即为该水量下的水泥胶砂流动度。

流动度试验，从胶砂拌和开始到测量扩散直径结束，须在6min内完成。

（6）电动跳桌与手动跳桌测定的试验结果发生争议时，以电动跳桌为准。

81. 答：1）沥青三种黏度的区别

（1）沥青的动力黏度：适用于测定60℃，真空度为40kPa的黏稠沥青的动力黏度，表示沥青的绝对黏度。

（2）沥青运动黏度：适用于测定黏稠沥青、液体沥青以及蒸馏后残留物的运动黏度，一些国家作为划分黏稠石油沥青与液体沥青标号的一个指标。

（3）沥青旋转粘度：适用于测定道路沥青在45℃以上温度范围内的表观黏度。

2）试验方法

（1）沥青动力黏度试验方法，采用真空减压毛细管法。试验步骤如下：

①按规定做好准备工作。

②将加热的黏度计置一容器中，然后将热沥青试样自装料管 A 注入毛细管黏度计，试样应不致粘在管壁上，并使试样液面在 E 标线处 ±2mm 之内。

③将装好试样的毛细管黏度计放回电烘箱(135℃ ±5℃)中，保温 10min ±2min，以使管中试样所产生气泡逸出。

④从烘箱中取出 3 支毛细管黏度计，在室温条件下冷却 2min 后，安装在保持试验温度的恒温水槽中，其位置应使 I 标线在水槽液面以下至少为 20mm。自烘箱中取出黏度计，至装好放入恒温水槽的操作时间应控制在 5min 之内。

⑤将真空系统与黏度计连接，关闭活塞或阀门。

⑥开动真空泵或抽气泵，使真空度达到 40kPa ±66.5Pa(300mmHg ±0.5mmHg)。

⑦黏度计在恒温水槽中保持 30min 后，打开连接减压系统阀门，当试样吸到第一标线时同时开动两个秒表，测定通过连续的一对标线间隔时间，准确至 0.1s，记录第一个超过 60s 的标线符号及间隔时间。

⑧按此方法对另两支黏度计做平行试验。

⑨试验结束后，从恒温水槽中取出毛细管，按要求顺序进行清洗。

⑩沥青试样的动力黏度计算：$\eta = K \cdot t$，式中，K 为选择的第一对超过 60s 的一对标线间的黏度计常数(Pa · s/s)；t 为通过第一对超过 60s 标线的时间间隔(s)。

一次试验的 3 支黏度计平行试验结果的误差应不大于平均值的 7%，否则，应重新试验。符合此要求时，取 3 支黏度计测定结果的平均值作为沥青动力黏度的测定值。

重复性试验的允许误差为平均值的 7%，再现性试验的允许误差为平均值的 10%。

(2)沥青运动黏度试验方法，采用毛细管法。试验步骤如下：

①按规定做好准备工作。

②将黏度计预热至试验温度后取出垂直倒置，使毛细管 N 通过橡皮管浸入沥青试样中。在管 L 的管口接一橡皮球(或水流泵)吸气，使试样经毛细管 N 充满 D 球并充满至 G 处后，用夹子夹住 N 管上的橡皮管，取出 N 管并迅速揩干 N 管口外部所黏附试样，并将黏度计倒转恢复到正常位置。然后用夹子夹紧 L 管上橡皮球的皮管。

③将黏度度计移入恒温水槽或油浴(试验温度 ±0.1℃)中，用橡皮夹子将 L 管夹持固定，并使 L 管保持垂直。注意，夹持时，D 球须浸入水或油面下至少 20mm。

④放松 L 管夹子，使试样流入 A 球达一半时夹住夹子，试样停止流动。然后在恒温浴中保温 30min 后，放松 L 管夹子，让试样依靠重力流动。当试样弯液面达到标线 E 时，开动秒表，当试样液面流经标线 F 及 J 时，读取秒表，分别记录试样流经标志 E 到 F 和 F 到 J 的时间，准确至 0.1s。如试样流经时间小于 60s，应改选另一个毛细管直径较小的黏度计，重复上述操作。

⑤计算：流经 C、J 测定球的运动黏度分别为：$v_C = C_C \times t_C$，$v_J = C_J \times t_J$，式中，C_C、C_J 为 C、J 球的黏度计标定常数(mm^2/s^2)；t_C、t_J 为试样流经 C、J 球的时间(s)。

当 v_C 及 v_J 之差不超过平均值的 3% 时，试样的运动黏度按式 $v_T = \frac{v_C + v_J}{2}$ 计算(v_T 为试样在温度 T℃时的运动黏度)；当 v_C 及 v_J 之差超过平均值的 3% 时，试验应重新进行。

试样至少用2根毛细管平行试验2次，取平均值作为试验结果。

(3)沥青旋转黏度试验，采用布洛克菲尔德黏度计法，即布氏旋转黏度方法。试验步骤如下：

①按标准方法准备沥青试样，分装在盛样容器中，在烘箱中加热至软化点以上100℃左右保温30～60min备用，对改性沥青尤应注意去除气泡。

②仪器在安装时必须调至水平，使用前应检查仪器的水准器气泡是否对中。开启黏度计温度控制器电源，设定温度控制系统至要求的试验温度。此系统的控温准确度应在使用前严格标定。

③根据估计的沥青黏度，按仪器说明书规定的不同型号的转子所适用的速率和黏度范围，选择适宜的转子。

④取出沥青盛样容器，适当搅拌，按转子型号所要求的体积向黏度计的盛样筒中添加沥青试样，根据试样的密度换算成质量。加入沥青试样后的液面应符合不同型号转子的规定要求，试样体积应与系统标定时的标准体积一致。

⑤将转子与盛样筒一起置于已控温至试验温度的烘箱中保温，维持1.5h。当试验温度较低时，可将盛样筒试样适当放冷至稍低于试验温度后再放人烘箱中保温。

⑥取出转子和盛样筒安装在黏度计上，降低黏度计，使转子插进盛样筒的沥青液面中至规定的高度。

⑦使沥青试样在恒温容器中保温，达到试验所需的平衡温度(不少于15min)。

⑧按仪器说明书的要求选择转子速率，例如在135℃测定时，对RV、HA、HB型黏度计可采用20r/min，对LV型黏度计可采用12r/min，在60℃测定可选用0.5r/min等。开动布洛克菲尔德黏度计，观察读数，扭矩读数应在10%～98%范围内。在整个测量黏度过程中，不得改变设定的转速。仪器在测定前是否需要归零，可按操作说明书规定进行。

⑨观测黏度变化，当小数点后面2位读数稳定后，在每个试验温度下，每隔60s读数一次，连续读数3次，以3次读数的平均值作为测定值。

⑩对每个要求的试验温度，重复以上过程进行试验。试验温度宜从低到高进行，盛样筒和转子的恒温时间应不小于1.5h。

⑪如果在试验温度下的扭矩读数不在10%～98%的范围内，必须更换转子或降低转子转速后重新试验。

⑫利用布洛克菲尔德黏度计测定不同温度的表观黏度，绘制黏温曲线。一般可采用135℃和175℃的表观黏度，根据需要也可以采用其他温度。

⑬要求：同一种试样至少平行试验2次，2次测定结果符合重复性试验允许误差要求时，以平均值作为测定值。

沥青混合料的施工温度，应根据测定沥青不同温度条件下的黏度绘制黏温曲线确定。当使用石油沥青时，宜以黏度为0.17Pa·s±0.02Pa·s时的温度作为拌和温度范围；以0.28Pa·s±0.03Pa·s时的温度作为压实成型温度范围。

重复性试验的允许误差为平均值的3.5%，再现性试验的允许误差为平均值的14.5%。

82.答：改性沥青的弹性恢复性试验方法如下：

(1)按规定的沥青延度试验方法浇灌改性沥青试样、制模，最后将试样在25℃水槽中保温

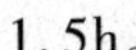

1.5h。

(2)将试样安装在滑板上,按延度试验方法以规定的5cm/min的速率拉伸试样达10cm ± 0.25cm时停止拉伸。

(3)拉伸一停止就立即用剪刀在中间将沥青试样剪断,保持试样在水中1h,并保持水温不变。注意在停止拉伸后至剪断试样之间不得有时间间歇,以免使拉伸应力松弛。

(4)取下两个半截的回缩的沥青试样轻轻捋直,但不得施加拉力,移动滑板使改性沥青试样的尖端刚好接触,测量试件的残留长度X。

(5)计算:弹性恢复率$D = \frac{10 - X}{10} \times 100$,以百分率计。

83.答:改性沥青的黏韧性与韧性试验方法如下:

(1)准备工作

①按标准方法准备沥青试样。当试验改性沥青时,改性剂的加入应根据要求的方法操作并搅拌均匀。

②将试样容器放入60~80℃烘箱中,预热1h。

③用三氯乙烯溶剂擦净拉伸半球圆头,装入定位支架中干燥待用,将热沥青试样逐渐注入预热的试样容器中,质量为50g±1g。注意试样中不得混入气泡。

④迅速将拉伸半球圆头浸入沥青试样中,定位支架架在试样容器上方,用定位螺母压紧固定,使半球圆头上面恰好与沥青试样齐平,在室温下静置1~1.5h。此时,试样稍有收缩,适当调整定位螺母,使半球圆头高度保持与沥青上表面齐平。

⑤将安装好的黏韧性试验器连同试样一起置入温度为25℃±0.1℃的恒温水槽中保温不少于1.5h。

(2)试验步骤

①将黏韧性试验器从恒温水槽中取出,倒掉沥青面上的水,迅速将试验器的上连接杆及试样器安装到拉伸试验机的上下压头夹具间。注意,安装时不得使半球圆头与沥青的相对位置产生扰动。

②调整好记录仪及试验机,记录仪以Y轴表示荷载,X轴表示时间。立即以500mm/min的速度开始拉伸,拉至300mm时结束。此时记录仪记录荷载及拉伸时间,拉伸变形由拉伸速度与X轴记录的拉伸时间求取。为使记录曲线清晰,记录仪时间轴的走纸速度可选用500mm/min或1000mm/min。

③黏韧性试验器从恒温水槽中取出到试验结束的时间不能超过1min。

④计算:在荷载—变形曲线上分别量取曲线$ABCE$及$CDFE$所包围的面积,记作A_1及A_2。用剪刀剪下$ABCE$及$CDFE$,分别称取质量m_1、m_2,准确至1mg,再由已知面积的记录纸称取单位面积的记录纸质量m_0,曲线面积$A_1 = m_1/m_0$,$A_2 = m_2/m_0$。

试样的黏韧性$T_0 = A_1 + A_2$,韧性$T_e = A_2$。

同一试样至少进行3次平行试验,当最大值或最小值与平均值之差不超过3倍标准差时,取平均值作为试验结果,准确至1位小数。

(二)简答题答案

1.答:(1)直剪试验的种类:慢剪、固结快剪、快剪。

（2）试验结果整理：以垂直压力为横坐标，以抗剪强度为纵坐标，将4个点点绘到该坐标图中，最后连接4点，4点应成一条直线。该直线的倾角为土的内摩擦角 φ，纵坐标上的截距为土的黏聚力 c。如下图所示。

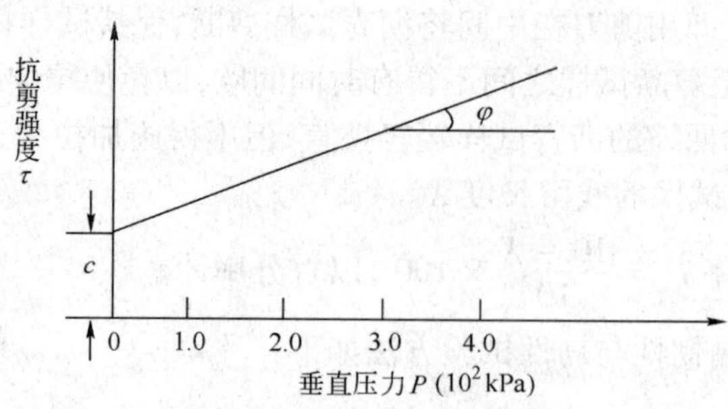

2. 答：（1）土的分类依据：土颗粒组成特征；土的塑性指标：液限，塑限，塑性指数；土中有机质存在情况。

（2）《公路土工试验规程》（JTG E40—2007）中，土的粒组划分为：巨粒组、粗粒组、细粒组。

3. 答：土的击实特性：

（1）击实曲线击性状如下：

①击实曲线有一峰值，此处的干密度为最大干密度，含水率为最佳含水率。峰点表明，在一定击实功作用下，只有土的含水率为最佳含水率时压实效果最好，土能被击实至最大干密度。

②曲线左段比右段坡度陡，表明含水率变化对于干密度的影响在偏干时比偏湿时明显。

③击实土是不可能被击实至完全饱和状态。

（2）不同土类的压实特性不同，含粗颗粒越多的土，其最大干密度越大，最佳含水率越小。

（3）不同击实功对土的压实特性有影响，增大击实功，土的最大干密度增大，最佳含水率减小。

4. 答：影响土渗透性的因素有：土的粒度成分及矿物成分；结合水膜的厚度；土的结构构造；水的黏滞度；土中气体。

5. 答：击实曲线的特性：

（1）击实曲线有一峰值，此处的干密度为最大干密度，含水率为最佳含水率。峰点表明，在一定击实功作用下，只有土的含水率为最佳含水率时压实效果最好，土能被击实至最大干密度。

（2）曲线左段比右段坡度陡，表明含水率变化对于干密度的影响在偏干时比偏湿时明显。

（3）击实土是不可能被击实至完全饱和状态。

6. 答：（1）CBR值：指试料贯入量2.5mm时，单位压力对标准碎石压入相同贯入量时标准荷载强度的比值。

（2）CBR值计算方法：

①一般采用贯入量为2.5mm时的单位压力与标准压力之比作为材料的承载比：$CBR=\frac{p}{7000}\times100$。

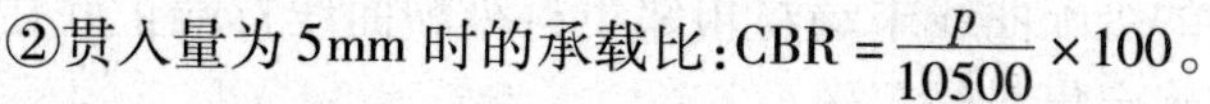

②贯入量为5mm时的承载比：$CBR = \frac{p}{10500} \times 100$。

如贯入量为5mm时的承载比大于2.5mm时的承载比，则试验要重做。如结果仍然如此，则采用5mm时的承载比。

7.答：(1)土工织物有效孔径指能有效通过土工织物的近似最大颗粒直径，采用干筛法测定。

(2)测定方法如下：

①试验前将标准颗粒与试样同时放在标准大气条件下进行调湿平衡。

②将同组5块试样平整、无褶皱地放在支撑筛网上。从较细粒径规格的标准颗粒中称50g，均匀撒在土工织物表面上。

③将筛框、试样和接收盘夹紧在振筛机上，开动振筛机，摇筛试样10min。

④关机后，称量通过试样进入接收盘的标准颗粒质量。

⑤更换新一组试样，用下一较粗规格粒径的标准颗粒材料重复上述步骤，直到取得不少于三组连续分级标准颗粒材料，并有一组的过筛率达到或低于5%。

8.答：影响石料抗压强度的因素分内因和外因两方面。内因主要是石料的矿物组成，岩石的结构和构造、裂隙的分布等；外因主要取决于水的影响和试验条件，如试件的几何外形、加载速度等。

9.答：(1)采用干筛法筛分砂样，计算级配的三个参数：分计筛余百分率、累计筛余百分率和质量通过百分率。

(2)计算砂的细度模数，判断砂的粗细程度，即为粗砂、中砂或细砂。

(3)依据现行规范查出水泥混凝土使用相应粗度砂的级配要求。

(4)以筛孔尺寸为横坐标，累计筛余百分率或通过百分率为纵坐标，绘制级配曲线及级配范围。

(5)判定：若该砂的级配曲线处于级配范围中，则可判定该砂样可以用于水泥混凝土。

10.答：图解法进行矿质混合料级配设计的步骤如下：

(1)准备工作

对所用各集料进行筛分，计算出各自的通过百分率。确定设计级配要求的级配范围，并计算出要求的级配范围中值。

(2)绘制级配曲线坐标图

按规定尺寸绘一矩形图框。连对角线作为要求级配曲线中值。纵坐标按算术标尺，标出通过百分率。依据要求级配中值的各筛孔通过百分率标于纵坐标上，从纵坐标引水平线与对角线相交，再从交点作垂线与横坐标相交，其交点即为各相应筛孔尺寸的位置。

(3)确定各种集料用量

将各种集料的通过量绘于级配曲线坐标图上。从右端最粗的集料开始向左端每两条相邻集料的级配曲线依次分析，实际集料的相邻级配曲线可能存在以下三种情况，根据各集料之间的关系，确定各种集料的用量比例。

①两相邻级配曲线重叠，即某集料级配曲线下部与相邻集料级配曲线上部搭接时，应在重叠部分引一条等分的垂线，通过该垂线与对角线的交点确定集料的用量。

②两相邻级配曲线相接，即某集料的级配曲线末端与相邻集料级配曲线首端正好在一垂直线上时，通过该垂线与对角线的交点确定集料的用量。

③两相邻级配曲线相离，即某集料的级配曲线末端与相邻集料级配曲线首端在水平方向彼此离开一段距离时，应作一垂直平分相离距离的垂线，通过该垂线与对角线的交点确定集料的用量。

(4)校核

按图解所得的各种集料用量，校核计算所得合成级配是否符合要求。如不能符合要求，即超出级配范围，应调整各集料的用量。

11. 答：水泥的物理力学性质有：细度、标准稠度用水量、凝结时间、体积安定性和胶砂强度。

(1)细度：指水泥颗粒的粗细程度。其大小决定着水泥的水化速度和强度的发挥。

(2)标准稠度用水量：不作为技术标准控制指标，测定目的是为配制标准稠度的水泥净浆测定凝结时间和体积安定性，使试验结果具有可比性。

(3)凝结时间：指水泥加水至水泥浆失去可塑性所需要的时间，分为初凝时间和终凝时间，对水泥施工具有重要的意义。初凝时间可以确定水泥的拌和、运输和浇灌时间；终凝时间可以控制施工进度。

(4)体积安定性：指水泥硬化后体积变化的均匀性。如果水泥安定性不合格，会导致构筑物强度降低，甚至引起开裂和崩塌等严重的质量事故。

(5)胶砂强度：水泥的力学性质，目前采用 ISO 检验法，该方法能真实地反映水泥在使用中黏结的实际情况。

12. 答：我国现行《通用硅酸盐水泥》(GB 175—2007)规定：水泥中凡不溶物、烧失量、氧化镁、氧化硫、氯离子、凝结时间、安定性和强度中的任一项不符合国家标准要求时，为不合格品。

13. 答：(1)工作性的含义：指新拌混凝土具有能满足运输和浇捣要求的流动性；不为外力作用产生脆断的可塑性；不产生分层、泌水的稳定性和易于浇捣密致的密实性。

(2)影响新拌混凝土工作性的因素主要有：①水泥特性；②集料特性；③集浆比；④水灰比；⑤砂率；⑥外加剂；⑦温度、湿度和风速等环境条件以及时间等。

(3)改善新拌混凝土的措施包括：①在保证混凝土强度、耐久性和经济性的前提下，适当调节混凝土的材料组成；②掺加各种外加剂；③提高振捣机械的效能。

14. 答：(2)、(4)、(5)可行；(1)、(3)不可取。

原因分析如下：

(1)增加用水量，则增大混凝土的水灰比，降低混凝土的强度和耐久性。

(2)保持水灰比不变，增加水泥浆量，有助于改善混凝土的工作性，但不宜过多，以免出现流浆现象。

(3)氯化钙为早强剂，不改善混凝土的工作性。

(4)掺加减水剂，保持混凝土水灰比不变，工作性会显著提高。

(5)在施工中加强振捣，也可以提高工作性。

15. 答：混凝土的强度等级按混凝土的“立方体抗压强度标准值”来确定，而立方体抗压强度标准值是指用标准方法测定的抗压强度总体分布中的一个值，具有95%的强度保证率。强度等级的表示方法是用符号“C”和“立方体抗压强度标准值”两项内容表示。我国现行规范规定，普通混凝土划分为C7.5、C10、C15、C20、C25、C30、C35、C40、C45、C50、C55、C6012个强度等级。

16. 答：(1)影响硬化后水泥混凝土强度的因素包括：①水泥的强度和水灰比；②集料特性；③浆集比；④湿度、温度及龄期；⑤试件形状与尺寸、试件温度及加载方式等试验条件。

(2)提高混凝土强度的措施主要包括：①选用高强度等级水泥和早强型水泥；②采用低水灰比和浆集比；③掺加混凝土外加剂和掺和料；④采用湿热处理(如蒸汽养护和蒸压养护)；⑤采用机械搅拌和振捣等。

17. 答：(1)I区砂属于粗砂范畴，II区砂由中砂和一部分偏粗的细砂组成，III区砂由细砂和一部分偏细的中砂组成。

(2)若砂级配曲线落在这3个区以外，说明其级配不合格，不适用于配制混凝土。

(3)配制混凝土最好选用粗细适中的II区砂。这样可使混凝土在适中的砂率下具有较好的工作性，易于插捣成型，且硬化后的混凝土更致密均匀。

18. 答：(1)集料中的有害杂质主要有：含泥量和泥块含量、云母、轻物质、硫酸盐和硫化物以及有机质等。

(2)泥的存在妨碍集料与水泥净浆的黏结，影响混凝土的强度和耐久性。集料中的云母对混凝土拌和物的工作性和硬化后混凝土的抗冻性和抗渗性都有不利影响。有机物质延缓混凝土的硬化过程，并降低混凝土的强度，特别是早期强度。若集料中所含的硫化物和硫酸盐过多，将在已硬化的混凝土中与水化铝酸钙发生反应，生成水化硫铝酸钙结晶致使体积膨胀，使混凝土内部产生严重的破坏作用。

19. 答：普通水泥混凝土初步配合比设计的步骤如下：

(1)确定混凝土的配制强度$f_{cu,0}$

$f_{cu,0} \geq f_{cu,k} + 1.645\sigma$，式中，$f_{cu,k}$为混凝土设计强度等级，单位为MPa；$\sigma$为混凝土强度标准差，单位为MPa；1.645为混凝土强度达到95%保证率时的保证率系数。

(2)计算水灰比(W/B)

①按混凝土强度要求计算水灰比$W/B = \dfrac{\alpha_a f_b}{f_{cu,o} + \alpha_a \alpha_b f_b}$，式中，$\alpha_a$、$\alpha_b$为回归系数；$f_b$为胶凝材料28d胶砂强度，$f_b = \gamma_f \cdot \gamma_s \cdot f_{ce}$；$f_{ce}$为水泥28d抗压强度实测值，单位为MPa；$\gamma_f$、$\gamma_s$分别为粉煤灰和粒化高炉矿渣粉的影响系数。

②按耐久性要求校核水灰比，应满足标准所规定的最大水灰比限定。

(3)确定单位用水量(m_{wo})

根据粗集料的品种、公称最大粒径及施工要求的混凝土拌和物稠度值(坍落度或维勃稠度)查表选取。

(4)计算单位胶凝材料用量(m_{bo})、单位矿物合料用量(m_{fo})、单位水泥用量(m_{co})

①可根据获得的水灰比(W/B)和单位用水量(m_{wo})计算单位胶凝材料用量，$m_{bo} = m_{wo}/(W/B)$。

②按耐久性要求规定的最小水泥用量校核单位水泥用量，应满足耐久性要求。

③单位掺和材料用量 $m_{fo}=m_{bo}\cdot\beta_f$，其中 β_f 为掺和料掺量（%）。

④单位水泥用量 $m_{fo}=m_{bo}-m_{fo}$。

(5)确定砂率(β_s)

根据粗集料的品种、公称最大粒径和混凝土拌和物的水灰比查表确定砂率。

(6)计算砂和碎石的单位用量(m_{so}、m_{go})

①质量法 $\begin{cases} m_{co}+m_{wo}+m_{so}+m_{go}=\rho_{cp} \\ \beta_s=\dfrac{m_{so}}{m_{so}+m_{go}}\times 100 \end{cases}$

式中，ρ_{cp} 为混凝土拌和物假定表观密度，可在 2350～2450(kg/m^3)范围内选定，也可查表获得。

②体积法 $\begin{cases} \dfrac{m_{co}}{\rho_c}+\dfrac{m_{wo}}{\rho_w}+\dfrac{m_{so}}{\rho_s}+\dfrac{m_{go}}{\rho_g}+0.01\alpha=1 \\ \beta_s=\dfrac{m_{so}}{m_{so}+m_{go}}\times 100 \end{cases}$

式中，ρ_c、ρ_w、ρ_g、ρ_s 分别为水泥密度、水的密度、砂的表观密度和碎石的表观密度，单位为 kg/m^3；α 为混凝土的含气量百分率，单位为%。在不使用引起型外加剂时，α 可取 1。

20. 答：普通混凝土试验室配合比的调整过程如下：

1)试拌调整提出混凝土基准配合比

(1)试拌：室内试拌时，选取与实际工程使用相同的原材料，砂石材料以不计含水率的干燥状态为基准。

(2)工作性检验与调整：按计算出的初步配合比进行试拌，以校核混凝土拌和物的工作性。

①如坍落度(或维勃稠度)达到设计要求，黏聚性和保水性均良好，则原有初步配合比无需调整，基准配合比与初步配合比一致。

②如坍落度(或维勃稠度)不能满足设计要求，或黏聚性和保水性能不好时，则应在保证水灰比不变的条件下，相应调整用水量或砂率，直到符合要求为止。然后提出供混凝土强度校核用的基准配合比，即 $m_{ca}:m_{wa}:m_{sa}:m_{ga}$。

2)检验强度、确定试验室配合比

(1)制作立方体试件，检验强度步骤如下：

①为校核混凝土的强度，至少拟定三个不同的配合比，其中一个为基准配合比，另外两个配合比的水灰比值，应较基准配合比分别增加及减少 0.05(或 0.10)，其用水量应该与基准配合比相同，但砂率值可增加及减少 1%。

②制作检验混凝土强度的试件时，尚应检验拌和物的坍落度(或维勃稠度)、黏聚性、保水性及测定混凝土的表观密度，并以此结果表征该配合比的混凝土拌和物的性能。

(2)强度测定和试验室配合比的确定如下：

①按标准方法成型、养护和测定混凝土的强度。检验混凝土强度，每种配合比至少制作一

组(3 块)试件,在标准养护 28d 条件下进行抗压强度测试。有条件的单位可同时制作几组试件,供快速检验或较早龄期(3d、7d 等)时抗压强度测试,以便尽早提出混凝土配合比供施工使用。但必须以标准养护 28d 强度的检验结果为依据调整配合比。

②绘制强度—灰水比关系图,选定达到混凝土配制强度($f_{cu,0}$)所必需的灰水比值(C/W),换算成水灰比(W/C)。

③按下列方法确定试验室配合比:

a. 确定单位用水量(m_{wb}):取基准配合比中的用水量,并根据制作强度检验试件时测得的坍落度(或维勃稠度)值加以适当调整。

b. 确定水泥用量(m_{cb}):取单位用水量(m_{wb})除以由强度—灰水比关系图选定的水灰比值计算得到。

c. 确定单位砂用量(m_{sb})和碎石用量(m_{gb}):取基准配合比中的砂率,并按选定出的水灰比计算或作适当调整。

(3)根据实测拌和物湿表观密度修正配合比的步骤如下:

①根据强度检验结果修正后定出的混凝土配合比,计算混凝土的计算湿表观密度:$\rho_c = m_{cb} + m_{sb} + m_{gb} + m_{wb}$。

②混凝土的实测表观密度值为ρ_t,计算校正系数:$\delta = \rho_{cp}/\rho'_{cp}$

③当实测值与计算值之差的绝对值超过计算值的 2% 时,将混凝土配合比中各项材料单位用量乘以校正系数 δ,即得最终确定的试验室配合比设计,即水泥:水:砂:碎石 $= m'_{cb}:m'_{wb}:m'_{sb}:m'_{gb}$。当两者差值的绝对值不超过计算值的 2% 时,最终确定的试验室配合比设计即为水泥:水:砂:碎石 $= m_{cb}:m_{wb}:m_{sb}:m_{gb}$。

21. 答:1)细集料的砂当量是测试筒中用活塞测定的集料沉淀物的高度与试筒中絮凝物和沉淀物的总高度比之百分率,以 *SE* 表示。用以评定细集料的洁净程度,适用于测定细集料中所含的黏性土或杂质的含量。

2)细集料的砂当量试验步骤如下:

(1)试样制备

①将样品过 4.75mm 筛,试样数量不少于 1500g。如样品过分干燥,可在筛分之前加少量水分润湿。用包橡胶的小锤打碎土块。当粗颗粒部分被在筛分时不能分离的杂质裹覆时,应进行清洗,并回收细粒放入试样中。

②测定试样含水率,以两次测定的平均值计,准确至 0.1%。经过含水率测定的试样不得用于试验。

③称取试样的湿重。按测定含水率计算相当于 120g 干燥试样的样品湿重 m_1,准确至0.1g。

$$m_1 = \frac{120 \times (100 + w)}{100}$$

(2)化学试剂配制

①配制高浓度氯化钙($CaCl_2$)溶液:按无水氯化钙(g):蒸馏水(mL) =1:2 进行配制。

②配制浓溶液(1L):用量筒量取272mL高浓度氯化钙溶液。称取484.8g丙三醇和13.6g甲醛,均装入1L量筒中,并用少量蒸馏水分别对盛过三种试剂的器皿洗涤3次,每次洗涤的水均放入量筒中,最后加入蒸馏水水至1L刻度线。将配制的1L溶液倒入2L的烧杯或量筒中,混合均匀,装入密封容器备用,作为试验的浓溶液。

③制备冲洗液:取试验用的浓溶液125mL±1mL装入5L塑料桶中,然后用蒸馏水稀释至5L±0.005L。

(3)试验步骤

①用冲洗管将冲洗液吸入试筒直到最下面的100mm刻度处(约需80mL试验用冲洗液)。

②把相当于120g±1g干料重的湿样用漏斗仔细地倒入竖立的试筒中。

③用手掌反复敲打试筒下部,以除去气泡,并使试样尽快润湿,然后放置10min。

④在试样静止10min±1min结束后,在试筒上塞上橡胶塞堵住试筒,用手将试筒横向水平放置,或将试筒水平固定在振荡机上。

⑤开动机械振荡器,在30s±1s的时间内振荡90次。用手振荡时,仅需手腕振荡,不必晃动手臂,以维持振幅230mm±25mm,振荡时间和次数与机械振荡器同。然后将试筒取下竖直放回试验台上,拧下橡胶塞。

⑥将冲洗管插入试筒中,用冲洗液冲洗附在试筒壁上的集料,然后逐渐将冲洗管插到试筒底部,慢慢转动冲洗管,同时匀速缓慢提高冲洗管,使附着在集料表面的土粒杂质浮游上来,直至溶液达到380mm刻度线为止。

⑦缓慢匀速向上拔出冲洗管,当冲洗管抽出液面,且保持液面位于380mm刻度线时,切断冲洗管的液流,使液面保持在380mm刻度线处,然后开动秒表在没有扰动的情况下静置20min±15s。

⑧静置20min后,用尺量测从试筒底部到絮状凝结物上液面的高度h_1。如有可能,同样测得从试筒底部到沉淀部分上液面的高度h_2,准确至1mm。

⑨将配重活塞徐徐插入试筒里,直至碰到沉淀物时,立即拧紧套筒上的固定螺丝。将尺子插入套筒的开口处,使零点对准活塞的底面,从套筒上面线读取沉淀高度h_2,准确至1mm。同时记录试筒内的温度,准确至1℃。

(4)试样的砂当量值计算:$SE=\frac{h_2}{h_1}\times 100$,以百分率计。其中,$h_1$为试筒中絮凝物和沉淀物的总高度,$h_2$为试筒中用活塞测定的集料沉淀物的高度。

试验的目测砂当量值计算:$SEV=\frac{h_2'}{h_1}\times 100$,其中,$h_2'$为试筒中目测集料沉淀物的高度。

(5)精度要求:一种集料应平行测定两次,集料的砂当量SE或SEV是二个试样平行测定的砂当量的平均值,以活塞测得砂当量为准,并以整数表示。

22.答:1)细集料亚甲蓝值表示每千克0~2.36mm粒级试样所消耗的亚甲蓝克数,以*MBV*表示。亚甲蓝值用以评价细集料的洁净程度,适用于确定细集料中是否存在膨胀性黏土矿物。

2)细集料亚甲蓝值试验方法如下:

(1)配制标准亚甲蓝溶液(10.0g/L±0.1g/L标准浓度)

①测定亚甲蓝中的含水率 ω。称取5g左右的亚甲蓝粉末,记录质量 m_h,精确到0.01g。在100℃ ±5℃的温度下烘干至恒重(若烘干温度超过105℃,亚甲蓝粉末会变质),在干燥器中冷却,然后称重,记录质量 m_g,精确到0.01g。计算亚甲蓝的含水率:$w = (m_h—m_g)/m_g \times 100$

注:每次配制亚甲蓝溶液前,都必须首先确定亚甲蓝的含水率。

②取亚甲蓝粉末$(100 + \omega) \times (10g \pm 0.01g)/100$(即亚甲蓝干粉末质量10g),精确至0.01g。

③加热盛有约600mL洁净水的烧杯,水温不超过40℃。

④边搅动边加入亚甲蓝粉末,持续搅动45min,直至亚甲蓝粉末全部溶解为止,然后冷却至20℃。

⑤将溶液倒入1L容量瓶中,用洁净水淋洗烧杯等,使所有亚甲蓝溶液全部移入容量瓶,容量瓶和溶液的温度应保持在20℃ ±1℃,加洁净水至容量瓶1L刻度。

⑥摇晃容量瓶以保证亚甲蓝粉末完全溶解。将标准液移入深色储藏瓶中,亚甲蓝标准溶液保质期应不超过28d。配制好的溶液应标明制备日期、失效日期,并避光保存。

(2)制备细集料悬浊液

①取代表性试样,缩分至约400g,置烘箱中在105℃ ±5℃条件下烘干至恒重,待冷却至室温后,筛除大于2.36mm颗粒,分两份备用。

②称取试样200g,精确至0.1g。将试样倒入盛有500mL ±5mL洁净水的烧杯中,将搅拌器速度调整到600r/min,搅拌器叶轮离烧杯底部约10mm。搅拌5min,形成悬浊液,用移液管准确加入5mL亚甲蓝溶液,然后保持400r/min ±40r/min转速不断搅拌,直到试验结束。

(3)亚甲蓝吸附量的测定

①将滤纸架空放置在敞口烧杯的顶部,使其不与任何其他物品接触。

②细集料悬浊液在加入亚甲蓝溶液并经400r/min ±40r/min转速搅拌1min起,在滤纸上进行第一次色晕检验。即用玻璃棒蘸取一滴悬浊液滴于滤纸上,液滴在滤纸上形成环状,中间是集料沉淀物,液滴的数量应使沉淀物直径在8 ~12mm之间。外围环绕一圈无色的水环。当在沉淀物周围边缘放射出一个宽度约1mm左右的浅蓝色色晕时,试验结果称为阳性。

注:由于集料吸附亚甲蓝需要一定的时间才能完成,在色晕试验过程中,色晕可能在出现后又消失了。为此,需每隔1min进行一次色晕检验,连续5次出现色晕方为有效。

③如果第一次的5mL亚甲蓝没有使沉淀物周围出现色晕,再向悬浊液中加入5mL亚甲蓝溶液,继续搅拌1min,再用玻璃棒蘸取一滴悬浊液,滴于滤纸上,进行第二次色晕试验,若沉淀物周围仍未出现色晕,重复上述步骤,直到沉淀物周围放射出约1mm的稳定浅蓝色色晕。

④停止滴加亚甲蓝溶液,但继续搅拌悬浊液,每1min进行一次色晕试验。若色晕在最初的4min内消失,再加入5mL亚甲蓝溶液;若色晕在第5min消失,再加入2mL亚甲蓝溶液。两种情况下,均应继续搅拌并进行色晕试验,直至色晕可持续5min为止。

⑤记录色晕持续5min时所加入的亚甲蓝溶液总体积 V,精确至1mL。

注:试验结束后应立即用水彻底清洗试验用容器。清洗后的容器不得含有清洁剂成分,建议将这些容器作为亚甲蓝试验的专门容器。

(4)计算细集料亚甲蓝值 $MBV = \frac{V}{m} \times 10$，精确至0.1。

注：公式中的系数10用于将每千克试样消耗的亚甲蓝溶液体积换算成亚甲蓝质量。

23. 答：1）确定砂浆的强度等级是以70.7mm×70.7mm×70.7mm的正方体试件，在标准温度（20℃±2℃）和规定湿度（水泥混合砂浆相对湿度为60%～80%，水泥砂浆和微沫砂浆相对湿度为90%以上）的条件下，养护28d龄期的抗压强度平均值确定的。

砂浆抗压强度是确定其强度等级的重要依据。

2）砂浆立方体抗压强度试验方法如下：

(1)按规定方法制备与养护立方体抗压强度试件。

①采用立方体试件，每组试件3个。

②应用黄油等密封材料涂抹试模的外接缝，试模内涂刷薄层机油或脱模剂，将拌制好的砂浆一次性装满砂浆试模，成型方法根据稠度而定。当稠度≥50mm时采用人工振捣成型，当稠度<50mm时采用振动台振实成型。

③待表面水分稍干后，将高出试模部分的砂浆沿试模顶面刮去并抹平。

④试件制作后应在室温为20℃±5℃的环境下静置24h±2h，当气温较低时，可适当延长时间，但不应超过两昼夜，然后对试件进行编号、拆模。试件拆模后应立即放入温度为20℃±2℃，相对湿度为90%以上的标准养护室中养护。养护期间，试件彼此间隔不小于10mm，混合砂浆试件上面应覆盖以防有水滴在试件上。

(2)试件从养护地点取出后应及时进行试验。试验前先将试件表面擦拭干净，测量尺寸，并检查其外观，并据此计算试件的承压面积，如实测尺寸与公称尺寸之差不超过1mm，可按公称尺寸进行计算。

(3)将试件安放在试验机的下压板上（或下垫板上），试件的承压面应与成型时的顶面垂直，试件中心应与试验机下压板（或下垫板）中心对准。开动试验机，当上压板与试件（或上垫板）接近时，调整球座，使接触面均衡受压；承压试验应连续而均匀地加荷，加荷速度应为0.25～1.5kN/s（砂浆强度不大于5MPa时，宜取下限；砂浆强度大于5MPa时，宜取上限），当试件接近破坏而开始迅速变形时，停止调整试验机油门，直至试件破坏，然后记录破坏荷载。

(4)水泥砂浆立方体抗压强度计算：$f_{m,cu} = \frac{N_u}{A}$，结果精确至0.1MPa。式中，N_u为立方体试件破坏荷载，N；A为试件承压面积，mm^2。

(5)精度要求：以3个试件测值的算术平均值的1.3倍作为该组试件的抗压强度平均值（精确至0.1MPa）。

当3个试件的最大值或最小值中如有一个与中间值的差值超过中间值的15%时，则把最大值及最小值一并舍除，取中间值作为该组试件的抗压强度值；如果两个值与中间值的差值均超过中间值的15%时，则该组试件的试验结果无效。

24. 答：1）砂浆和易性的评价指标有稠度和保水率。

2）砂浆稠度试验方法如下：

(1)试验目的：砂浆的稠度试验适用于确定配合比或施工过程中控制砂浆的稠度，以达到控制用水量的目的。

(2)试验方法

①用少量润滑油轻擦滑杆,然后将滑杆上多余的油用吸油纸擦净,使滑杆能自由滑动。

②用湿布擦净盛浆容器和试锥表面,将砂浆拌和物一次装入容器,使砂浆表面低于容器口约10mm。用捣棒自容器中心向边缘插捣25次,然后轻轻地将容器摇动或敲击5~6下,使砂浆表面平整,然后将容器置于稠度测定仪的底座上。

③拧松制动螺丝,向下移动滑杆,当试锥尖端与砂浆表面刚接触时,拧紧制动螺丝,使齿条测杆下端刚接触滑杆上端,读出刻度盘上的读数(精确至1mm)。

④拧开制动螺丝,同时计时间,10s时立即拧紧螺丝,将齿条测杆下端接触滑杆上端,从刻度盘上读出下沉深度(精确至1mm),二次读数的差值即为砂浆的稠度值。

⑤盛装容器内的砂浆,只允许测定一次稠度,重复测定时,应重新取样测定。

(3)结果处理及精度要求

取两次试验结果的算术平均值为试验结果测定值(精确至1mm)。两次试验结果之差如大于10mm,应重新取样测定。

3)砂浆保水性试验方法如下:

(1)试验目的:测定砂浆保水性,以判定砂浆拌和物在运输及停放时内部组分的稳定性。砂浆的保水性用保水率表示。

(2)试验方法

①称量下不透水片与干燥试模质量 m_1 和8片中速定性滤纸质量 m_2。

②将砂浆拌和物一次性填入试模,并用抹刀插捣数次,当填充砂浆略高于试模边缘时,用抹刀以45°角一次性将试模表面多余的砂浆刮去,然后再用抹刀以较平的角度在试模表面反方向将砂浆刮平。

③抹掉试模边的砂浆,称量试模、下不透水片与砂浆总质量 m_3。

④用2片医用棉纱覆盖在砂浆表面,再在棉纱表面放上8片滤纸,用不透水片盖在滤纸表面,以2kg的重物把不透水片压着。

⑤静止2min后移走重物及不透水片,取出滤纸(不包括棉砂),迅速称量滤纸质量 m_4。

⑥从砂浆的配比及加水量计算砂浆的含水率,若无法计算,可按规定的方法测定。

(3)砂浆保水率计算:$W=\left[1-\dfrac{m_4-m_2}{\alpha(m_3-m_1)}\right]\times 100\%$。

取2次试验结果的平均值作为结果,如2个测定值中有1个超出平均值的5%,则此组试验结果无效。

25.答:砌筑砂浆配合比设计步骤如下:

1)现场配制水泥混合砂浆配合比设计步骤

(1)砂浆的试配强度计算:$f_{m,0}=k\cdot f_2$,式中,f_2 为砂浆强度等级值(精确至0.1MPa),k 为系数,按单位施工水平选取。

(2)水泥用量的计算:$Q_c=\dfrac{1000(f_{m,0}-\beta)}{\alpha\cdot f_{ce}}$,其中,$f_{ce}$ 为水泥的实测强度(在无法取得实测强度时,可按 $f_{ce}=\gamma_c\cdot f_{ce,g}$ 计算,如无统计资料时,γ_c 可取1.0),$\alpha=3.03$、$\beta=-15.09$。

(3)石灰膏用量:$Q_D=Q_A-Q_C$,其中,Q_A 为砂浆中水泥和石灰膏总量(精确至1kg/m³),

可为350kg。石灰膏使用时的稠度为120mm ± 5mm。

(4)砂浆中的砂用量:应按干燥状态(含水率小于0.5%)的堆积密度值作为砂浆中砂用量的计算值,kg/m^3。

(5)砂浆中的用水量:每立方米砂浆中的用水量,可根据砂浆稠度等要求选用210 ~ 310kg/m^3。

当采用细砂或粗砂时,用水量分别取上限或下限;当砂浆稠度小于70mm时,用水量可小于下限;施工现场气候炎热或干燥季节,可酌量增加用水量。混合砂浆中的用水量,不包括石灰膏中的水。

2)现场配制水泥砂浆和水泥粉煤灰砂浆配合比设计

试配强度按$f_{m,0} = k \cdot f_2$计算,配合比可查阅现行《砌筑砂浆配合比设计规程》提供的参考表选用。对于水泥砂浆,当强度等级小于或等于M15时,水泥强度等级为32.5级,当强度等级大于M15时,水泥强度等级为42.5级;当采用细砂或粗砂时,用水量分别取上限或下限;稠度小于70mm时,用水量可小于下限;施工现场气候炎热或干燥季节,可酌量增加用水量。对于水泥粉煤灰砂浆,水泥强度等级为32.5级,其他要求参照水泥砂浆。

3)预拌砌筑砂浆配合比设计应符合下列规定

(1)在确定湿拌砌筑砂浆稠度时应考虑砂浆在运输和储存过程中的稠度损失。

(2)湿拌砌筑砂浆应根据凝结时间要求确定外加剂掺量。

(3)干混砌筑砂浆应明确拌制时的加水量范围。

(4)预拌砌筑砂浆的搅拌、运输、储存等,以及预拌砌筑砂浆性能应符合现行《预拌砂浆》规范的规定。

(5)预拌砌筑砂浆的试配应符合下列规定:预拌砌筑砂浆生产前应进行试配,试配强度应按$f_{m,0} = k \cdot f_2$计算确定,试配时稠度取70 ~ 80mm;预拌砌筑砂浆中可掺入保水增稠材料、外加剂等,掺量应经试配后确定。

4)砂浆配合比试配、调整与确定

(1)砌筑砂浆试配时应考虑工程实际要求,并应采用机械搅拌。搅拌时间应自开始加水算起,对水泥砂浆和水泥混合砂浆,搅拌时间不得少于120s;对预拌砌筑砂浆和掺有粉煤灰、外加剂、保水增稠材料等的砂浆,搅拌时间不得少于180s。

(2)和易性检测

测定砌筑砂浆拌和物的稠度和保水率。当不能满足要求时,应调整材料用量,直到符合要求为止,然后确定为试配时的砂浆基准配合比。

(3)试配时配合比选择

试配时至少应采用三个不同的配合比,其中一个配合比为按上述方法计算得到的基准配合比,其余两个配合比的水泥用量应按基准配合比分别增加及减少10%。在保证稠度、保水率合格的条件下,可将用水量、石灰膏、保水增稠材料或粉煤灰等活性掺和料用量作相应调整。

(4)表观密度校核与强度检验

分别测定不同配合比砂浆的表观密度及强度;应选定符合试配强度及和易性要求、水泥用量最低的配合比作为砂浆的试配配合比。

26. 答:1)作用机理如下:

(1)减水剂的作用机理是:减水剂均属于表面活性剂,由亲水基团和憎水基团两个部分组成。表面活性剂加入水中,其亲水基团会电离出离子,使表面活性剂分子带有电荷。亲水基团指向溶剂,憎水基团指向空气(或气泡)、固体(如水泥颗粒)或非极性液体(如油滴)并作定向排列,形成定向吸附膜而降低水的表面张力。这种表面活性作用是减水剂起减水增强作用的主要原因。

水泥加水后,由于水泥颗粒的水化作用使水泥颗粒间在分子力的作用下形成一些絮凝状结构。这种絮凝结构中包裹着一部分拌和水,使得混凝土的拌和用水量相对减少,从而降低了混凝土拌和物的工作性。

加入减水剂后,由于起到了吸附-分散、润滑和润湿三方面的作用,能够显著改善混凝土拌和物的流动性。

吸附-分散作用指减水剂首先在水中电离出离子,自身带有电荷,在电斥力作用下,使原来水泥颗粒的絮凝结构被打开,将被束缚在絮凝结构中的游离水释放出来,使拌和物中的水量相对"增加"。

润滑作用是指在水泥颗粒表面形成的稳定溶剂化水膜,不仅能阻止水泥颗粒间的直接接触,在颗粒间起润滑作用,而且同时也引进了一定的细微气泡,由于减水剂的表面活性作用,气泡和水泥颗粒间的电斥力作用而使水泥颗粒分散,增加了水泥颗粒间的滑动能力。

润湿作用是指减水剂在水泥颗粒表面的定向排列,不仅能使水泥颗粒分散,而且能增大水泥的水化面积,影响水泥的水化速度。

(2)早强剂的作用机理是:早强剂对水泥中的硅酸三钙和硅酸二钙等矿物的水化有催化作用,能加速水泥的水化和硬化,而具有早强的作用。

(3)缓凝剂的作用机理是:由于缓凝剂在水泥及其水化物表面上的吸附作用,或与水泥反应生成不溶层而达到缓凝的效果。

2)适用性如下:

(1)减水剂:按减水剂的塑化效果可分为普通减水剂和高效减水剂两种类型。

普通减水剂适用于日最低温度5℃以上的各种预制及现浇混凝土、钢筋混凝土及预应力混凝土、大体积混凝土、泵送混凝土、防水混凝土、大模板施工用混凝土及滑模施工用混凝土、有轻度缓凝要求的混凝土,但不宜单独用于冬季施工和蒸养混凝土。

高效减水剂可作为各种复合型外加剂的减水组分;适用于现浇和预制(可经蒸养工艺)钢筋混凝土、预应力混凝土工程;适用于高强、超高强、中等强度混凝土,早强,浅度抗冻、大流动混凝土。

(2)早强剂多用于冬季施工或紧急抢修工程,也用于蒸养混凝土及常温各种有早强要求的混凝土。

(3)缓凝剂用于大体积混凝土工程,消除或减少裂缝。

27. 答:1)用于水泥混凝土的外加剂,通常需要检验的主要性能指标有:减水率、泌水率比、含气量、凝结时间差和抗压强度比。

2)混凝土拌和物性能指标的检测方法如下:

(1)减水率的测定方法

①减水率为坍落度基本相同时，基准混凝土和掺外加剂的受检混凝土单位用水量之差(W_0-W_1)与基准混凝土单位用水量(W_0)之比，以百分数表示。减水率越大，外加剂性能越好。

②减水率计算公式为：$W_R=\frac{W_0-W_1}{W_0}\times 100$，精确至0.1%。

③减水率以3批试验的算术平均值计，精确至1%。若3批试验的最大值或最小值中有一个与中间值之差超过中间值的15%时，则把最大值与最小值一并舍去，取中间值作为该组试验的减水率。若有两个测试值与中间值之差均超过15%时，则该批试验结果无效，应该重做。

(2)泌水率比测定方法

①泌水率为掺外加剂的受检混凝土泌水率(B_t)与基准混凝土的泌水率(B_c)之比，以百分数表示。泌水率过大，混凝土拌和物的保水性能将变差，容易出现离析，影响混凝土的密实性、强度和耐久性，因此泌水率越小，外加剂质量越好。

②泌水率比计算公式为：$B_R=\frac{B_t}{B_c}\times 100$，精确至1%。

③泌水率的测定和计算方法如下：

先用湿布润湿容积为5L的带盖筒(内径为185mm，高200mm)，将混凝土拌和物一次装入，在振动台上振动20S，然后用抹刀轻轻抹平，加盖以防水分蒸发。试样表面应比筒口边低约20mm。自抹面开始计算时间，前60min，每隔10min用吸液管吸出泌水1次，以后每隔20min吸水1次，直至连续3次无泌水为止。每次吸水前5min，应将筒底一侧面垫高约20mm，使筒倾斜，以便于吸水。吸水后，将筒轻轻放平盖好。将每次吸出的水都注入带塞量筒，最后计算出总的泌水量，准确至1g，并按下式计算泌水率：

$$B=\frac{V_W}{(W/G)G_W}\times 100$$

$$G_W=G_1-G_0$$

式中，V_W为泌水总质量；W为混凝土拌和物的用水量；G_W为试样质量；G_1为筒及试样质量；G_0为筒质量。

试验时，从每批混凝土拌和物中取1个试样，泌水率取3个试样的算术平均值。若3个试样的最大值或最小值中有一个与中间值之差大于中间值的15%，则把最大值与最小值一并舍去，取中间值作为该组试验的泌水率。如果最大值、最小值与中间值之差均大于中间值的15%时，则应重做。

(3)含气量测定方法

①掺外加剂的受检混凝土含气量是指仪器(气水混合式含气量测定仪)测定的含气量与集料含气量之差。含气量对混凝土的强度有较大影响，掺加引气剂的混凝土强度较基准混凝土强度有所下降，但对混凝土的抗冻、抗渗等耐久性产生积极的影响。

②仪器测定含气量A_1

含气量采用气水混合式含气量测定仪测定，混凝土拌和物一次装满并稍高于容器，用振动台振实15~20s。刮去表面多余的混凝土拌和物，用镘刀抹平，并使表面光滑无气泡。擦净钵体和钵盖边缘，将密封圈放于钵体边缘的凹槽内，盖上钵盖，用夹子夹紧，使之气密良好。

打开小龙头和排气阀，用注水器从小龙头处往量钵中注水，直至水从排气阀出水口流出，再关紧小龙头和排气阀；关好所有的阀门，用手泵打气加压，使表压稍大于0.1MPa，用微调阀准确地将表压调到0.1MPa；按下阀门杆1~2次，待表压指针稳定后，测得压力表读数P_{01}；开启排气阀，压力仪表应归零，对容器中试样再测定1次压力值P_{02}。

如果P_{01}和P_{02}的相对误差小于0.2%，以两次测值的算术平均值，按压力与含气量关系曲线查得所测混凝土样品的仪器测定含气量A_1值作为试验结果；如不满足，则应进行第3次试验，测得压力值P_{03}。取较接近，且相对误差小于0.2%的两个测值的算术平均值，并按上述方法查出A_1值作为试验结果。当相对误差仍大于0.2%时，须重做试验。

③集料含气量C测定

在容器中先注入1/3高度的水，然后把集料慢慢倒入容器。水面升高25cm左右就应轻轻插捣10次，并略予搅动，以排除夹杂进去的空气；加料过程中始终保持水面高出集料的顶面；集料全部加入后，应浸泡约5min，再用橡皮锤轻敲容器外壁，排净气泡，除去水面气泡，加水至满，擦净容器上口边缘；装好密封圈，加盖拧紧螺栓。

关闭操作阀和排气阀，开启进气阀，用气泵向气室内注入空气，打开操作阀，使气室内的压力略大于0.1MPa，待压力表显示值稳定后，打开排气阀，并用操作阀调整压力至0.1MPa，然后关紧所有阀门；开启操作阀，使气室内的压缩空气进入容器，待压力表显示稳定后记录显示值P_{g1}，然后开启排气阀，压力仪表应归零；重复上述步骤，对容器内的试样再测定1次压力值P_{g2}。

如果P_{g1}和P_{g2}的相对误差小于0.2%，以两次测值的算术平均值，按压力与含气量关系曲线查得集料的含气量C作为试验结果；如不满足，则应进行第3次试验，测得压力值P_{g3}。取较接近，且相对误差小于0.2%的两个测值的算术平均，并按上述方法查出C作为试验结果。当相对误差仍大于0.2%时，须重做试验。

④含气量计算：$A = A_1 - C$，结果精确至0.1%。

(4)凝结时间差测定方法

①凝结时间差是指掺外加剂受检混凝土凝的结时间T_t(初凝时间或终凝时间)与基准混凝土的凝结时间T_c(初凝时间或终凝时间)之差。缓凝剂和速凝剂是用于调节混凝土凝结时间的外加剂，其质量好坏用凝结时间差来评价。一般外加剂对混凝土的凝结时间都有不同程度的影响。

②凝结时间差的计算：$\Delta T = T_t - T_c$，单位为min。

③凝结时间采用贯入阻力仪测定，仪器精度为10N，凝结时间测定方法如下：

混凝土拌和物用5mm(圆孔筛)振动筛筛出砂浆，拌匀后装入上口径为160mm，下口径为150mm，净高为150mm的刚性不渗水的金属圆筒，试样表面应略低于筒口约10mm，用振动台振实，约3~5s，置于温度为20℃±2℃的环境中，容器加盖。一般基准混凝土在成型后3~4h，掺早强剂的在成型后1~2h，掺缓凝剂的在成型后4~6h，以后每隔0.5h或1h测试一次，但在临近初、终凝时，可以缩短测定间隔时间。每次测点应避开前一次测孔，其净距为试针直径的

2 倍,但至少不小 15mm,试针与容器边缘之间距离不小于 25mm。测定初凝时间用截面积为 $100mm^2$ 的试针,测定终凝时间用 $200mm^2$ 的试针。

测试时,将砂浆试样筒置于贯入阻力仪上,测针端部与砂浆表面接触,然后在 10s ±2s 内均匀地使测针贯入砂浆 25mm ±2mm 深度。记录贯入压力,精确至 10N,记录测试时间,精确至 1min。

贯入阻力计算:$R = \frac{P}{A}$,精确至 0.1MPa。

根据计算结果,以贯入阻力值为纵坐标,测试时间为横坐标,绘制出贯入阻力与时间的关系曲线,求出贯入阻力达 3.5MPa 时,对应的时间为初凝时间;贯入阻力达 28MPa 时,对应的时间为终凝时间。从水泥与水接触时开始计算凝结时间。

试验时,每批混凝土拌和物取一个试样,凝结时间取 3 个试样的平均值。若 3 批试验的最大值或最小值中有一个与中间值之差超过 30min,把最大值和最小值一并舍去,取中间值作为该组的凝结时间。若两测值与中间值之差均超过 30min,试验结果无效,则应重做。

凝结时间用以 min 表示,并修约至 5min。

3)硬化后混凝土性能指标的检测方法

①硬化后混凝土性能指标主要检测抗压强度比。抗压强度比为掺外加剂混凝土与基准混凝土同龄期的抗压强度之比,以百分数表示。

②抗压强度比的计算公式为:$R_f = \frac{f_t}{f_c} \times 100$,精确到 1%。其中,$f_t$ 为掺外加剂的受检混凝土的抗压强度,f_c 为基准混凝土的抗压强度。

③掺外加剂与基准混凝土的抗压强度按标准方法测定,试件制作时,用振动台振动 15 ~ 20s,试件预养温度为 20℃ ±3℃。

试验结果以 3 批试验测值的平均值表示。若 3 批试验中有一批的最大值或最小值与中间值的差值超过中间值的 15%,把最大值和最小值一并舍去,取中间值作为该批的试验结果。如有两批测试值与中间值的差均超过中间值的 15%,则试验结果无效,应重做试验。

28. 答:路面混凝土配合比设计步骤如下:

1)计算初步配合比

(1)确定配制强度

混凝土配制抗弯拉强度的均值计算:$f_c = \frac{f_r}{1 - 1.04C_v} + tS$。其中,$f_c$ 为混凝土配制 28d 抗弯拉强度的均值,f_r 为混凝土设计抗弯拉强度标准值,S 为抗弯拉强度试验样本的标准差,t 为保证率系数,C_v 为抗弯拉强度变异系数。

(2)计算水灰比(W/C)

对碎石或碎卵石混凝土:$\frac{W}{C} = \frac{1.5684}{f_c + 1.0097 - 0.3595f_s}$

对卵石混凝土:$\frac{W}{C} = \frac{1.2618}{f_c + 1.5492 - 0.4709f_s}$

式中,f_s 为水泥实测 28d 抗弯拉强度。

掺用粉煤灰时,应计入超量取代法中代替水泥的那一部分粉煤灰用量(代替砂的超量部分不计入),用水胶比 $W/(C+F)$ 代替水灰比 W/C。水灰比不得超过设计规定的最大水灰比。

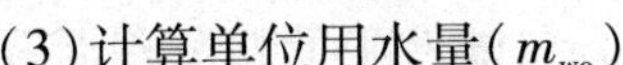

(3)计算单位用水量(m_{wo})

对于碎石混凝土:$m_{wo}=104.97+0.309S_L+11.27(C/W)+0.61S_p$

对于卵石混凝土:$m_{wo}=86.89+0.370S_L+11.24(C/W)+1.00S_p$

式中,S_L为混凝土拌和物坍落度,S_p为砂率。

(4)计算单位水泥用量(m_{co})

单位水泥用量:$m_{co}=m_{wo}/(W/C)$,不得小于设计规定中按耐久性要求的最小水泥用量。

(5)计算砂石材料单位用量(m_{so},m_{go})

砂石材料单位用量可按绝对体积法或质量法确定。按质量法计算时,混凝土单位质量可取2400~2450kg/m^3;按体积法计算时,应计入设计含气量。采用超量取代法掺用粉煤灰时,超量部分应代替砂,并折减用砂量。经计算得到的配合比应验算单位粗集料填充体积率,且不宜小于70%。

2)试拌、调整、提出基准配合比

(1)试拌:取施工现场实际材料,配制0.03m^3混凝土拌和物。

(2)测定工作性:测定坍落度(或维勃稠度),并观察黏聚性和保水性。

(3)调整配比:如流动性不符合要求,应在水灰比不变的情况下,增减水泥浆用量;如黏聚性和保水性不符合要求,应调整砂率。

(4)进行基准配合比调整后,提出一个流动性、黏聚性和保水性均符合要求的基准配合比。

3)强度测定、确定试验室配合比

(1)制备抗弯拉强度试件:按基准配合比,增加和减少水灰比0.03,再计算两组配合比,用三组配合比制备抗弯拉强度试件。

(2)抗弯拉强度测定:三组试件在标准条件下经28d养护后,按标准方法测定其抗弯拉强度。

(3)确定试验室配合比:根据抗弯拉强度,确定符合工作性和强度要求,并且最经济合理的试验室配合比(或称理论配合比)。

4)换算工地配合比

根据施工现场材料性质、砂石材料颗粒表面含水率,对理论配合比进行换算,最后得出施工配合比。

29.答:SMA与普通热拌沥青混合料配合比设计的主要区别如下:

(1)使用原材料及要求不同

要求沥青具有较高的稠度,且用量较大,通常选用改性沥青;粗集料质量要求高且用量多,≥4.75mm的粗集料一般高达70%~80%;细集料用量较少,但需要使用坚硬的机制砂;矿粉用量较多,一般为10%左右,且必须使用石灰岩等碱性矿粉;需要使用纤维。

(2)确定矿料的初试级配方法不同

①公称最大粒径≤9.5mm的SMA混合料,以2.36mm作为粗集料骨架的分界筛孔,公称最大粒径≥13.2mm的SMA混合料以4.75mm作为粗集料骨架的分界筛孔。

②在工程设计级配范围内,调整各种矿料比例设计3组不同粗细的初试级配,3组级配的粗集料骨架分界筛孔的通过率处于级配范围的中值、中值±3%附近。

(3)设计的体积参数不同

SMA混合料试件除应计算空隙率VV、间隙率VMA、沥青饱和度VFA外,还需要计算两个重要的参数：初试级配的捣实状态下粗集料松装间隙率 VCA_{DRC} 和试件中的粗集料骨架间隙率 VCA_{mix}。

从3组初试级配的试验结果中选择设计级配时，必须符合 $VCA_{mix} \leqslant VCA_{DRC}$ 及 VMA > 16.5% 的要求。

(4)检验最佳沥青用量的方法不同

SMA除应检测热拌沥青混合料规定的试验项目外，还必须进行谢伦堡沥青析漏试验及肯塔堡飞散试验。

30. 答：沥青混合料按其组成结构可分为三种类型，分列如下：

(1)悬浮—密实结构。这种结构的沥青混合料采用连续型密级配矿质混合料，其各级集料均为次级集料所隔开，不能直接靠拢而形成骨架，犹如悬浮在次级集料和沥青胶浆中，因而具有较高的黏聚力，但摩阻角较低，因此高温稳定性较差。

(2)骨架—空隙结构。这种结构的沥青混合料采用连续型开级配矿质混合料；这种矿质混合料递减系数较大，粗集料所占比例较高，但细集料少，甚至没有，粗集料可以互相靠拢形成骨架，但由于细集料数量过少，不足以填满粗集料之间的空隙。

(3)密实—骨架结构。这种结构的沥青混合料采用间断型密级配矿质混合料。由于这种矿质混合料断去了中间尺寸粒径的集料，既有较多数量的细集料可形成空间骨架。同时又有相当数量的细集料可填密骨架的空隙。

31. 答：沥青中的蜡在高温中会使沥青容易发软，导致沥青路面高温稳定性降低，出现车辙；同样在低温时会使沥青变得硬脆；导致路面低温抗裂性降低，出现裂缝。此外，蜡会使沥青与石料的黏附性降低，在有水的条件下会使路面石子产生剥落现象，造成路面破坏，更严重的是含蜡沥青会使沥青路面的抗滑性降低，影响路面的行车安全。

32. 答：路面沥青混合料直接承受车辆荷载的作用，首先应具备一定的力学强度，除了交通的作用外，还受到各种自然因素的影响，因此，沥青混合料必须具备高温稳定性、低温抗裂性和耐久性等。为保证行车安全舒适，沥青混合料还应具备优良的抗滑性。为保证施工顺畅，还应具备易于施工的和易性。

33. 答：沥青与粗集料黏附性试验评价粗集料抗水剥离能力的方法如下：

(1)同一试样应平行试验5个集料颗粒，并由两名以上经验丰富的试验人员分别评定后，取平均等级作为试验结果。

(2)沥青与集料的黏附性等级判定方法如下：

试验后石料表面上沥青膜剥落情况	黏附性等级
沥青膜完全保存，剥离面积百分率接近于0	5
沥青膜小部分为水所移动，厚度不均匀，剥离面积百分率少于10%	4
沥青膜局部明显地为水所移动，基本保留在石料表面上，剥离面积百分率少于30%	3
沥青膜大部分为水所移动，局部保留在石料表面上，剥离面积百分率大于30%	2
沥青膜完全为水所移动，石料基本裸露，沥青全浮于水面	1

34. 答：沥青混合料配合比设计中，矿料级配设计的选用及调整原则如下：

(1)根据所建工程要求、道路等级、路面类型、所处结构层位等因素确定沥青混合料类型，再根据《公路沥青路面施工技术规范》(JTG F40—2004)确定矿料级配范围。

针对不同的道路等级、气候和交通特点,确定采用粗型(C型)或细型(F型)的混合料。对夏季温度高、高温持续时间长、重载交通多的路段,宜选用粗型密级配沥青混合料(AC—C型),并取较高的设计空隙率;对冬季温度低、且低温持续时间长的地区,或者重载交通较少的路段,宜选用细型密级配沥青混合料(AC—F型),并取较低的设计空隙率。

(2)为确保高温抗车辙能力,同时兼顾低温抗裂性能的需要。配合比设计时宜适当减少公称最大粒径附近的粗集料用量,减少0.6mm以下部分细粉的用量,使中等粒径集料较多,形成S型级配曲线,并取中等或偏高水平的设计空隙率。

(3)在级配确定之后,选取符合规范要求的不同规格的矿料进行级配设计。在有条件下或对高速公路和一级公路沥青路面矿料配合比设计宜借助电子计算机的电子表格,用试配法进行。

(4)对高速公路和一级公路,宜在工程设计级配范围内计算1~3组粗细不同的配合比,绘制设计级配曲线,分别位于工程设计级配范围的上方、中值及下方。设计合成级配不得有太多的锯齿形交错,且在0.3~0.6mm范围内不出现"驼峰"。当反复调整不能满意时,宜更换材料设计。

35.答:马歇尔试验确定最佳沥青用量的步骤如下:

(1)制备马歇尔试件

①根据选定的混合料类型和经验确定沥青的大致预估用量,以预估的沥青用量(通常采用油石比)为中值,按一定间隔(对密级配沥青混合料通常为0.5%,对沥青碎石混合料可适当缩小间隔为0.3%~0.4%),取5个或5个以上不同的油石比分别成型马歇尔试件。每一组试件的试样数按现行试验规程的要求确定(通常5个),对粒径较大的沥青混合料,宜增加试件数量。

②按已确定的矿质混合料类型,计算某个沥青用量下的一个或一组马歇尔试件各种规格集料的用料。一个马歇尔试件的矿料总量大约在1200g左右。

③拌和沥青混合料,击实成型。

(2)测定计算试件的物理指标

试件的毛体积相对密度和吸水率、沥青混合料的最大理论相对密度、试件的空隙率、矿料间隙率、沥青的饱和度等体积指标。

(3)测定试件的力学指标

采用马歇尔试验仪测定马歇尔稳定度及流值。

(4)确定最佳沥青用量

①绘制沥青用量与物理—力学指标关系图。

②根据试验曲线,确定沥青混合料的最佳沥青用量初始值OAC_1。

在关系曲线图求取相应于密度最大值、稳定度最大值、目标空隙率(或中值)、沥青饱和度范围的中值的沥青用量a_1、a_2、a_3、a_4,取平均值作为OAC_1。

如果在所选择的沥青用量范围未能涵盖沥青饱和度的要求范围,则$OAC_1=(a_1+a_2+a_3)/3$。

对所选择试验的沥青用量范围,密度或稳定度没有出现峰值(最大值经常在曲线的两端)

时，可直接以目标空隙率所对应的沥青用量作为 OAC_1，但 OAC_1 必须介于 $OAC_{min} \sim OAC_{max}$ 的范围内，否则应重新进行配合比设计。

③确定沥青混合料的最佳沥青用量 OAC_2：以各项指标均符合技术标准（不含 VMA）的沥青用量范围 $OAC_{min} \sim OAC_{max}$ 的中值作为 OAC_2。

④确定最佳沥青用量 OAC：OAC 的确定应根据沥青路面类型、工程实践经验、道路等级、交通特性及气候条件等因素确定，通常情况下取 OAC_1 及 OAC_2 的中值作为最佳沥青用量 OAC。

检查关系曲线图中相应于此 OAC 的各项指标是否均符合马歇尔试验技术标准。

⑤根据实践经验和公路等级、气候条件、交通情况，调整确定最佳沥青用量 OAC。

(5)配合比设计检验

可主要检验高温稳定性（车辙试验）和水稳定性。

36. 答：(1)绘制沥青用量与物理—力学指标关系图。

(2)根据试验曲线，确定沥青混合料的最佳沥青用量初始值 OAC_1。

①在关系曲线图求取相应于密度最大值、稳定度最大值、目标空隙率（或中值）、沥青饱和度范围的中值的沥青用量 a_1、a_2、a_3、a_4，取平均值作为 OAC_1，即 $OAC_1 = (a_1 + a_2 + a_3 + a_4)/4$。

②当所选择的沥青用量范围未能涵盖沥青饱和度的要求范围，则 $OAC_1 = (a_1 + a_2 + a_3)/3$。

③对所选择试验的沥青用量范围，密度或稳定度没有出现峰值（最大值经常在曲线的两端）时，可直接以目标空隙率所对应的沥青用量作为 OAC_1，但 OAC_1 必须介于 $OAC_{min} \sim OAC_{max}$ 的范围内，否则应重新进行配合比设计。

(3)确定沥青混合料的最佳沥青用量 OAC_2。

以各项指标均符合技术标准（不含 VMA）的沥青用量范围 $OAC_{min} \sim OAC_{max}$ 的中值作为 OAC_2，即 $OAC_2 = (OAC_{min} + OAC_{max})/2$。

(4)确定最佳沥青用量 OAC，步骤如下：

①OAC 的确定应根据沥青路面类型、工程实践经验、道路等级、交通特性及气候条件等因素确定，通常情况下取 OAC_1 及 OAC_2 的中值作为最佳沥青用量 OAC，即 $OAC = (OAC_1 + OAC_2)/2$。

②计算得到的最佳沥青用量 OAC，从绘制的关系曲线图中得出所对应的空隙率值 VV 和矿料间隙率 VMA 值，检验是否能满足热拌沥青混合料规定的最小 VMA 值的要求。OAC 宜位于 VMA 凹形曲线最小值的贫油一侧。当空隙率不是整数时，最小 VMA 按内插法确定，并将其画入关系曲线图中。

③检查关系曲线图中相应于此 OAC 的各项指标是否均符合马歇尔试验技术标准。

37. 答：1)RTFOT 表示沥青旋转薄膜加热试验。

2)沥青旋转薄膜加热试验操作要点如下：

(1)准备工作

①用汽油或三氯乙烯洗净盛样瓶后，置温度（105 ±5)℃烘箱中烘干，并在干燥器中冷却后编号称其质量（m_0），准确至 1mg。盛样瓶的数量应能满足试验的试样需要，通常不少于 8 个。

②将旋转加热烘箱调节水平，并在（163 ±0.5)℃下预热不少于 16h，使箱内空气充分加热均匀。调节好温度控制器，使全部盛样瓶装入环形金属架后，烘箱的温度应在 10min 以内达到

(163 ±0.5)℃。

③调整喷气嘴与盛样瓶开口处的距离为6.35mm,并调节流量计,使空气流量为(4000 ±200)mL。

④按规定方法准备沥青试样,分别注入已称质量的盛样瓶中,其质量为(35 ±0.5)g,放入干燥器中冷却至室温后称取质量(m_1),准确至1mg。需测定加热前后沥青性质变化时,应同时灌样测定加热前沥青的性质。

(2)试验步骤

①将称量完后的全部试样瓶放入烘箱环形架的各个瓶位中,关上烘箱门后开启环形架转动开关,以(15 ±0.2)r/min速度转动。同时开始将流速(4000 ±200)mL/min的热空气喷入转动着的盛样瓶的试样中,烘箱的温度应在10min回升到(163 ±0.5)℃,使试样在此温度下受热时间不少于75min。总的持续时间为85min。若10min内达不到试验温度,则试验不得继续进行。

②到达时间后,停止环形架转动及喷射热空气,立即逐个取出盛样瓶,并迅速将试样倒入一洁净的容器内混匀(进行加热质量变化的试样除外),以备进行旋转薄膜加热试验后的沥青性质的试验,但不允许将已倒过的沥青试样瓶重复加热来取得更多的试样。所有试验项目应在72h内全部完成。

③将进行质量变化试验的试样瓶放入真空干燥器中,冷却至室温,称取质量(m_2),准确至1mg。此瓶内的试样即予废弃(不得重复加热用来进行其他性质的试验)。

(3)计算沥青旋转薄膜加热试验后各项老化指标:质量变化、残留物针入度比、残留物软化点增值、黏度比、沥青的老化指数。

38. 答:根据无机结合料不同,半刚性基层或底基层包括:(1)水泥稳定类,如水泥稳定碎石;(2)石灰工业废渣稳定类,如石灰粉煤灰土;(3)石灰稳定类,如石灰稳定土;(4)综合稳定类,如水泥粉煤灰综合稳定土。

39. 答:水泥稳定中粒混合料配合比设计步骤如下:

(1)材料试验。

(2)按3%、4%、5%、6%、7%五种水泥剂量配制同一种但不同水泥剂量的样品。

(3)确定各种混合料的最佳含水率和最大干密度,至少进行3个不同剂量混合料的击实试验,即最小、中间、最大剂量。

(4)按规定压实度分别计算不同剂量试件应有的干密度。

(5)按最佳含水率和计算得的干密度制备试件。

(6)在规定温度下保湿养生6d,浸水24h后,进行无侧限抗压强度试验。

(7)计算平均值和偏差系数。

(8)选定合适的水泥剂量,此剂量$R \geqslant R_d/(1-Z_aC_v)$,即$R \geqslant 3.0/(1-Z_aC_v)$。

(9)工地实际采用水泥剂量应比室内试验确定剂量多0.5%~1.0%。

(10)确定水泥剂量。

40. 答:(1)有效氧化钙是指石灰中活性的游离氧化钙。有效氧化钙和氧化镁是石灰中产生黏结作用的成分,其含量是评价石灰质量的主要指标。因此,测定石灰有效氧化钙和氧化镁的意义重大。

(2)测定有效氧化钙含量的方法是根据有效氧化钙与蔗糖化合生成蔗糖钙,然后采用中和滴定法,用已知浓度的盐酸进行滴定,按盐酸耗量可推算出有效氧化钙的含量。

41.答:用于桥梁建筑中的钢材,根据工程使用条件和特点,应具备下列技术要求:

(1)良好的综合力学性能,包括具有较高的屈服点和抗拉强度。

(2)良好的焊接性,焊接部分强而韧,其强度和韧性不低于或略低于焊件本身,以防止出现硬化脆裂和内应力过大等现象。

(3)良好的抗腐蚀性。

(三)案例分析题和计算题答案与解答

1.解:湿土为:1800×(1+3.5%)=1863g

分别加水为:1800×(9%−3.5%)=99g

1800×(11%−3.5%)=135g

1800×(13%−3.5%)=171g

1800×(15%−3.5%)=207g

1800×(17%−3.5%)=243g

2.解:设总体积为1,解题示意图见右图

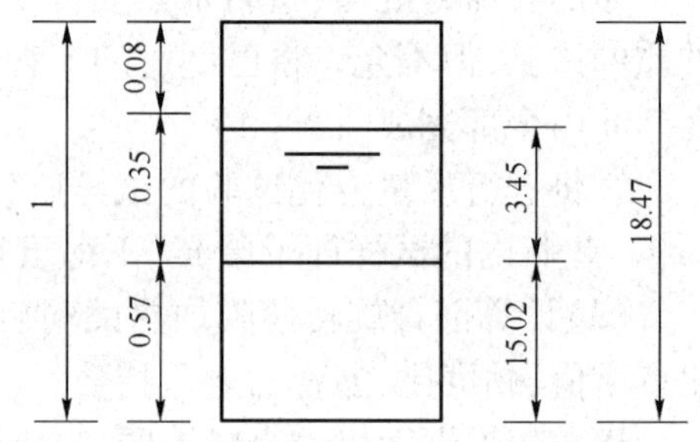

总重量为:18.47kN

土粒重量为:15.02kN;水的重量为:3.45kN

土粒体积为:0.57

水的体积为:0.35

饱和容重:$\gamma_{sat}=(0.43\times9.81+15.02)$

$=19.23\text{kN/m}^3$

饱和度为:$S_r=V_w/V_v=0.35/0.43=0.81$

3.解:计算试件的膨胀量及吸水量如下表:

试件编号	1	2	3
泡水前试件高度(mm)	120	120	120
泡水后试件高度(mm)	128.6	136.5	133
膨胀量(%)	7.167	13.75	10.83
泡水前筒+试件和质量(g)	10900	8937	9790
泡水后筒+试件和质量(g)	11530	9537	10390
吸水量(g)	630	600	600

4.解:土的相对密度填表如下:

液体比重	干土质量(g)	瓶、液体总质量(g)	瓶、液体、土总质量(g)	相对密度	平均值
0.999	14.945	134.714	144.225	2.746	2.744
0.999	14.940	134.696	144.191	2.741	

5.解:石灰岩石料的单轴抗压强度试验结果计算如下表:

试样编号	试件处理方式	试样尺寸(mm)			试件截面积(mm²)	极限荷载(kN)	抗压强度(MPa)	平均抗压强度(MPa)
		长	宽	高				
1	饱水	50	50	50	2500	214.5	85.8	81.8
2		50	50	50	2500	215.6	86.2	
3		50	50	50	2500	195.2	78.1	
4		50	50	50	2500	197.5	79.0	
5		50	50	50	2500	199.4	79.8	
6		50	50	50	2500	205.0	82.0	

按现行标准规定,岩石抗压强度与混凝土强度等级之比不应小于1.5,且沉积岩不宜小于30MPa。该碎石可以用于混凝土。

6.解:(1)计算级配三参数如下表:

筛孔尺寸 d_i(mm)	4.75	2.36	1.18	0.6	0.3	0.15	筛底
分计筛余百分率(%)	5	7	18	28	23	14	5
累计筛余百分率(%)	5	12	30	58	81	95	100
通过百分率(%)	95	88	70	42	19	5	0

(2)计算细度模数:$M_X=\frac{(95+81+58+30+12)-5\times5}{100-5}=2.64$,该砂为中砂。

(3)该砂符合II区砂的级配范围要求,可以用于配制水泥混凝土。

7.解:(1)水泥抗折强度计算

水泥3d抗折强度:$(4.4+3.6+3.8)/3=3.9$MPa

因$(4.4-3.9)/3.9=12\%>10\%$,剔除4.4

水泥3d抗折强度平均值$=(3.6+3.8)/2=3.7$MPa

水泥28d抗折强度平均值$=(7.0+6.5+6.8)/3=6.8$MPa

(2)抗压强度计算

水泥3d抗压强度破坏荷载:$(23.2+28.9+29.0+28.4+26.5+26.5)/6=27.1$kN

因$(27.1-23.2)/27.1=14.4\%>10\%$,剔除23.2

水泥3d抗压强度破坏荷载平均值$=(28.9+29.0+28.4+26.5+26.5)/5=27.9$kN

水泥3d抗压强度$=27900/1600=17.4$MPa

水泥28d抗压强度破坏荷载:$(71.2+75.5+70.3+67.6+69.4+68.8)/6=70.5$kN

水泥28d抗压强度$=70500/1600=44.1$MPa

该水泥符合42.5普通水泥的强度要求,合格。

8.解:(1)计算混凝土的配制强度:$f_{cu,0}=f_{cu,k}+1.645\sigma=30+1.645\times5.0=38.2$MPa

(2)计算初步配合比

①计算水灰比

水泥实际强度为:$f_{ce}=1.16\times42.5=49.3$MPa

$$W/C=\frac{\alpha_a f_{ce}}{f_{cu,o}+\alpha_a\alpha_b f_{ce}}=\frac{0.53\times49.3}{38.2+0.53\times0.20\times49.3}=0.60$$

按耐久性要求允许最大水灰比为 0.55 校核，$W/C=0.60$ 未满足耐久性要求，取 $W/C=0.55$。

②计算单位水泥用量

单位用水量 $m_{wo}=195\text{kg/m}^3$，则 $m_{co}=m_{wo}/(W/C)=\dfrac{195}{0.55}=355\text{kg/m}^3$，

按耐久性要求最小水泥用量为 300kg/m^3 校核，$m_{co}=355\text{kg/m}^3$ 符合要求。

③计算单位砂石用量

已知混凝土砂率 $\beta_s=33\%$，$\rho_c=3.10\times10^3\text{kg/m}^3$，$\rho_s=2.65\times10^3\text{kg/m}^3$，$\rho_g=2.70\times10^3\text{kg/m}^3$，采用体积法计算：

$$\begin{cases}\dfrac{m_{so}}{2650}+\dfrac{m_{go}}{2700}=1-\dfrac{355}{3100}-\dfrac{195}{1000}-0.01\times1\\[2ex]\dfrac{m_{so}}{m_{so}+m_{go}}\times100=33\end{cases}$$

解得：单位砂用量 $m_{s0}=601\text{kg/m}^3$，单位碎石用量 $m_{g0}=1226\text{kg/m}^3$。

④初步配合比为：$m_{c0}:m_{w0}:m_{s0}:m_{g0}=355:195:601:1226$。

(3)试拌 30L 混凝土，实际各材料用量为：水泥 $355\times0.03=10.65\text{kg}$

水 $195\times0.03=5.85\text{kg}$

砂 $601\times0.03=18.03\text{kg}$

碎石 $1226\times0.03=36.78\text{kg}$

9. 解：(1)调整后单位水泥用量为 $(1+5\%)m_{co}$，单位用水量为 $(1+5\%)\times0.51m_{co}$，单位砂用量为 $1.86m_{co}$，单位石用量为 $3.52m_{co}$（单位砂石用量可保持不变），则基准配合比为 1:1.77:3.35，$W/C=0.51$。

(2)单位水泥用量为 340kg，则单位用水量为 $0.51\times340\text{kg}=173\text{kg}$，单位砂用量为 $1.77\times340\text{kg}=602\text{kg}$，单位石用量为 $3.35\times340\text{kg}=1139\text{kg}$。

(3)施工配合比为：单位水泥用量为 340kg

单位砂用量为 $(1+5\%)\times602\text{kg}=632\text{kg}$

单位石用量为 $(1+2\%)\times1139\text{kg}=1162\text{kg}$

单位水用量为 $173\text{kg}-(602\times5\%+1139\times2\%)=120\text{kg}$

现场拌制 400L 混凝土各种材料的实际用量：

单位水泥用量为 $0.4\times340\text{kg}=136\text{kg}$

单位砂用量为 $0.4\times632\text{kg}=253\text{kg}$

单位石用量为 $0.4\times1162\text{kg}=465\text{kg}$

单位水用量为 $0.4\times120\text{kg}=48\text{kg}$

10. 解：(1)已知单位水泥用量为 335kg/m^3，其他各材料用量为：单位用水量为 $0.55\times335=184\text{kg/m}^3$，单位砂用量为 $1.78\times335=596\text{kg/m}^3$，单位石用量为 $3.63\times335=1216\text{kg/m}^3$。

(2)若单位用水量不变，则 $W/C=0.50$ 的一组：单位水泥用量为 $184\div0.50=368\text{kg/m}^3$。$W/C=0.60$ 的一组：单位水泥用量为 $184\div0.60=307\text{kg/m}^3$。

(3)B 组最合适。

11. 解：(1) 水泥　5.2 ÷ 0.015 = 347kg

水　2.9 ÷ 0.015 = 193kg

砂　9.6 ÷ 0.015 = 640kg

碎石　18.5 ÷ 0.015 = 1233kg

混凝土计算密度 = 347 + 193 + 640 + 1233 = 2413kg/m^3，|2362 − 2413|/2362 = 2.2% > 2%；

校正系数 = 2362/2413 = 0.98；

试验室配合比为水泥：水：砂：碎石 = 340：189：627：1208。

(2) 计算施工配合比：水泥 = 340kg/m^3

砂 = 627 × (1 + 4%) = 652kg/m^3

碎石 = 1208 × (1 + 1.5%) = 1226kg/m^3

水 = 189 − (627 × 4% + 1208 × 1.5%) = 146kg/m^3

(3) 试验室 W/C = 189/340 = 0.56，错误的施工 W/C = (189 + 627 × 4% + 1208 × 1.5%)/340 = 0.68，

按强度理论计算：$f_{cu,28} = \alpha_a f_{ce}(C/W - \alpha_b) = 0.46 \times 47.3 \times (1/0.56 - 0.07) = 37.3\text{MPa}$，

错误时 $f_{cu,28} = \alpha_a f_{ce}(C/W - \alpha_b) = 0.46 \times 47.3 \times (1/0.68 - 0.07) = 30.5\text{MPa}$，

因为$\dfrac{37.3 - 30.5}{37.3} \times 100\% = 18.23\%$，所以强度将下降 18.23%。

12. 解：混凝土破坏荷载平均值为 (660 + 682 + 668)/3 = 670kN；

混凝土抗压强度为 670000/150^2 = 29.8MPa；

混凝土的抗压强度标准值 $f_{cu,k} = f_{cu,28} - 1.645\sigma = 29.8 - 1.645 \times 3.6 = 23.9\text{MPa}$；

分析确定该混凝土的强度等级应为 C20。

13. 解：(1) 确定最佳油石比

初始值 OAC_1 = (5.2% + 5.2% + 4.7% + 4.6%)/4 = 4.9%；

同时满足各项技术指标要求的公共油石比范围：$OAC_{min} \sim OAC_{max}$ = 4.3% ~ 4.9%；

初始值 OAC_2 = (4.3% + 4.9%)/2 = 4.6%；

综合确定最佳油石比 OAC = (4.9% + 4.6%)/2 = 4.8%。

(2) 最佳沥青用量为$\dfrac{4.8}{100 + 4.8} \times 100\% = 4.6\%$。

14. 解：计算动稳定度，如下表：

试验温度		60℃	轮压		0.7MPa	试件密度		2.428g/cm^3	
试验尺寸		300mm × 300mm × 50mm	空隙率		4.0%	制件方法		轮碾法	
试件编号	时间 t_1 (min)	时间 t_2 (min)	t_1 时的变形量 d_1 (mm)	t_2 时的变形量 d_2 (mm)	试验轮往返碾压速度 (次/min)	试验机系数 C_1	试件系数 C_2	动稳定 DS (次/mm)	
1	45	60	5.22	5.73	42	1	1	1235	1246
2	45	60	5.79	6.27	42	1	1	1313	
3	45	60	6.23	6.76	42	1	1	1189	
备注：动稳定变异系数为 5.0%									

1-3 气候区属于夏炎热冬冷区，普通沥青混合料的动稳定度应不小于 1000 次/mm，该试验结果满足要求。

15. 解：计算各剂量平均强度及偏差系数分别如下：

水泥用量为 3% 时，平均 $R = 0.94$，$C_v = 0.15/0.94 = 16.0\%$。

水泥用量为 4% 时，平均 $R = 1.50$，$C_v = 0.09/1.5 = 6.0\%$。

水泥用量为 5% 时，平均 $R = 1.68$，$C_v = 0.11/1.68 = 6.5\%$。

水泥用量为 6% 时，平均 $R = 1.72$，$C_v = 0.16/1.72 = 9.4\%$。

水泥用量为 7% 时，平均 $R = 1.98$，$C_v = 0.20/1.98 = 10.2\%$。

评定标准如下：

水泥用量为 3% 时，$R_d/(1-1.645C_v) = 2.04$。

水泥用量为 4% 时，$R_d/(1-1.645C_v) = 1.66$。

水泥用量为 5% 时，$R_d/(1-1.645C_v) = 1.66$。

水泥用量为 6% 时，$R_d/(1-1.645C_v) = 1.77$。

水泥用量为 7% 时，$R_d/(1-1.645C_v) = 1.80$。

水泥用量为 5% 时，平均强度：$\bar{R} = R_d/(1-1.645C_v) = 1.68$。

水泥用量为 7% 时，平均强度：$\bar{R} = 1.98 > R_d/(1-1.645C_v) = 1.80$。

综合考虑，取 5% 水泥用量。考虑工地情况，应增加水泥用量 0.5% ~1.0%。

16. 解：石灰：3kg；粉煤灰：5/(1+0.25)=4kg；土样：20/(1+0.08)=18.52kg。

压实度 95%，得：

$$\begin{aligned}\text{单个试件的湿质量 } m_0 &= V \times e_{max} \times (1 + w_{opt}) \times \gamma \\ &= 1.68 \times (3.14 \times 2.5^2) \times 5 \times (1 + 18\%) \times 95\% \\ &= 184.80\text{g}\end{aligned}$$

$$\text{单个试件的干质量} = 184.80 \div (1 + 18\%) = 156.6\text{g}$$

各材料用量如下：

石灰：$156.6 \times 10\% = 15.7$g

粉煤灰：$156.6 \times 14\% \times (1+25\%) = 27.4$g

土：$156.6 \times 76\% \times (1+8\%) = 128.6$g

加水：$156.6 \times 18\% - (156.6 \times 14\% \times 25\% + 156.6 \times 76\% \times 8\%) = 13.2$g

17. 解：钢筋指标计算如下表：

试验次数	公称直径（mm）	试件原始标距 L0（mm）	屈服点			抗拉强度			伸长率		
			屈服力 F_s（N）	屈服点 σ_s（MPa）		最大拉力 F_b（N）	抗拉强度 σ_b（MPa）		试样断后标距 L_1（mm）	伸长率 δ（%）	
1	20	100	108	345	337.5	163	520	517.5	130	30.0	30.5
2	20	100	107	330		162	515		131	31.0	

依据《钢筋混凝土用热轧带肋钢筋》（GB 1499.2—2007）规定，该钢筋的屈服点、抗拉强度和伸长率均满足 HRB335 热轧带肋钢筋拉伸性能指标要求，因此，能用于桥梁混凝土结构。

18. 解：一块车辙试验标准试件的体积为：$0.3\times0.3\times0.05=4.5\times10^{-3}m^3$

制备一块车辙试验标准试件需要沥青混合料总量为：$1.03\times4.5\times10^{-3}\times2430=11.263kg$

沥青含量 $P_b=\frac{P_a}{1+P_a}\times100\%=\frac{5.3}{100+5.3}\times100\%=5.03\%$，则

沥青用量为：$11.263\times10^3\times5.03\%=567g$

矿料总量为：$11263-567=10696g$

19. 解：马歇尔稳定度测定值按从小到的顺序排列为：8.50kN、8.82kN、9.63kN、10.04kN、14.62kN；

马歇尔稳定度平均值为：$(9.63+8.50+8.82+10.04+14.62)/5=10.32kN$；

标准差为：$s=\sqrt{\frac{\sum(x_i-\bar{x})^2}{n-1}}=2.48kN$；

该组马歇尔稳定度试验结果中异常值舍弃的判定标准为：$1.67\times2.48=4.14kN$；

判定最小值：$|x_{min}-\bar{x}|=|8.50-10.32|=1.82kN<4.14kN$，应保留；

判定最大值：$|x_{max}-\bar{x}|=|14.62-10.32|=4.30kN>4.14kN$，应舍弃；

判定次大值：$|10.04-10.32|=0.28kN<4.14kN$，应保留；

马歇尔稳定度平均值为：$(9.63+8.50+8.82+10.04)/4=9.25kN$。

20. 解：该试洞体积为：$V=(2850-616.4)/1.28=1745cm^3$

该土密度为：$\rho=4031/1745=2.31g/cm^3$

该土干密度为：$\rho_d=\rho/(1+\omega)=2.31/(1+11.2\%)=2.08g/cm^3$。

压实度：$k=\rho_d/\rho_{dmax}=2.08/2.20=94.5\%$。

五、综合题答案与题解

1. (1)A　　(2)AB　　(3)ABD　　(4)CD　　(5)ABC

题解：(1)由表中试验数据可知，a 土粒径大的含量少，粒径小的含量多，所以 *a* 土细颗粒含量多。

(2)对于细颗粒含量多的土，密度较小，而最佳含水率则相对高，所以随着土中细颗粒含量增多，最大干密度减小，最佳含水率提高。

(3)击实曲线为一抛物线形状，有峰值，峰值点为最佳含水率与最大干密度，偏干状态的土含水率变化对干密度影响较大，所以左陡右缓。

(4)随着击实次数的增多，由于击实功的增大，使土越来越密实，所以土的最大干密度增加，相应的最佳含水率减小。

(5)根据《公路土工试验规程》(JTG E40—2007)规定，颗粒分析试验对于粒径大于0.075mm的颗粒用筛分法进行颗粒分析，对于粒径小于0.075mm的土颗粒用沉降分析法。

2. (1)A　　(2)C　　(3)B　　(4)ABCD　　(5)ABCD

题解：(1)根据《公路土工试验规程》(JTG E40—2007)T0134—1993中规定，土的CBR值一般采用贯入量为2.5mm时的单位压力与标准压力之比作为材料的承载比(CBR)，即CBR =

$\frac{p}{7\,000} \times 100\% = \frac{611}{7\,000} \times 100\% = 8.7\%$。

(2)贯入量为5mm时的承载比为：$CBR = \frac{p}{10\,500} \times 100\% = \frac{690}{10\,500} \times 100\% = 6.6\%$。

(3)膨胀量计算：膨胀量＝泡水后试件高度变化/原试件高(120mm)。

(4)规范规定，制备三种不同干密度试件，每组干密度试件制备三个，共制9个试件；并采用不同的击数；关于CBR的取值，选项C、D均正确。

(5)根据《公路土工试验规程》(JTG E40—2007)T0134—1993中规定，制备CBR试件的最佳含水率应按重型击实Ⅱ-2进行击实试验，泡水测膨胀量试验，四个选项均属于规范要求，所以是正确选项。

3. (1)A　　(2)A　　(3)AD　　(4)A　　(5)ABC

题解：(1) $e_1 = e_0 - \frac{\Delta H}{H_0}(1 + e_0) = 0.806 - \frac{20 - 19.31}{20} \times (1 + 0.806) = 0.752$。

(2) $e_2 = e_0 - \frac{\Delta H}{H_0}(1 + e_0) = 0.806 - \frac{20 - 18.76}{20} \times (1 + 0.806) = 0.694$。

(3)由于土不是线弹性体，所以压缩模量不是定值，土的压缩曲线是一条曲线，随着压力的增大，土越来越密实，压缩系数越来越小，压缩模量越来越大。

(4) $a_{1-2} = \frac{e_1 - e_2}{p_2 - p_1} = \frac{0.752 - 0.694}{200 - 100} = 0.58\text{MPa}^{-1}$。

(5)饱和土的压缩，是由于土孔隙中的水排出而使土体积减小，土颗粒与水分子本身是不可压缩的。

4. (1)A　　(2)D　　(3)AC　　(4)ABD　　(5)ABD

题解：(1)根据《公路土工试验规程》(JTG E40—2007)对细粒土用塑性图进行分类定名的依据，将土样的液限值代入A线公式，计算A线上的塑性指数，然后与土样自身塑性指数进行比较即可。土样1，A线数值：$I_p = 0.73(w_L - 20) = 0.73 \times (35 - 20) = 10.95$，土样塑性指数：$I_p = w_L - w_p = 35 - 20 = 15$，土样的塑性指数位于A线以上，土样液限低于50%，所以属于低液限黏土CL。

(2)土样2，A线数值：$I_p = 0.73(w_L - 20) = 0.73 \times (65 - 20) = 32.85$，土样塑性指数：$I_p = w_L - w_p = 65 - 42 = 23$，土样的塑性指数位于A线以下，土样液限高于50%，所以属于高液限粉土MH。

(3)土的塑性指数是反映土中黏粒含量多少的指标，塑性指数大，黏粒含量多，可塑性大。

(4)根据界限含水率基本概念，缩限A选项正确，根据《公路土工试验规程》(JTG E40—2007)规定，塑限可以用滚搓法测定。

(5)根据《公路土工试验规程》(JTG E40—2007)T0123—1993规定，砂的相对密度测定方法为A、B，计算公式为D。

5. (1)A　　(2)ABC　　(3)AB　　(4)BCD　　(5)C

题解：(1)通过率是指小于某粒径的土质量百分比，该土5mm的通过率为(300－1 600)/3 000＝46.7%。

(2)根据《公路土工试验规程》(JTG E40—2007)规定，粒组划分为三大粒组。

(3)根据《公路土工试验规程》(JTG E40—2007)规定,土级配是否良好应同时满足不均匀系数 C_u 及曲率系数 C_c 两个指标的要求。

(4)根据《公路土工试验规程》(JTG E40—2007)规定,筛分法适用于B、C、D三种土。

(5)风干土是指在干净阴凉和通风的房间中,将采回的土样放在牛皮纸或塑料薄膜上,摊成薄薄的一层,置于室内通风晾干,所以含水率与大气相同。

6.(1)BC (2)ACD (3)BD (4)B (5)ABC

题解:(1)表观密度、碱—集料反应试验依据《公路工程集料试验规程》(JTG E42—2005)进行;压碎值、针片状颗粒含量、质量损失(坚固性)、含泥量试验依据《建设用卵石、碎石》(GB/T 14685—2011)进行。

(2)粗集料振实空隙率 $V_c=(1-\rho/\rho_a)\times100\%$,$\rho_a$ 为粗集料表观密度,ρ 为粗集料振实堆积密度;水泥混凝土配合比设计,采用体积法计算单位砂石材料用量时需要粗细集料的表观密度;表观密度是评价碎石质量的指标之一;碎石室内试验无压实度评价指标。

(3)针片状颗粒含量计算结果精确至1%,实测值应为4%;含泥量计算结果精确至0.1%,实测值应为0.3%。

(4)砂浆长度法用于鉴定水泥中的碱与活性集料反应所引起的膨胀;岩相法鉴别集料中碱活性集料的种类与数量;抑制集料碱活性效能试验是对掺加抑制材料效果的检验;膨胀率试验用于评价砂的含水率在一定变化范围内体积变化情况。

(5)A、C选项符合《建设用卵石、碎石》(GB/T 14685—2011)技术指标要求;10~20mm规格碎石为单粒级。

7.(1)C (2)AB (3)BD (4)BCD (5)BCD

题解:(1)粗集料密度试验通常采用网篮法,也可以采用容量瓶法、广口瓶法,但不适于仲裁及沥青混合料配合比设计使用。粗集料表观密度、毛体积密度采用试验温度下水的密度修正:$\rho_a=\gamma_a\cdot\rho_T$、$\rho_b=\gamma_b\cdot\rho_T$;水温修正系数修正:$\rho_a=(\gamma_a-\alpha_T)\cdot\rho_w$、$\rho_b=(\gamma_b-\alpha_T)\cdot\rho_w$。其中,$\gamma_a$、$\gamma_b$ 分别为粗集料表观相对密度、毛体积相对密度,ρ_w 为4℃水的密度($1.000g/cm^3$)。

(2)水泥混凝土用粗集料振实空隙率 $V_c=(1-\rho/\rho_a)\times100\%$,$\rho_a$、$\rho$ 分别为粗集料的表观密度和振实堆积密度;沥青混合料用粗集料骨架捣实间隙率 $VCA_{DRC}=(1-\rho/\rho_b)\times100\%$,$\rho_b$、$\rho$ 分别为粗集料的毛体积密度和自然堆积密度;水泥混凝土用粗集料以表观密度作为评价指标,沥青混合料用粗集料以表观相对密度作为评价指标。

(3)粗集料表观密度和毛体积密度的单个值与平均值计算均准确值3位小数;吸水率计算方法正确:$w_x=\frac{m_f-m_a}{m_a}\times100\%$,单个值与平均值均应精确至0.01%,吸水率平均值应为0.59%。

(4)依据《公路工程集料试验规程》(JTG E42—2005),粗集料表观密度、毛体积密度精密度要求两次试验结果相差不得超过0.02,两次吸水率结果相差不得超过0.2%,本试验均满足要求。粗集料的表观相对密度 $\gamma_a=m_a/(m_a-m_w)$、毛体积相对密度 $\gamma_b=m_a/(m_f-m_w)$,计算结果均准确值3位小数。

(5)试验环境,要求水温调节至15~25℃;B、C、D符合试验规程要求。

8.(1)ABCD (2)AC (3)BC (4)BD (5)AB

题解:(1)细度模数是评价砂粗细程度指标;砂的级配需要采用细度模数与级配参数(分

计筛余、累计筛余、通过百分率）共同评价；累计筛余是砂中大于某粒径颗粒含量的含义；该砂样质量为500g，按筛分试验各筛余质量和筛底质量总和应不超过试样总量的1%的要求计算，试验精度上限应为5g。

（2）$M_x=[(28+52+73+88+99)-5\times9]/(100-9)=3.24$（精确至0.01），粗砂细度模数3.7～3.1，为Ⅰ区砂。

（3）绘制集料级配曲线通常采用半对数坐标，即筛孔的对数作为横坐标，通过率的常数作为纵坐标。

（4）该砂为粗砂，表面积较小，内摩擦力较大，因而配制的混凝土有可能保水性差，不易捣实；细砂配制混凝土会出现黏性略大，较细软，易插捣成型，但对工作性影响较敏感。

（5）粗砂的表面积小，配制混凝土应选较中砂大的砂率，否则会出现保水性不良或离析现象；细度模数为1.6～3.7的砂包括粗砂、中砂与细砂，均可以用于配制水泥混凝土；机制砂应遵照机制砂的级配标准，与天然砂的级配标准有差异；用于混凝土的砂样筛分试验一般采用干筛法，沥青混合料及路面基层混合料用砂级配则采用水筛法。

9.（1）ABD　（2）BD　（3）AD　（4）AD　（5）AB

题解：（1）《水泥比表面积测定方法　勃氏法》（GB/T 8074—2008）规定采用水银排代法测定试料层的体积；水银密度是给定常数，与试验温度有关；试料层体积计算无误，计算值应精确至$0.001cm^3$。

（2）标准试样与水泥被测样的质量是以达到在制备试料层中的空隙率计算得到：P·Ⅱ硅酸盐水泥的空隙率为0.500 ± 0.005，其他水泥或粉料的空隙率为0.530 ± 0.005；水泥比表面积的试验原理是先测定试料层体积，然后用被测样与标准样比较计算得到其比表面积值；水泥比表面积试验第一步为仪器校准，包括漏气检查和试料层体积测定两项内容，且试料层体积至少每年校正一次；采用水银置换试料层体积时，应先将两片滤纸放入透气筒内并整平。

（3）被测水泥的密度、试料层中空隙率与标准试样相同，试验时温差≯±3℃，比表面积计算式：$S=S_s\sqrt{T}/\sqrt{T_s}$；试验时温差>±3℃时，则计算式为：$S=S_s\sqrt{T}\sqrt{\eta_s}/\sqrt{T_s}\sqrt{\eta}$，其中，$T$、$T_s$分别为被测水泥和标准试样试验时压力计中液面降落测得的时间，η、η_s分别为被测水泥和标准试样试验温度下的空气黏度，S_s为标准试样的比表面积。

（4）当被测水泥与标准试样的试料层中空隙率不同，试验温差≯±3℃时，比表面积计算式为：$S=\dfrac{S_s\sqrt{T}(1-\varepsilon_s)\sqrt{\varepsilon^3}}{\sqrt{T_s}(1-\varepsilon)\sqrt{\varepsilon_s^3}}$；如试验温差>±3℃时，计算式为：$S=\dfrac{S_s\sqrt{T}(1-\varepsilon_s)\sqrt{\varepsilon^3}\sqrt{\eta_s}}{\sqrt{T_s}(1-\varepsilon)\sqrt{\varepsilon_s^3}\sqrt{\eta}}$。当被测水泥的密度和空隙率均与标准试样不同，试验时温差≯±3℃时，比表面积计算式为：$S=\dfrac{S_s\sqrt{T}(1-\varepsilon_s)\sqrt{\varepsilon^3}\rho_s}{\sqrt{T_s}(1-\varepsilon)\sqrt{\varepsilon_s^3}\rho}$；如试验温度相差>±3℃时，则计算式为：$S=\dfrac{S_s\sqrt{T}(1-\varepsilon_s)\sqrt{\varepsilon^3}\rho_s\sqrt{\eta_s}}{\sqrt{T_s}(1-\varepsilon)\sqrt{\varepsilon_s^3}\rho\sqrt{\eta}}$。

（5）《水泥比表面积测定方法　勃氏法》（GB/T 8074—2008）规定水泥比表面积试验采用勃氏法；硅酸盐水泥和普通水泥的细度采用比表面积指标，其他硅酸盐系列水泥的细度采用80μm或45μm筛余量（%）指标；水泥细度越细对工程越不利，过细的水泥水化速度快、水化热大，其收缩裂缝越严重。

10.（1）AD　（2）BCD　（3）C　（4）C　（5）CD

题解:(1)水泥胶砂强度试验采用ISO法,水泥:标准砂=1:3,水灰比为0.5,制成40mm×40mm×160mm棱柱体试件,标准养护3d、28d,分别测定抗折强度、抗压强度;每成型三条标准试件需要水泥450g±2g,标准砂1 350g±5g,水225mL±1mL;测定试件抗折强度,两支撑圆柱间中心距离为100mm;

测定断块的抗压强度应使用夹具,面积为$40\times40mm^2$。

(2)需水量较大的水泥采用ISO法检测水泥胶砂强度时,应先进行水泥胶砂流动度试验,确定其胶砂流动度不小于180mm;若小于180mm,须以0.01倍数递增的方法将水灰比调整至满足要求,然后再进行胶砂强度试验。

(3)水泥抗压强度与抗折强度单个值与平均值均准确至0.1MPa,记录表中表达正确;3d抗折强度处理错误,4.3MPa与5.4MPa均超出0.48MPa,平均值应为4.7MPa;P.O42.5R普通型水泥的强度标准:3d抗压强度应不小于17.0MPa,3d抗折强度应不小于3.5MPa。;强度仅为评价合格水泥的指标之一。

(4)同等级水泥,早强型水泥3d强度比普通型水泥高,但28d强度不一定相同;早强型水泥和普通型水泥对合适的工程均具有较好的适用性,但早强型水泥早期水化快,更易出现早期裂缝,因此更应注意工程的早期养护;六大品种硅酸盐水泥都有早强型与普通型水泥之分。

(5)C60高强混凝土不应选择P.O42.5R,低强度等级水泥配制混凝土的用量大,收缩大且不经济;矿渣水泥的抗冻性差,不能用于抗冻环境工程;矿渣水泥、粉煤灰水泥、火山灰水泥和复合水泥的水化热低,可用于大体积混凝土工程;硅酸盐水泥和普通水泥强度高,优选配制一般土建工程钢筋混凝土及预应力混凝土。

11. (1)ABC　(2)BD　(3)ABCD　(4)ACD　(5)BC

解释:(1)立方体抗压强度为一批混凝土的单个测定值;一批混凝土抗压强度服从正态分布,总体分布中具有95%保证率的一个抗压强度值,即为抗压强度标准值,该值低于其抗压强度平均值,$f_{cu,k}=\overline{f}_{cu}^{o}-1.645\sigma=37.2-1.645\times4.0=30.6MPa$;混凝土的强度等级是由抗压强度标准值划分的。

(2)试件成型后,用湿布覆盖表面,在室温20℃±5℃,相对湿度大于50%的环境下静放1~2个昼夜,再拆模;水泥胶砂试件标准养护条件:温度20℃±1℃,相对湿度90%以上,而混凝土试件标准养护条件:温度20℃±2℃,相对湿度95%以上或温度20℃±2℃的不流动$Ca(OH)_2$饱和溶液。

(3)通常,混凝土立方体抗压强度以三块试件为一组,取三块试件强度的算术平均值作为每组试件的强度代表值。立方体试件在压力机上受压时会产生环箍效应,因此立方体抗压强度值较实际值大;轴心抗压强度与劈裂抗拉强度试验均可以消除环箍效应;轴心抗压强度较真实地反应混凝土实际受力情况。

(4)抗弯拉强度是道路路面或机场道面混凝土的主要指标,因此,按抗弯拉强度指标进行路面混凝土配合比设计,并采用经验公式法计算。

(5)混凝土的力学性质包括强度与变形两个方面;影响因素包括内因与外因两个方面;耐久性还应考虑环境条件。

12. (1)BD　(2)ABD　(3)ABD　(4)ABC　(5)ACD

解释:(1)混凝土配制强度:$f_{cu,o}=f_{cu,k}+1.645\sigma=45+1.645\times5.0=53.2MPa$;因缺乏强度

标准差统计值，查表选取5.0MPa标准差取值偏大，且环境条件不严酷，因此混凝土配制强度取53.2MPa即可，无需再提高。

(2)水胶比 $W/B = \alpha_a f_b/(f_{cu,o} + \alpha_a\alpha_b f_b) = 0.53 \times 36.5/(53.2 + 0.53 \times 0.20 \times 36.5) = 0.34 < 0.55$，满足耐久性要求；水泥抗压强度实测值 $f_{ce} = 48.7$MPa。

(3)单位用水量为：$220 \times (1 - 30\%) = 154\text{kg/m}^3$；单位胶凝材料用量为：$154/0.34 = 453\text{kg/m}^3$；单位粉煤灰用量为：$453 \times 25\% = 113\text{kg/m}^3$；单位水泥用量为：$453 - 113 = 340\text{kg/m}^3$。

(4)题干已知混凝土各种材料的密度，应采用体积法计算单位砂石用量；单位砂用量为 629kg/m^3，单位碎石用量为 $1\,164\text{kg/m}^3$。

(5)混凝土初步配合比计算以全干材料为基准；计算水胶比与单位胶凝材料用量应进行耐久性复核；初步配合比为水泥:粉煤灰:水:砂:碎石 = 340:113:154:629:1164；减水剂掺量为 $453 \times 1.5\% = 6.80$kg。

13. (1) B　(2) A　(3) BD　(4) ABD　(5) BC

题解：(1) $(1 + 1.82 + 3.60 + 0.50)m_c = 2\,400$，则 $m_c = 347\text{kg/m}^3$，$m_w = 174\text{kg/m}^3$，$m_s = 632\text{kg/m}^3$，$m_g = 1\,249\text{kg/m}^3$，单位用量表示混凝土配合比为水泥:水:砂:碎石 = 347:174:632:1 249。

(2)保持 W/C 不变，增加水泥浆数量，掺加减水剂可提高坍落度；保水性不良可适当增加砂率。

(3)基准配合比是坍落度、黏聚性和保水性均满足要求的配合比；采取掺加2.0%高效减水剂(减水率为24%)的目的在于提高坍落度，其他材料不变化，则基准配合比仍为水泥:水:砂:碎石 = 347:174:632:1 249；强度复核必须采用基准配合比。

(4)配合比强度检验，因采用三个水灰比(一个为基准 W/C，另外两个 W/C 较其分别增减0.05，同时砂率也相应增减1%)，且均检验调整为基准配合比；第2组配合比强度符合要求且经济；按要求，强度检验应至少采用三组配合比，每组试件至少制备3块。

(5)混凝土拌和物表观密度实测值与计算值的相对误差为3% > 2%，需校正；校正系数为1.03，试验室配合比为水泥:水:砂:碎石 = 357:179:651:1 286。

14. (1) ABD　(2) AB　(3) C　(4) BC　(5) ABC

题解：(1)混凝土配合比设计分为初步配合比、试验室配合比、施工配合比三个设计阶段。基准配合比设计是试验室配合比设计的一个环节。

(2)混凝土初步配合比为345:190:630:1 246，试验室试拌20L，水泥、水、砂、碎石的实际用量为单位用量乘以 0.02m^3；试验室配合比设计包括工作性、强度和密度检验；强度检验应以28d或其他设计龄期(如60d、90d)的抗压强度判定，对于路面混凝土配合比应检验抗折强度；混凝土湿表观密度试验应根据粗集料的公称最大粒径选择不同容积的密度筒。

(3)进行混凝土施工配合比折算，主要需测定砂和碎石的含水率，水泥和掺和料为干材料；砂、石含水率采用烘干法测定，酒精快速燃烧法只适应测定细粒土的含水率。

(4)砂石为湿材料，单位砂用量为 $626 \times (1 + 3\%) = 645\text{kg/m}^3$，单位碎石用量为 $1\,250 \times (1 + 1\%) = 1\,263\text{kg/m}^3$，单位水用量为 $185 - (626 \times 3\% + 1\,250 \times 1\%) = 154\text{kg/m}^3$；施工配合比为水泥:水:砂:碎石 = 342:154:645:1 263 或 1:1.89:3.69，$W/C = 0.45$。

(5)进行混凝土质量评定可采用已知标准差法、未知标准差法的统计方法和非统计方法；

当混凝土生产条件在较长时间内能保持一致，且强度变异性保持稳定时，采用已知标准差法评定；当混凝土生产条件不能满足前述规定或在前一个检验期内的同一品种混凝土没有足够数据用以确定验收批混凝土的强度标准差时，则采用未知标准差法；非统计评定方法由不足10组试件组成一个验收批。

15.（1）AC　（2）B　（3）AB　（4）BD　（5）AB

题解：（1）该70号A级沥青试验结果满足相应的RTFOT指标要求，该项检验指标合格；70号沥青不适合2－1区，冬严寒区（1区）适宜选择90号、110号沥青；A级沥青质量最好，适用于各个等级公路及任何场合和层次，B级沥青适用于用作改性沥青、乳化沥青、改性乳化沥青、稀释沥青的基质沥青。

（2）RTFOT的含义是旋转薄膜烘箱加热试验；TFOT指薄膜烘箱加热试验。

（3）RTFOT试验评价沥青老化性能，即耐久性能。闪点是沥青加热安全性能指标。

（4）RTFOT试验应在163℃±0.5℃条件下，受热时间不应少于75min，总受热时间为85min；TFOT试验应保持温度163℃±1℃条件下，连续加热蒸发5h，且不得超过5.25h。RTFOT试验，将沥青试样装入8个盛样瓶进行加热试验；TFOT试验采用4个盛样皿并将沥青形成薄膜，然后加热。

（5）沥青老化分为短期老化（沥青施工时加热）和长期老化（沥青路面使用中长期经受的自然因素，如大气、日照、降水、气温变化等）；RTFOT评价沥青短期老化性能；沥青老化是在各种因素下产生了不可逆的化学变化，导致其工程性能逐渐劣化的过程；老化试验残留物的针入度、延度变小、软化点增大。

16.（1）AB　（2）BC　（3）CD　（4）D　（5）ACD

题解：（1）按针入度80～100（0.1mm）平均值计，该沥青为90号沥青，比70号沥青更适合冬严寒区；针入度表示无误，以整数计，单位0.1mm；沥青针入度是条件黏度，而动力黏度为绝对黏度，能更好地反映沥青黏滞性。

（2）沥青延度平均值为103cm，应记作＞100cm，记录无误；沥青延度越大，筑路耐久性越好；沥青低温延度可以评价沥青的低温抗裂性，试验温度0℃或5℃，拉伸速度为1cm/min；延度表示沥青的塑性。

（3）沥青软化点平均值为45.4℃，应精确至0.5℃，故45.5℃表示正确。软化点试验的初始温度为室温，则试验结果会偏小。

（4）当量软化点T_{800}和当量脆点$T_{1.2}$分别是反应沥青高温与低温的指标，T_{800}是指沥青针入度达到800（0.1mm）时的温度，当量脆点$T_{1.2}$是指沥青针入度达到1.2（0.1mm）时的温度。

（5）沥青针入度指数标准为－1.5～＋1.0，为溶—凝胶结构沥青；沥青三大指标满足要求，不一定属于溶—凝胶结构，因此还需评价其针入度指数；诺模图确定沥青针入度指数，需测定沥青三个不同温度的针入度，如5℃、20℃、25℃（或30℃）；黏稠石油沥青达到软化点时，针入度一般在600～1000（0.1mm），研究针入度指数P.I时，针入度取800（0.1mm）。

17.（1）BD　（2）D　（3）ABD　（4）B　（5）BD

题解：（1）本试验过程中比重瓶的恒温温度为15℃±0.1℃；应采用新煮沸并冷却的蒸馏水。

（2）沥青相对密度为1.009；沥青密度两次试验结果差值为0.015g/cm^3＞0.003g/cm^3，试验无效，需重做。

(3)沥青可以测定15℃或25℃密度，但沥青混合料配合比设计要求采用25℃相对密度；两者可以换算：沥青相对密度(25/25℃)=沥青密度(15℃)×0.996。

(4)比重瓶体积测定规定：恒温后，将烧杯从水槽中取出，再从烧杯中取出比重瓶，立即用干净软布将瓶塞顶部擦拭一次，再迅速擦干比重瓶外面的水分，称其质量(准确至1mg)。瓶塞顶部只能擦拭一次，即使由于膨胀瓶塞上有小水滴也不能再擦。

(5)液体沥青密度与黏稠沥青密度的测定方法不同，液体沥青密度测定原理同比重瓶水值测定；70号道路石油沥青可以采用固体沥青的测定方法，比重瓶的水中应加入几滴表面活性剂，如1%洗衣液或洗涤灵，摇动使固体沥青颗粒下沉；测定比重瓶水值时，若瓶内有气泡则校正比值瓶的体积偏小，密度结果会偏大；比重瓶内注入约2/3沥青时夹有气泡，则增大了一定质量的沥青体积，密度测定值偏小。

18. (1)ABCD (2)AC (3)A (4)ABD (5)BCD

题解：(1)绘制黏温曲线的目的是为确定沥青混合料拌和与压实两个施工温度；黏温曲线，宜以表观黏度为0.17Pa·s±0.02Pa·s、0.28Pa·s±0.03Pa·s时的温度分别作为拌和、压实温度范围；表观黏度采用布洛克菲尔德黏度计测定。

(2)马歇尔试件可以采用击实法、SGC(旋转压实)法、GTM(剪切性能试验旋转压实)法制备；将各种规格的矿料置105℃±5℃的烘箱中烘干至恒重(一般不少于4~6h)，再于约163℃温度烘箱备用，但矿粉不加热；改性沥青规定：比石油沥青的拌和与压实温度稍高10~20℃，掺加纤维时再提高10℃左右；装有试件的试模横向放置冷却至室温后(不少于12h)，置脱模机上脱出试件。如施工质量检验过程中急需现场马歇尔指标检验的试件，允许采用电风扇吹冷1h或浸水冷却3min以上的方法脱模，但浸水脱模法不能用于测量密度、空隙率等各项物理指标。

(3)按标准试件高度调整沥青混合料用量为：1 210×63.5/62.0=1 239g；用卡尺在十字对称的4个方向量测离试件边缘10mm处的高度，取其平均值作为马歇尔试件的高度，如试件高度不符合63.5mm±1.3mm要求或两侧高度差大于2mm时，为废件；若马歇尔试件的毛体积密度为2.330g/cm^3，则一块试件的沥青混合料用量为：$(101.6/2)^2 \times 3.14 \times 63.5 \times 10^{-3} \times 2.330 \times 1.03 = 1\,235$g。

(4)马歇尔试件的吸水率为2.3%，采用表干法测定其毛体积减小，则毛体积密度偏大；马歇尔试件的吸水率为1.5%<2%，应采用表干法测定毛体积密度；SMA试件采用表干法测定毛体积密度，OGFC试件采用蜡封法测定毛体积密度；马歇尔试件的空隙率为：(1－2.335/2.436)×100%=4.1%。

(5)马歇尔试件保温时间：标准马歇尔试件需30~40min，大马歇尔试件需45~60min；4块试件马歇尔稳定度测定结果平均值为9.8kN，标准差为3.01kN，按数据取舍方法：14.2－9.8=4.4kN>1.46×3.01=4.39kN，故舍弃14.2kN，稳定度平均值应为8.3kN。

19. (1)BCD (2)ACD (3)ACD (4)ABD (5)BCD

题解：(1)高速公路上面层具有较高抗滑性要求，不能选择AC－10，宜选择AC－13C(粗型)、OGFC－13、SMA－13。

(2)采用图解法进行密级配沥青混凝土的矿料配合比设计，需确定矿质混合料工程级配范围;选择级配中值作为目标设计级配;调整矿料配合比宜使级配曲线偏向级配范围下限;为确保高温抗车辙能力,同时兼顾低温抗裂性能的需要;配合比设计时宜适当减少公称最大粒径附近的粗集料用量,减少0.6mm以下部分细粉的用量,使中等粒径集料较多,形成S型级配曲线,并取中等或偏高水平的设计空隙率。

(3)马歇尔试件的击实高度超出了规定要求的原因有:沥青混合料数量偏多;击实温度偏低;击实次数少了,如双面各击实50次;击实锤落距低于规定要求,击实功不足。

(4)对炎热地区公路以及高速公路、一级公路的重载交通路段,山区公路的长大坡度路段,预计有可能产生较大车辙时,宜在空隙率符合要求的范围内将OAC减小0.1%~0.5%作为设计沥青用量;对寒区公路、旅游公路、交通量很少的公路,最佳沥青用量可以在OAC的基础上增加0.1%~0.3%,以适当减小设计空隙率,但不得降低压实度要求;粉胶比检验,合适范围在0.8~1.2;OAC检验应进行车辙、浸水马歇尔、冻融劈裂、低温弯曲、渗水系数试验。

(5)应用实际施工拌和机进行试拌,确定生产配合比,且生产配合比与目标配合比设计的最佳沥青用量的差值不宜大于±2%。

20.(1)ACD　(2)ACD　(3)ABC　(4)ABC　(5)ACD

题解:(1)SMA的特点三高一少:粗集料多,矿粉多,沥青多,细集料少;掺加纤维稳定剂。

(2)SMA采用间断型密级配;设计目标空隙率VV=3%~4%;选择上、中、下3组初试级配,并从3组初试级配的试验结果中选择设计级配,必须符合:混合料试件中的粗集料骨架间隙率VAC_{mix}<初试级配的捣实状态下的粗集料松装间隙率VCA_{DRC},以及矿料间隙率VMA>16.5%的要求。

(3)SMA要求采用碱性石灰岩矿粉;坚硬粗、细集料,常用玄武岩碎石与机制砂;高稠度沥青,聚合物改性沥青(如SBS)较好;纤维可采用木质素纤维、矿物纤维、聚合物纤维等。

(4)SMA的主要设计指标是目标空隙率VV(3%~4%),矿料间隙率VMA、沥青饱和度、稳定度与流值作为验证指标。

(5)确定SMA最佳油石比,需要进行马歇尔试验;确定最佳油石比还需谢伦堡析漏试验,检验最大沥青用量;肯塔堡飞散试验,检验所需的最少沥青用量。

第四部分　模 拟 试 题

模拟试题(一)

一、单项选择题 (总共30道题,每题1分,共计30分)

1. 下列哪个指标能反应土的可塑性大小?( )

A. 液性指数　　B. 塑性指数

C. 塑限　　D. 液限

2. 压实土在什么状态时强度最高?( )

A. 最佳含水率　　B. 偏干状态

C. 偏湿状态　　D. 不一定

3. 反映土渗透性强弱的指标是( )。

A. 水头梯度　　B. 渗透系数

C. 渗透速度　　D. 渗透流量

4. 工程上常用 a_{1-2} 评价土层压缩性高低,该指标的压力区间是( )。

A. 50 ~ 100kPa　　B. 200 ~ 300kPa

C. 300 ~ 400kPa　　D. 100 ~ 200kPa

5. 下列哪个指标反应级配曲线上土粒分布形状?( )

A. 曲率系数　　B. 不均匀系数

C. 塑性指数　　D. 粒径

6. 搓条试验时,土条搓得越细而不断裂,则土的塑性( )。

A. 越高　　B. 越低

C. 与土条粗细无关　　D. 上述答案均不正确

7. 今预制备含水率为 w 的试件,现有土含水率为 w_1,质量为 m,需加多少水可制备预定含水率的试件?( )

A. $m_w = (w - w_1) \times m$　　B. $m_w = \dfrac{m}{1 + w_1} \times (w - w_1)$

C. $m_w = \dfrac{m}{1 + w} \times (w - w_1)$　　D. $m_w = m(1 + w) \times (w - w_1)$

8. 下列哪个指标可以判断土层天然固结状态?( )

A. 先期固结压力　　B. 固结系数

C. 压缩模量　　D. 压缩指数

9. 土的CBR值指试料贯入量达2.5mm时,单位压力对那种压入相同贯入量时荷载强度的比值?( )

A. 标准砂　　B. 标准碎石

C. 标准材料　　D. 标准合成材料

10. 测定土工织物拉伸性能的试验是（　）。

A. 宽条拉伸试验　　B. 窄条拉伸试验

C. 条带拉伸试验　　D. 接头/接缝宽条拉伸试验

11. 石料洛杉矶磨耗试验，要求加入的钢球总质量为（　）。

A. 5000g ±50g　　B. 5000g ±10g

C. 5500g ±50g　　D. 5500g ±5g

12. 粗集料的密度、表观密度、毛体积密度的大小顺序为（　）。

A. 毛体积密度 > 表观密度 > 密度　　B. 密度 > 毛体积密度 > 表观密度

C. 密度 > 表观密度 > 毛体积密度　　D. 表观密度 > 毛体积密度 > 密度

13. 现从工地取砂样 240g，测得含水率为 3% 的砂，则干燥后的质量为（　）g。

A. 247　　B. 233

C. 7　　D. 226

14. 最大密度曲线 n 幂公式解决了矿质混合料在实际配制过程中的（　）问题。

A. 连续级配　　B. 间断级配

C. 级配曲线　　D. 级配范围

15. 现行规程规定，采用维卡仪测定水泥标准稠度用水量，以试杆距底板的距离为（　）作为水泥净浆达到标准稠度的判定标准。

A. 3mm ±1mm　　B. 4mm ±1mm

C. 5mm ±1mm　　D. 6mm ±1mm

16. 对于需水量较大的水泥（如火山灰水泥、粉煤灰水泥、复合水泥和掺火山灰质混合材的普通水泥）进行胶砂强度检验时，其用水量应按 0.50 水灰比和胶砂流动度不小于 180mm 来确定。当流动度小于 180mm 时，须以（　）的整数倍递增的方法将水灰比调整至胶砂流动度不小于 180mm。

A. 0.02　　B. 0.2

C. 0.01　　D. 0.1

17. 水泥胶砂强度检验方法（ISO 法）规定，制备水泥胶砂试样的比例为水泥∶标准砂∶水 =（　）。

A. 1∶3∶0.5　　B. 1∶3∶0.45

C. 1∶2.5∶0.5　　D. 1∶2∶5∶0.45

18. 将混凝土试件的成型侧面作为受压面置于压力机中心并对中，施加荷载时，对于强度等级为 C30 ~ C60 的混凝土，加载速度取（　）MPa/s。

A. 0.3 ~ 0.5　　B. 0.5 ~ 0.8

C. 0.8 ~ 1.0　　D. 1.0

19. 一般来说，坍落度小于（　）的新拌混凝土，采用维勃稠度仪测定其工作性。

A. 20mm　　B. 15mm

C. 10mm　　D. 5mm

20. 选择压力机合适的加载量程时，一般要求达到的最大破坏荷载应在所选量程的（　）之间。

A. 50% 左右　　B. 30% ~ 70%

C. 20% ~80%　　D. 10% ~90%

21. 我国道路石油沥青的标号是按(　)指标划分的。

A. 针入度　　B. 软化点

C. 延度　　D. 密度

22. 石油沥青的化学组分中,(　)在低温能结晶析出,降低沥青的低温延展能力。

A. 沥青质　　B. 饱和分

C. 胶质分　　D. 蜡

23. 气候分区为 1-4-1 的地区,第一个数字 1 代表(　)。

A. 高温气候区　　B. 低温气候区

C. 雨量气候区　　D. 温度气候区

24. 密级配沥青混凝土混合料采用连续型或间断型密级配沥青混合料,空隙率大致在(　)之间。

A. 2% ~10%　　B. 3% ~6%

C. 4% ~6%　　D. 3% ~12%

25. 车辙试验的目的是检验沥青混合料的(　)性能。

A. 抗滑　　B. 抗裂

C. 抗疲劳　　D. 热稳定

26. 制备一个标准马歇尔试件,大约需要称取(　)沥青混合料。

A. 1000g　　B. 1200g

C. 1500g　　D. 2000g

27. 用水泥稳定中粒土和粗粒土时,水泥剂量不宜超过(　)%。

A. 3　　B. 5

C. 6　　D. 7

28. 在进行石灰稳定土无侧限抗压强度试验时,试件养生时间应为(　)。

A. 6d　　B. 7d

C. 14d　　D. 28d

29. 结构设计中,软钢通常以(　)作为设计计算的取值依据。

A. 屈服强度　　B. 屈强比

C. 抗拉强度　　D. 条件屈服强度

30. 道桥工程中应用最广泛的碳素结构钢的牌号是(　)。

A. Q195　　B. Q215

C. Q235　　D. Q275

二、判断题　(总共 30 道题,每题 1 分,共计 30 分)

1. 含黏粒的砂砾土宜用水筛法进行颗粒分析。(　)

2. 酒精燃烧法测定土的含水率时,酒精应加至盒中出现自由液面。(　)

3. 土的相对密度是土在 105 ~110℃下烘至恒量时的质量与同体积 4℃蒸馏水质量的比

值。(　)

4. 固结试验不能测出土的先期固结压力。(　)

5. 土的烧失量是指土灼烧后减少的质量。(　)

6. 土的有机质含量试验适用于有机质含量不超过15%的土。(　)

7. 直剪试验,砂土与黏土的试样制备方法相同。(　)

8. 击实土可被击实至完全饱和状态。(　)

9. 电动取土器法可测定易破裂土的密度。(　)

10. 土工合成材料的单位面积质量指单位面积的试样,在标准大气条件下的质量。(　)

11. 测定石料抗压强度和磨耗率的试验目的是用于岩石的强度分级和岩性描述。(　)

12. 集料可能全部通过或允许有少量筛余(不超过10%)的最小标准筛筛孔尺寸,称为最大粒径。(　)

13. 一个良好的集料级配,要求空隙率最小,总表面积也不大。(　)

14. 石料的磨光值越高,表示其抗滑性越好;石料的磨耗值越高,表示其耐磨性越差。(　)

15. 测定水泥标准稠度用水量的目的是为配制标准稠度水泥净浆,用于测定水泥凝结时间和安定性。(　)

16. 测定水泥的终凝时间,是以当试针沉入试体0.5mm时,即环形附件不能在试体上留下痕迹时作为终凝状态。(　)

17. 水泥强度等级是以水泥试件28d抗压强度确定的。(　)

18. 采用标准养护的混凝土试件,拆模后可放在温度为20℃ ±2℃的不流动的水中进行养护。(　)

19. 混凝土抗折强度试验,一组三个标准试件的极限破坏荷载分别是33.50kN、34.24kN、39.67kN,则最后的试验结果是4.77MPa。(　)

20. 目前,在工地和试验室,通常采用测定拌和物的流动性,并辅以直观经验评定黏聚性和保水性三方面结合的方法反映混凝土拌和物的和易性。(　)

21. 沥青的针入度越大,表示沥青的黏度越大。(　)

22. 在沥青延度试验中,如发现沥青细丝浮于水面或沉入槽底,可以向水中加入酒精或食盐。(　)

23. 表干法、水中重法、蜡封法测定压实沥青混合料密度试验,规定试验标准温度均为25℃ ±0.5℃。(　)

24. 密级配沥青混凝土必须采用连续型密级配的矿质混合料。(　)

25. 测定标准马歇尔试件的稳定度时,应先将试件在60℃ ±1℃恒温水槽中保温60min。(　)

26. 我国现行标准规定,采用马歇尔稳定度试验来评价沥青混合料的高温稳定性。(　)

27. 石灰粉煤灰稳定土,要求使用的粉煤灰中SiO_2、Al_2O_3和Fe_2O_3的总含量应大于80%,烧失量不应超过20%,比面积宜大于$2500cm^2/g$。(　)

28. 采用EDTA滴定法检测现场无机结合料的灰剂量,如现场所用素土、水泥或石灰改变,必须重做标准曲线。(　)

29. 碳素结构钢随牌号增大,强度和伸长率也随之增大。( )

30. $\sigma_{0.2}$表示规定残余伸长率0.2%的应力,作为无明显屈服点的硬钢的条件屈服点。( )

三、多项选择题

(总共20道题,每题2分,共计40分,有两个或两个以上正确答案,选项全部正确得满分,选项部分正确按比例得分,出现错误选项该题不得分。)

1. 下列有关“滚搓法”试验的叙述中,正确的有( )。

A. 本试验的目的是测定土的塑限

B. 它适用于粒径小于5mm的土

C. 搓滚时须以手掌均匀施压力于土条上,不得将土条在玻璃板上进行无压力的滚动

D. 若土条在任何含水率下始终搓不到3mm即开始断裂,则认为该土无塑性

2. 下列有关“酒精燃烧法”的叙述中,正确的有( )。

A. 本试验法适用于快速简易测定细粒土(含有机质的除外)的含水率

B. 所用酒精纯度未达到90%

C. 试验时用滴管注入放有试样的称量盒中,直至盒中出现自由液面为止

D. 点燃盒中酒精,燃至火焰熄灭。将试样冷却数分钟后,再次加入酒精,重新燃烧,共燃烧三次

3. 下列关于土工合成材料垂直渗透试验,说法正确的是( )。

A. 主要用于反滤设计

B. 用于确定土工织物的渗透性能

C. 只适用于土工织物及复合土工织物的渗透性能检测

D. 以上说法均不正确

4. 下列有关承载板法测土的回弹模量的叙述,正确的是( )。

A. 预压进行1~2次,每次预压1min

B. 每级加载时间为1min,记录千分表读数

C. 卸载1.5min时,再次记录千分表读数

D. 土的回弹模量由三个平行试验的平均值确定

5. 下列关于土分类的依据,哪些是正确的?( )

A. 土的颗粒组成特征可作为土分类依据

B. 土的塑性指标可作为土分类的依据

C. 土中有机质含量可作为土分类的依据

D. 土的结构可作为分类依据

6. 下列关于土的塑性指标的描述,正确的是( )。

A. 塑性指数表示土的可塑性大小　　B. 塑性指数越高,土中黏粒含量越多

C. 液性指数可判别土处于何种稠度状态　　D. 塑性指数越高,土中黏粒含量越少

7. 下列哪些土不宜用环刀法测其密度?( )

A. 细粒土　　B. 粗粒土

C. 巨粒土　　D. 砾石

8. 石料的化学性质对其路用性能影响较大，通常按 SiO_2 的含量将石料划分为（ ）。

A. 酸性石料　　B. 中性石料

C. 碱性石料　　D. 基性石料

9. 针片状颗粒是一种有害颗粒，由于它过于细长或扁平，在混合料会产生（ ）的影响。

A. 容易折断　　B. 增大空隙

C. 增大吸水率　　D. 降低强度

10. 采用网篮法可以同时测出（ ）。

A. 表观密度　　B. 毛体积密度

C. 表干密度　　D. 吸水率

11. 影响水泥体积安定性的因素有（ ）。

A. 游离 MgO　　B. SO_3

C. 游离 CaO　　D. SiO_2

12. 水泥细度试验方法可采用（ ）。

A. 负压筛法　　B. 水筛法

C. 勃氏法　　D. 比表面积法

13. 试验室检验混凝土拌和物的工作性，主要通过检验（ ）方面来综合评价。

A. 流动性　　B. 可塑性

C. 黏聚性　　D. 保水性

14. 水泥混凝土配合比设计中，耐久性是通过（ ）控制的。

A. 最大水灰比　　B. 最小砂率

C. 最小水泥用量　　D. 最大用水量

15. 评价沥青与矿料黏附性的试验方法有（ ）。

A. 水煮法　　B. 水浸法

C. 亲水系数法　　D. 比色法

16. 按我国目前道路石油沥青的质量标准，评价沥青抗老化能力的试验方法主要有（ ）。

A. 蒸发损失试验　　B. 薄膜烘箱加热试验

C. 旋转薄膜烘箱加热试验　　D. 燃烧试验

17. 沥青混合料的高温稳定性，在实际工作中通过（ ）方法进行评价。

A. 马歇尔试验　　B. 浸水马歇尔试验

C. 车辙试验　　D. 劈裂试验

18. 我国现行规范采用（ ）指标表征沥青混合料的耐久性。

A. 空隙率　　B. 饱和度

C. 矿料间隙率　　D. 残留稳定度

19. 对于无侧限抗压强度试验，计算的精密度或允许误差要求若干次平行试验的偏差系数 C_v（%）应符合下列（ ）规定。

A. 小试件不大于 10%　　B. 中试件不大于 10%

C. 大试件不大于 15%　　D. 中试件不大于 15%

20. 钢筋冷弯试验可以评价钢筋的（ ）性能。

A. 强度　　B. 变形
C. 韧性　　D. 焊接

四、综合题　根据所列资料，以选择题的形式（单选或多选）选出正确的选项。（总共5道题，每题10分，共计50分。每小题2分，选项全部正确得分，出现漏选或错选不得分。）

1. 测定土的三相比例指标试验采用下列两种方法，试验结果如下表：

试验方法	环刀法			灌砂法		
试验次数		1	2		1	2
试验数据	环刀容积(cm^3)	60	60	试洞内湿土质量(g)	3578	3643
	环刀质量(g)	50	50	试洞内砂质量(g)	2450	2507
	环刀＋湿土质量(g)	161.0	159.8	标准砂密度(g/cm^3)	1.28	1.28
	环刀＋干土质量(g)	147.0	146.0			

结合表中数据，回答下列有关土的三相比例指标的问题。

(1) 根据环刀法试验结果，该土的密度为（　）。

A. 1.85g/cm^3　　B. 1.83g/cm^3
C. 1.84g/cm^3　　D. 1.87g/cm^3

(2) 根据环刀法试验结果，该土的含水率为（　）。

A. 14.4%　　B. 14.5%
C. 14.6%　　D. 14.7%

(3) 根据灌砂法试验结果，该土的密度为（　）。

A. 1.86g/cm^3　　B. 1.865g/cm^3
C. 1.84g/cm^3　　D. 1.87g/cm^3

(4) 根据《公路土工试验规程》(JTG E40—2007)，测定土的密度方法有（　）。

A. 烘干法　　B. 电动取土器法
C. 灌水法　　D. 蜡封法

(5) 用灌砂法测定试洞容积时，其准确度和精密度受（　）因素影响。

A. 标定罐的深度对砂的密度有影响　　B. 储砂筒中砂面的高度对砂的密度有影响
C. 砂的颗粒组成对试验的重现性有影响　　D. 以上说法均不对

2. 下表为某试验室采用负压筛析法检测 P. C32.5 水泥试样的试验结果：

序　号	水泥试样质量(g)	水泥筛余物质量(g)	水泥筛余百分数(%)	试验筛修正系数	修正后水泥筛余百分数(%)	
					单值	平均值
1	25.00	0.28	1.1	0.93	1.0	1.0
2	25.00	0.28	1.1		1.0	

请根据试验结果回答下列问题：

(1) 该水泥试样的细度还可以采用（　）试验。

A. 勃氏法　　B. 水筛法

C. 手工筛析法　　　　　　　　　　D. 比表面积法

(2)填写水泥试验记录表应包括(　)内容。

A. 样品名称:硅酸盐水泥

B. 品种、规格:P. C32.5

C. 试验依据:《水泥细度检验方法 筛析法》(GB/T 1345—2005)或《公路工程水泥及水泥混凝土试验规程》(JTG E30—2005)

D. 试验日期

(3)关于水泥负压筛析试验,描述正确的是(　)。

A. 筛析试验前,应把负压筛放在筛座上,盖上筛盖,接通电源,检查控制系统,调节负压至4000~6000Pa范围内

B. 称取试样50g,置于洁净的负压筛中,盖上筛盖,放在筛座上

C. 开动筛析仪连续筛析2min,此期间如有试样附着在筛盖上,可轻轻敲击筛盖使其落下

D. 当工作负压小于4000Pa时,应清理吸尘器内水泥,使负压恢复正常

(4)水泥筛余百分数结果计算,正确的说法为(　)。

A. 水泥试样筛余百分数 $F=\frac{m_s}{m}\times 100\%$。其中,$m$ 为水泥试样质量,m_s 为筛余物质量

B. 试验结果计算应精确至0.01%,表中结果计算错误

C. 试验结果计算应精确至0.1%,表中结果计算正确

D. 平行试验的结果不应该相同

(5)试验结果修正,以下(　)说法正确。

A. 表中试验筛修正系数表达正确

B. 为使试验结果可比,应采用试验筛修正系数方法进行细度修正

C. 试验筛修正系数 $C=F_n/F_t$,F_n 为标准样在已知标准筛上的筛余百分数,F_t 为标准样在试验筛上的筛余百分数

D. 试验筛修正系数应为0.80~1.20,否则试验筛不能用于检验水泥细度

3. 关于新拌水泥混凝土坍落度试验,请回答以下问题:

(1)以下(　)是对坍落度指标的正确描述。

A. 坍落度表达混凝土拌和物的工作性

B. 坍落度代表混凝土拌和物的流动性

C. 为保证混凝土施工,应选择较大的坍落度

D. 大流动性混凝土应测定其坍落扩展度值

(2)进行水泥混凝土坍落度试验,应注意(　)。

A. 应先用湿布抹湿坍落度筒、铁锹、拌和板

B. 混凝土可以采用拌和机或人工拌和

C. 测定坍落度,应垂直提起坍落度筒,且操作过程应在5~10s内完成

D. 从开始装料到提坍落度筒的整个过程应在1.5min内完成

(3)装料与插捣混凝土,要求(　)。

A. 将漏斗放在坍落度筒上，脚踩踏板

B. 将拌制的混凝土试样分三层均匀地装入坍落度筒内，每层装入高度稍大于筒高的1/3

C. 每层由外向中心沿螺旋方向用捣棒均匀插捣25次

D. 插捣底层时应插至底部；插捣其他两层时，应插透本层并插入下层约20～30mm，插捣应垂直压下，不得冲击

（4）试验结果表述正确的为（　）。

A. 用钢尺量出筒高与坍落后混凝土试样之间的垂直距离，即为坍落度值

B. 坍落度实测值以mm为单位，精确至1mm

C. 坍落度实测值以mm为单位，精确至5mm

D. 若坍落度测定值为32mm，则其试验结果应修约为30mm

（5）关于评价混凝土的保水性与黏聚性，以下正确的说法是（　　）。

A. 用捣棒在已坍落的混凝土锥体侧面轻轻敲打，锥体突然倒塌、部分崩裂或发生石子离析，则表示黏聚性不好

B. 观察整个试验过程中水分从拌和物中析出的程度，评价保水性

C. 如坍落度筒提起后无稀浆或仅有少量稀浆自底部析出，则表示此混凝土拌和物的保水性良好

D. 混凝土拌和物的保水性不良时，应调整水灰比

4. 请回答下列沥青混合料配合比设计的有关问题。

（1）制备沥青混合料试件，下列正确的说法是（　）。

A. 用于高速及一级公路的密级配沥青混凝土试件，应双面各击实75次，且粗集料的公称最大粒径不得超过26.5mm

B. 普通沥青混合料应严格按照现行规范提供的拌和与压实温度制备试件

C. SMA沥青玛蹄脂碎石混合料试件尺寸为ϕ152.4mm×95.3mm，双面各击实50次

D. 制备试件可采用击实法，也可以采用旋转压实法

（2）用于沥青混合料的矿料，其工程级配的选用要求有（　　）。

A. 应根据公路等级、气候条件、交通条件等选择

B. 密级配沥青混合料一般选择F型混合料

C. 沥青稳定碎石（ATB）可选用中粒式与粗粒式级配类型

D. SMA沥青玛蹄脂碎石混合料采用间断级配，现行规范建议选用SMA-13和SMA-16

（3）确定一块标准马歇尔试件所需沥青混合料的数量，需要下列（　）环节。

A. 已知沥青混合料的密度，可按标准试件体积计算，再乘以系数1.03获得

B. 一块标准马歇尔试件，大约需要1200g沥青混合料

C. 调整后沥青混合料质量 $= \dfrac{\text{要求试件高度} \times \text{原用混合料质量}}{\text{所得试件高度}}$，按此公式调整试件的沥青混合料用量

D. 计算试件毛体积密度：$\rho_f = \dfrac{m_a}{m_f - m_w}$

（4）应绘制油石比（或沥青含量）与（　）物理—力学指标的关系图。

A. 沥青混合料体积参数：毛体积密度、稳定度、空隙率、沥青饱和度、流值、矿料间隙率

B. 沥青混合料力学指标：稳定度、流值

C. 沥青混合料物理指标：毛体积密度、空隙率、沥青饱和度、矿料间隙率

D. 沥青混合料所有指标：毛体积密度、最大理论密度、空隙率、沥青饱和度、矿料间隙率、稳定度、流值

（5）确定沥青混合料的最佳油石比 OAC，下列（　）步骤正确。

A. 通常 OAC 为 OAC_1 与 OAC_2 的平均值，并应检验 OAC 在曲线中所对应的 VV 和 VMA 值是否能满足规范规定的最小 VMA 值的要求，且 OAC 宜位于 VMA 凹形曲线最小值的贫油一侧

B. $OAC_1=(a_1+a_2+a_3+a_4)/4$。其中，$a_1$、$a_2$、$a_3$、$a_4$ 分别为在关系曲线图中求取相应于密度最大值、稳定度最大值、空隙率中值、沥青饱和度范围中值的沥青用量

C. OAC_2 为各项指标均符合技术标准（不含 VMA）的沥青用量范围 OAC_{min} ~ OAC_{max} 中值

D. 若在 OAC_{min} ~ OAC_{max} 范围内，密度或稳定度未出现峰值时，可直接以目标空隙率所对应的沥青用量作为 OAC_1，但其必须介于 OAC_{min} ~ OAC_{max} 内，否则应重新进行配合比设计

5. 某试验室对水泥混凝土用砂进行筛分试验，以检测砂样的级配情况。试验结果如下表：

筛孔尺寸（mm）		4.75	2.35	1.18	0.6	0.3	0.15	筛底
筛余质量（g）		30	60	90	120	110	80	10
分计筛余百分率（%）		6	12	18	24	22	16	2
累计筛余百分率（%）		6	18	36	60	82	98	100
通过百分率（%）		94	82	64	40	18	2	0
混凝土用砂级配（通过率）范围（%）	粗砂：$M_x=3.7\sim3.1$	90 ~ 100	65 ~ 95	35 ~ 65	15 ~ 29	5 ~ 20	0 ~ 10	—
	中砂：$M_x=3.0\sim2.3$	90 ~ 100	75 ~ 100	50 ~ 90	30 ~ 59	8 ~ 30	0 ~ 10	—
	细砂：$M_x=2.2\sim1.6$	90 ~ 100	85 ~ 100	75 ~ 100	60 ~ 84	15 ~ 45	0 ~ 10	—

根据以上试验，回答下列问题：

（1）表达砂的级配参数有（　）。

A. 细度模数　　B. 分计筛余百分率

C. 累计筛余百分率　　D. 通过百分率

（2）该砂样为（　）。

A. 粗砂　　B. 中砂

C. 细砂　　D. 特细砂

（3）该砂的细度模数为（　）。

A. 2.9　　B. 2.8

C. 2.81　　D. 2.94

（4）通常评价砂样级配的工程适用性，采用以下（　）指标。

A. 压碎值　　　　　　　　　　　　　　B. 针、片状颗粒含量

C. 级配　　　　　　　　　　　　　　　D. 细度模数

(5)关于该砂的筛分试验,以下(　)说法正确。

A. 该砂满足配制混凝土的级配要求

B. 用于配制混凝土的砂可以选用粗砂、中砂、细砂和特细砂

C. 混凝土用砂的筛分试验,应依据《建设用砂》(GB/T 14684—2011)

D. 装有500g砂样的套筛应在摇筛机上摇筛10min,并取下套筛逐个手筛至每分钟通过量小于试样总量的0.1%为止

模拟试题(二)

一、单项选择题 (总共30道题,每题1分,共计30分)

1. 滚搓法测土的塑限,土条搓至直径达多少时,产生裂缝并开始断裂时土的含水率为塑限?( )

A. 2mm　　B. 3mm

C. 5mm　　D. 1mm

2. 下列哪个指标反映级配曲线上土粒分布范围?( )

A. 曲率系数　　B. 不均匀系数

C. 塑性指数　　D. 粒径

3. 哪个指标可以判定黏土所处的稠度状态?( )

A. 液性指数　　B. 塑性指数

C. 塑限　　D. 液限

4. 下列哪个指标不能作为土分类的依据?( )

A. 土的颗粒组成特征可作为土分类依据　　B. 土的塑性指标可作为土分类的依据

C. 土中有机质含量可作为土分类的依据　　D. 土的结构可作为分类依据

5. 表示垂直荷载作用下,土抵抗垂直变形能力的指标是( )。

A. 回弹模量　　B. 压缩模量

C. 压缩系数　　D. 压缩指数

6. 下列哪种土毛细水上升最高?( )

A. 砂土　　B. 黏质土

C. 粉质土　　D. 砂类土

7. 下列指标用以评定土基承载能力的指标是( )

A. 塑性指数　　B. 渗透系数

C. CBR 值　　D. 曲率系数

8. 土工合成材料的有效孔径 O_{90} 表示( )。

A. 占总重90%的土颗粒通过该粒径　　B. 占总重10%的土颗粒通过该粒径

C. 占总重95%的土颗粒通过该粒径　　D. 占总重5%的土颗粒通过该粒径

9. 下列哪种土可用常水头渗透试验测其渗透系数?( )

A. 黏土　　B. 粉土

C. 亚黏土　　D. 砂类土

10. 制备某体积为 V 的试件,试件要求干密度为 ρ_d,含水率为 w,则制备该试件所需湿土质量为( )。

A. $m=(1+w)\rho_d \times V$　　B. $m=\rho_d \times V$

C. $m=\frac{\rho_d \times V}{1+w}$　　D. $m=\rho_d \times V \times w$

11. 路用石料抗压强度试验的标准试件可以选用边长为 50mm ± 2mm 的正立方体，还可以选取(　)试件。

A. 直径与高均为 50mm ± 2mm 的圆柱体　　B. 直径与高均为 55mm ± 2mm 的圆柱体

C. 边长 200mm 的正立方体　　D. 高径比为 2∶1 的圆柱体

12. 采用容量瓶法测定砂的表观密度，若两次平行试验结果之差值大于(　)g/cm^3，应重新取样进行试验。

A. 0.01　　B. 0.02

C. 0.05　　D. 0.1

13. 洛杉矶磨耗试验对于粒度级别为 *B* 的试样，使用钢球的数量和总质量分别为(　)。

A. 12 个，5000g ± 25g　　B. 11 个，4850g ± 25g

C. 8 个，3330g ± 20g　　D. 11 个，5000g ± 20g

14. 矿粉加热安定性试验，是将矿粉置于蒸发皿或坩埚中，在煤气炉或电炉上加热至(　)，冷却后观察矿粉颜色的变化。

A. 200℃　　B. 175℃

C. 150℃　　D. 135℃

15. 采用负压筛析法检测水泥细度试验前，首先应调节负压至(　)Pa 范围内。

A. 1000 ~ 2000　　B. 2000 ~ 4000

C. 4000 ~ 6000　　D. 6000 ~ 8000

16. 采用维卡仪测定水泥初凝时间，以试针距底板的距离为(　)作为水泥净浆达到初凝状态的判定标准。

A. 3mm ± 1mm　　B. 4mm ± 1mm

C. 5mm ± 1mm　　D. 6mm ± 1mm

17. 水泥抗折强度以一组三个试件抗折结果的平均值为试验结果。当三个强度中有超出平均值(　)的，应剔除后再取平均值作为抗折强度试验结果。

A. ±5%　　B. ±10%

C. ±15%　　D. ±20%

18. 坍落度试验适用于公称最大粒径不大于 31.5mm，坍落度不小于(　)mm 的混凝土。

A. 5　　B. 10

C. 15　　D. 20

19. 混凝土的强度等级是以立方体抗压强度标准值确定的，其含义即为具有(　)保证率的抗压强度。

A. 85%　　B. 90%

C. 95%　　D. 98%

20. 桥用 C40 的混凝土，经设计配合比为水泥∶水∶砂∶碎石 = 380∶175∶610∶1300，采用相对用量可表示为(　)。

A. 1∶1.61∶3.42；*W*/*C* = 0.46　　B. 1∶0.46∶1.61∶3.42

C. 1∶1.6∶3.4；$W/C=0.46$　　D. 1∶0.5∶1.6∶3.4

21. 沥青25℃条件下针入度试验，要求标准针及附件总质量为（　）。

A. 50g　　B. 100g

C. 150g　　D. 200g

22. 沥青环球法软化点试验，要求加热起始温度为（　）。

A. 0℃　　B. 5℃

C. 10℃　　D. 15℃

23. 气候分区为1-3-2的地区，数字3代表（　）。

A. 高温气候区　　B. 低温气候区

C. 雨量气候区　　D. 温度气候区

24. 工程中常用的（　）是典型的密实—悬浮结构。

A. 沥青混凝土　　B. 沥青碎石

C. 排水沥青碎石　　D. 沥青玛蹄脂碎石

25. 沥青混合料车辙试验的评价指标为（　）。

A. 稳定度　　B. 残留稳定度

C. 动稳定度　　D. 残留强度比

26. 沥青混合料标准马歇尔试件的高度要求为（　）。

A. 63.5mm ±1.3mm　　B. 65.5mm ±1.5mm

C. 95.3mm ±1.3mm　　D. 95.3 ±2.5mm

27. 水泥稳定细粒土基层集中厂拌法施工时，水泥最小剂量为（　）%。

A. 3　　B. 4

C. 5　　D. 6

28. 无机结合料稳定土无侧限抗压强度试验每组试件，对大试件至少需要（　）。

A. 6个　　B. 13个

C. 9个　　D. 15个

29. 钢筋混凝土用热轧带肋钢筋，每批数量不大于（　）t，取一组试样进行钢筋试验。

A. 30　　B. 50

C. 60　　D. 100

30. 能反映钢筋内部组织缺陷，同时又能反映其塑性的试验是（　）。

A. 拉伸试验　　B. 冷弯试验

C. 冲击试验　　D. 疲劳试验

二、判断题

（总共30道题，每题1分，共计30分）

1. 土的总应力等于有效应力与孔隙水压力之和。（　）

2. 做土的有机质含量试验时，溶液由橙黄色经蓝绿色突变为橙红色时即为终点。（　）

3. 击实试验选取试样中干密度最大者作为最大干密度。（　）

4. 固结试验不能测出土的先期固结压力。（　）

5. 承载板法测回弹模量适用于不同湿度和密度的细粒土。( )

6. 相对密度是砂紧密程度的指标。( )

7. 变水头渗透试验适用于黏质土。( )

8. 土的级配曲线采用半对数坐标,其优点是能将粒径很小的土颗粒含量清楚地表达出来。( )

9. CBR 试验制备不同干密度试件,是通过改变每层击数实现的。( )

10. 土工织物厚度是在无任何压力条件下,正反两面之间的距离。( )

11. 道路建筑用石料按饱水抗压强度和磨耗率两项力学指标划分为 4 个等级,从 1 级到 4 级,表示强度从弱逐渐到强。( )

12. 在同批粗集料料堆上取料时,应先铲除堆角处无代表性的部分,再在料堆的顶部和底部取大致相同的若干份试样,组成一组试样。( )

13. 细集料的表观密度试验,以两次平行试验结果的算术平均值作为测定值,如两次结果之差值大于 $0.01g/cm^3$,应重新取样进行试验。( )

14. 粗集料压碎值试验应准确称取试样 3kg,分两层装入圆模,使得试样表面距圆模上口 10mm。( )

15. 沸煮法主要检测水泥中是否含有过量的游离 CaO、游离 MgO 和 SO_3。( )

16. 评价水泥质量时,凡氧化镁、三氧化硫、凝结时间的任一项不符合国家标准规定时,则该水泥为不合格品。( )

17. 水泥抗压强度试验,以一组三个试件得到的 6 个抗压强度算术平均值为试验结果。如 6 个测定值中有一个超出 6 个平均值的 ±15%,舍去该结果,而以剩下 5 个的平均数为结果,如 5 个测定值中再有超过 5 个结果平均数的 ±15%,则该次试验结果作废。( )

18. 对混凝土拌和物流动性大小起决定作用的是用水量的大小。( )

19. 水泥混凝土强度试验中,应始终缓慢匀速加荷,直至试件破坏,记录破坏时的极限荷载。( )

20. 水泥混凝土的凝结时间是通过贯入阻力试验方法测定的。( )

21. DSR 试验测得沥青的复合剪切模量 G^* 和相位角 δ,通过计算 $G^*/\sin\delta$ 和 $G^*.\sin\delta$ 可以评价沥青的弹、黏性,并确定沥青性能 PG 分级等级。( )

22. 对于最大粒径大于 13.2mm 的集料应采用水浸法试验评价沥青与集料的黏附性。( )

23. 测定沥青环球软化点,要求起始温度为 5℃ ±0.5℃,杯中水温在 5min 内调节至升温速度维持在 5℃/min ±0.5℃/min。( )

24. 我国现行密级配沥青混凝土马歇尔试验技术标准中,控制高温稳定性的指标有稳定度和流值。( )

25. 沥青混合料残留稳定度指标是指试件浸水 7d 后的稳定度。( )

26. 对同一沥青混合料或同一路段路面,车辙试验应至少平行试验 3 个试件。当 3 个试件动稳定度变异系数≤20% 时,取其平均值作为试验结果;变异系数 >20% 时应分析原因,并追加试验。如计算动稳定度值大于 6000 次/mm,记作 >6000 次/mm。( )

27. 水泥稳定土可以采用普通水泥、矿渣水泥、火山灰水泥,但宜选用终凝时间在 6h 以上的水泥,快硬水泥、早强水泥以及已受潮变质的水泥不应使用。( )

28. 无机结合料无侧限抗压强度试件养生期间，对试件质量损失所作规定为：小试件不得超过2g，中试件不得超过5g，大试件不得超过10g。（ ）

29. 钢材的牌号是按其抗拉强度值划分的。（ ）

30. 钢材拉伸与冷弯试验，一般在室温10～35℃范围内进行。对温度要求严格的试验，试验温度应为(23±5)℃。（ ）

三、多项选择题

（总共20道题，每题2分，共计40分；每道题有2个或2个以上正确答案，选项全部正确得满分，选项部分正确按比例得分，出现错误选项该题不得分。）

1. 关于土的击实特性，说法正确的是（ ）。
   A. 增大击实功可提高干密度
   B. 粗颗粒含量增多，最大干密度增大
   C. 土处于最佳含水率时压实效果最好
   D. 粗颗粒含量增多，最大干密度减小

2. 下列关于土的CBR值试验，说法错误的是（ ）。
   A. 应先通过试验求得试料的最大干密度与最佳含水率
   B. 所有试件均按最佳含水率制备
   C. 制备好试件后，应泡水2昼夜
   D. 将泡水终了的试件进行贯入试验

3. 关于土的固结状态，说法正确的是（ ）。
   A. 超固结状态是指天然土层历史上受到过的固结压力大于现在的上覆压力
   B. 正常固结状态是指天然土层历史上受到过的固结压力等于现在的上覆压力
   C. 欠固结状态是指天然土层历史上受到过的固结压力大于现在的上覆压力
   D. 超固结状态是指天然土层历史上受到过的固结压力小于现在的上覆压力

4. 关于土的压缩性指标，下列说法正确的是（ ）。
   A. 压缩系数a是反映土压缩性高低的指标
   B. 压缩模量是反映土抵抗压缩变形能力的指标
   C. 压缩系数a越大，土的压缩性越低
   D. 工程上常用a_{1-2}反映土的压缩性高低

5. 关于土的无侧限抗压强度，说法正确的是（ ）。
   A. 土体无侧向压力
   B. 无侧限抗压强度是土抵抗轴向压力的极限强度
   C. 土的侧向受挤压
   D. 以最大轴向应力作为无侧限抗压强度

6. 下列哪些土工材料适合用宽条拉伸试验方法测其拉伸性能？（ ）
   A. 土工格栅　　B. 土工织物
   C. 土工膜　　D. 复合土工织物

7. 下列关于级配指标的描述，正确的是（ ）。

A. 不均匀系数越大,土越不均匀

B. 曲率系数越大,土越均匀

C. 级配良好的土一定是均匀土

D. 当 $C_u \geqslant 5$ 且 $C_C = 1 \sim 3$ 同时满足时,土为级配良好

8. 路用石料的强度等级是依据( )指标划分的。

A. 抗压强度　　B. 压碎值

C. 磨耗率　　D. 磨光值

9. 细集料级配参数指( )。

A. 细度模数　　B. 分计筛余百分率

C. 累计筛余百分率　　D. 通过百分率

10. 集料试验取样量的多少取决于( )。

A. 最大粒径　　B. 公称最大粒径

C. 试验项目　　D. 试验频数

11. 水泥细度的表征指标可采用( )。

A. 80μm 方孔筛的筛余百分率　　B. 45μm 方孔筛的筛余百分率

C. 细度模数　　D. 比表面积

12. 根据 3d 强度,水泥可以分为( )类型。

A. 早强型　　B. 低热型

C. 专用型　　D. 普通型

13. 测得混凝土坍落度值后,应进一步观察黏聚性。具体做法是用捣棒轻轻敲击拌和物,若混凝土试体出现( ),说明混凝土黏聚性差。

A. 突然折断　　B. 崩解、石子散落

C. 底部明显有水流出　　D. 表面泌水

14. 确定混凝土配合比的 3 个基本参数是( )。

A. 水灰比　　B. 砂率

C. 单位用水量　　D. 单位水泥用量

15. 沥青针入度作为条件黏度,在测定时采用了( )的规定条件。

A. 温度　　B. 标准针质量

C. 贯入时间　　D. 沥青试样深度

16. 采用旋转薄膜烘箱加热试验评价沥青的抗老化能力的指标有( )。

A. 质量变化　　B. 残留针入度比

C. 残留 10℃ 延度　　D. 残留 15℃ 延度

17. 沥青混合料马歇尔试验可以测定( )指标。

A. 稳定度　　B. 流值

C. 动稳定度　　D. 马歇尔模数

18. 测定沥青混合料的物理力学性质,可采取( )方法成型试件。

A. 击实　　B. 轮碾

C. SGC　　D. GTM

19. 石灰工业废渣稳定土施工前,应取有代表性的样品进行下列试验(　)。

A. 石料压碎值试验　　B. 土的颗粒分析

C. 石灰有效钙镁含量　　D. 碎石含泥量试验

20. 表示钢筋拉伸性能的指标有(　)。

A. 屈服强度　　B. 抗拉强度

C. 伸长率　　D. 断面收缩率

四、综合题 根据所列资料,以选择题的形式(单选或多选)选出正确的选项。(总共5道题,每题10分,共计50分。每小题2分,选项全部正确得分,出现漏选或错误选项均不得分。)

1. 某试验室测定两种不同土的界限含水率,试验结果如下:第1种土液限 $w_L = 60\%$,塑性指数 $I_p = 30$;第2种土液限 $w_L = 40\%$,塑性指数 $I_p = 15$。

根据以上试验数据,回答有关土的界限含水率问题:

(1)第1种土的塑性指数高于第2种土,说明(　)。

A. 第1种土含黏粒多于第2种土,可塑性比第2种土高。

B. 第1种土含黏粒多于第2种土,可塑性比第2种土低

C. 第1种土含砂粒多于第2种土,可塑性比第2种土低

D. 第1种土含黏粒少于第2种土,可塑性比第2种土低

(2)采用液塑限联合测定法,下列说法正确的是(　)。

A. 锥重76g,锥入深度为17mm时所对应的含水率为液限

B. 锥重100g,锥入深度为20mm时所对应的含水率为液限

C. 锥重76g,锥入深度为2mm时所对应的含水率为塑限

D. 锥重100g,锥入深度为5mm时所对应的含水率为塑限

(3)含水率接近塑限的土样,土的密实度对锥入深度的影响,下列选项描述正确的是(　)。

A. 无影响　　B. 土越密实,锥入深度越大

C. 土越密实,锥入深度越小　　D. 以上说法均不正确

(4)土的含水率略高于塑限时,塑性指数越高的土搓成的土条(　)。

A. 越细　　B. 越长

C. 越粗　　D. 越短

(5)黏质土的含水率与体积之间的关系,下列(　)选项正确。

A. 随着含水率的降低,土体积不断减小,直至含水率为0,体积减至最小

B. 随着含水率的降低,土体积不断减小,直至含水率为缩限,体积不再减小

C. 随着含水率的降低,土体积不变。

D. 以上情况均有可能

2. 针对检测细集料中含泥量及泥块含量的有关试验,回答下列问题:

(1)测定砂中含泥量,可以采用下列(　)试验方法。

A. 筛洗法　　B. 沉降法

C. 亚甲蓝试验　　　　　　　　　　　D. 砂当量试验

(2)细集料的砂当量和亚甲蓝值的区别在于(　　)。

A. 砂当量和亚甲蓝值均用以评定细集料的洁净程度

B. 砂当量适用于测定细集料中所含的黏性土或杂质的含量

C. 亚甲蓝值适用于确定细集料中是否存在膨胀性黏土矿物

D. 亚甲蓝试验适用于粒径小于2.36mm或0.15mm的细集料,不适用于矿粉

(3)砂当量试验时,测得砂的含水率为1.5%,则应称取(　　)湿砂进行试验。

A. 101.5g　　　　　　　　　　　B. 121.8g

C. 138g　　　　　　　　　　　　D. 120g

(4)砂当量的试验步骤中,下列说法正确的有(　　)。

A. 将湿砂样用漏斗仔细地倒入加有冲洗液(试筒100mm刻度处)的竖立试筒中,除去气泡,润湿试样,然后放置10min

B. 开动机械振荡器,在30s±1s的时间内振荡90次

C. 将冲洗管直接插入试筒底部,慢慢转动冲洗管并匀速缓慢提高,直至溶液达到380mm刻度线为止

D. 缓慢匀速向上拔出冲洗管,使液面保持在380mm刻度线处,在无扰动的情况下静置20min±15s

(5)关于砂当量值,正确的说法有(　　)。

A. 砂当量值 $SE=\frac{h_2}{h_1}\times 100$,以百分率计,用整数表示

B. 砂当量值越小,表明砂越洁净

C. h_1 为试筒中絮凝物和沉淀物的总高度

D. h_2 为试筒中目测集料沉淀物的高度

3. 某工地试验室对其道路工程选用的沥青进行性能检测,其实测结果和真实值列于下表:

技术指标		实测结果	真实值
针入度(25℃)(0.1mm)		78	85
软化点(℃)		50	45
延度(15℃)(cm)		三个平行结果:90,105,103	>100
薄膜烘箱试验	质量变化(%)	-1.1	—
	针入度比(%)	85	—

结合表中数据,回答下列有关沥青性能方面的问题:

(1)根据针入度检测结果,描述正确的选项是(　　)。

A. 该沥青属于90号沥青

B. 实测结果与真实结果相差的原因在于检测室温度偏低或针贯入时间偏长造成

C. 如以实测结果确定的标号作为沥青选择的依据,配制的沥青混合料有可能引起高温稳定性不良的问题

D. 按照实测结果所表示的沥青黏稠度要大于实际沥青的黏稠度

(2)根据软化点检测结果,描述正确的选项是(　　)。

A. 造成软化点试验结果与真实值的偏差可能在于试验过程中升温速率偏高

B. 软化点不仅表示沥青在加热时的稳定性,还与沥青的黏稠性有关

C. 如果软化点超出100℃,则试验时杯中应采用甘油进行加热,同时升温起点温度从32℃开始

D. 软化点高,将有利于沥青混合料的高温稳定性

(3)根据延度试验结果,延度结果应表示为(　　)。

A. 99cm　　B. 104cm

C. >100cm　　D. 均有可能

(4)针对薄膜烘箱试验,认为(　　)。

A. 薄膜烘箱试验即可评价沥青的高温稳定性,也可评价沥青的抗老化性

B. 根据试验得到的质量变化率,认为该沥青具有较好的抗老化性

C. 薄膜烘箱试验结果中质量变化可负可正

D. 针入度比结果意味着经过薄膜烘箱试验,沥青的针入度降低

(5)对上述四项指标,表述正确的是(　　)。

A. 在我国,南方地区采用的沥青标号要比北方地区低一些

B. 软化点加热升温速率要控制在5℃±0.5℃的范围,如超出该范围,试验结果将会偏高

C. 沥青高低温性能与延度值大小有关

D. 薄膜烘箱试验可用旋转薄膜烘箱代替

4. 请回答实验室测定沥青混合料马歇尔试件的毛体积密度的相关问题。

(1)关于采用哪种方法测定沥青混合料的毛体积密度,说法正确的是(　　)。

A. 表干法与水中重法原理相同

B. 试验测得沥青混合料马歇尔试件的吸水率为1.5%,应采用表干法

C. 采用表干法的适用条件为沥青混合料马歇尔试件的吸水率小于0.5%

D. 当沥青混合料马歇尔试件的吸水率大于2%时,应采用蜡封法或体积法

(2)沥青混合料毛体积密度的试验步骤如下,顺序正确的是(　　)。

①对从工程现场钻取的非干燥试件,可先称取水中质量和表干质量,然后用电风扇将试件吹干至恒重,再称取在空气中的质量。

②除去试件表面的浮粒,称取干燥试件在空气中的质量。

③选择适宜的浸水天平(或电子秤),最大称量应满足试件质量的要求。

④将溢流水箱水温保持在25℃±0.5℃。挂上网篮,浸入溢流水箱的水中,调节水位,将天平调平并复零,把试件置于网篮中(注意不要使水晃动),浸水约3~5min,称取水中质量。

⑤结果计算。

⑥从水中取出试件,用洁净柔软的拧干湿毛巾轻轻擦去试件的表面水(不得吸走空隙内的水),称取试件的表干质量。

A. ①②③④⑥⑤　　B. ③②④⑥①⑤

C. ③①②⑥④⑤　　D. ①③②⑥④⑤

(3)沥青混合料的毛体积密度试验,应注意( )。

A. 选择浸水天平或电子天平,当最大称量在3kg以下时,感量不大于0.1g;当最大称量在3kg以上时,感量不大于0.5g。因此,称量试件质量应根据天平的感量读数,准确至0.1g或0.5g

B. 对从路上钻取的非干燥试件,用电风扇将其吹干至恒重的时间一般不少于12h;当不需要进行其他试验时,也可用60℃ ±5℃的烘箱烘干至恒重

C. 称取试件的水中质量时,若天平读数持续变化,不能很快达到稳定时,应延长试件吸水稳定的时间

D. 称取试件的表干质量,要求从试件拿出水面到用擦拭结束不宜超过5s,且应擦去称量过程中流出的水

(4)关于结果计算,下列( )选项正确。

A. 试件的毛体积密度$\rho_f = \dfrac{m_a}{m_f - m_w}\rho_w$,式中$\rho_w$为常温水的密度,取1g/cm^3

B. 试件的毛体积相对密度与毛体积密度可以相互换算,$\rho_f = \gamma_f \cdot \rho_w$

C. 毛体积相对密度与毛体积密度的计算结果,均取3位小数。

D. 试件的吸水率,按公式$S_a = \dfrac{m_f - m_a}{m_f - m_w} \times 100$计算,取1位小数,以百分率(%)计

(5)关于测定沥青混合料试件的毛体积密度,( )说法合理。

A. 表干法可测定密级配沥青混凝土(AC)、沥青玛蹄脂碎石混合料(SMA)、沥青稳定碎石(ATB)等吸水率不大的沥青混合料试件的毛体积密度

B. 沥青混合料的毛体积密度与油石比按抛物线的规律变化

C. 已知沥青混合料的毛体积密度、理论最大密度,可以计算其各项体积参数

D. 沥青混合料试件的空隙率,可按公式$VV = \left(1 - \dfrac{\gamma_f}{\gamma_t}\right) \times 100\%$计算,精确至0.1%

5. 某试验室按质量法进行混凝土的配合比设计。混凝土设计强度等级为C40,强度标准差为4.5MPa,设计坍落度为30~50mm。选用42.5硅酸盐水泥,富裕系数$\gamma_c = 1.16$;中砂;石灰岩碎石,最大粒径为20mm。混凝土的假定密度采用2450kg/m^3,碎石的回归系数$\alpha_a = 0.53$,$\alpha_b = 0.20$,砂率取用32%,单位用水量选用190kg。该混凝土工程处于一般环境,要求最大水灰比限定值为0.60,最小水泥用量限定值为280kg/m^3。

(1)计算初步配合比,下列正确的结论为( )。

A. 水泥实际强度为49.3MPa;混凝土的配制强度为47.4MPa

B. 水泥实际强度为42.5MPa;混凝土的配制强度为44.5MPa

C. $W/C = 0.50$;初步配合比为水泥∶水∶砂∶碎石 = 380∶190∶602∶1279

D. $W/C = 0.46$;初步配合比为水泥∶水∶砂∶碎石 = 413∶190∶591∶1256

(2)试拌初步配合比,实测坍落度为25mm。确定混凝土基准配合比的正确说法是( )。

A. 可采取增加水泥浆的措施提高坍落度

B. 可采用机械强制搅拌的措施提高坍落度

C. 若增加普通减水剂,减水率10%,掺量0.2%,则基准配合比为水泥∶水∶砂∶碎石 =

380∶190∶602∶1279

D. 若增加普通减水剂，减水率10%，掺量0.2%，则基准配合比为水泥∶水∶砂∶碎石 = 413∶171∶597∶1269

（3）试拌基准配合比检验强度满足要求，且混凝土拌和物的实测密度为2416kg/m^3，则下列正确的说法是（　）。

A. 混凝土的计算密度为2451kg/m^3

B. 因混凝土的实测密度与计算密度的相对误差较小，无需进行密度校正

C. 试验室配合比为水泥∶水∶砂∶碎石 = 380∶190∶602∶1279

D. 试验室配合比为水泥∶水∶砂∶碎石 = 413∶171∶597∶1269

（4）实测施工现场砂的含水率为2.5%，碎石的含水率为1.5%，混凝土施工配合比为（　）。

A. 水泥∶水∶砂∶碎石 = 380∶156∶617∶1298

B. 水泥∶水∶砂∶碎石 = 380∶136∶623∶1311

C. 水泥∶水∶砂∶碎石 = 413∶137∶612∶1288

D. 水泥∶水∶砂∶碎石 = 413∶130∶610∶1275

（5）若用小型搅拌机拌制混凝土，容量为0.4m^3（出料）。每次投入2袋水泥（50kg/袋），则各材料的投入量为（　）。

A. 水泥 = 152kg

B. 水泥 = 100kg

C. 水 = 50kg，砂 = 158kg，碎石 = 337kg

D. 水 = 41kg，砂 = 162kg，碎石 = 342kg

模拟试题(三)

一、单项选择题 (总共30道题,每题1分,共计30分)

1. 土的塑性指数表达式为( )。

A. $I_p = w_l - w_p$ B. $I_p = w_p - w_l$

C. $I_p = \frac{w - w_p}{w_l - w_p}$ D. $I_p = \frac{w - w_l}{w_l - w_p}$

2. 筛分法与沉降分析法的分界粒径是( )。

A. 2mm B. 0.074mm

C. 0.5mm D. 5mm

3. ( )指标用于判断土层的天然固结状态。

A. 固结系数 B. 先期固结压力

C. 压缩模量 D. 压缩指数

4. 回弹模量测定时,每级荷载下的回弹变形值=( )。

A. 加载读数-卸载读数 B. 加载后读数-加载前读数

C. 卸载后读数-卸载前读数 D. 累计卸载后读数-卸载前读数

5. 反映土中水充满孔隙程度的指标为( )。

A. 含水率 B. 孔隙比

C. 饱和度 D. 孔隙率

6. 液塑限联合测定试验,由 h_p 在 h-w 图上的两条直线上查得两个含水率,其数值分别为8%与12%,则该土的塑限为( )。

A. 10% B. 8%

C. 12% D. 试验作废

7. 反映级配曲线上土粒分布范围的指标为( )。

A. 曲率系数 B. 不均匀系数

C. 塑性指数 D. 粒径

8. 测定含石膏土和有机质土的含水率,下列( )的烘箱控制温度可以采用。

A. 105℃ B. 100℃

C. 70℃ D. 65℃

9. 土工合成材料的常规厚度是指在( )压力下的试样厚度。

A. 2kPa B. 10kPa

C. 20kPa D. 100kPa

10. ( )指标表征土工织物的孔径特征。

A. 孔径 B. 渗透系数

C. 有效孔径　　　　D. 通过率

11. 石料抗压强度试验，施加在饱水石料试件上的应力速率应控制在(　)MPa/s 内。

A. 0.1 ~ 0.5　　　　B. 0.5 ~ 0.8

C. 0.5 ~ 1.0　　　　D. 1.0 ~ 1.3

12. (　)为石料的力学性质试验。

A. 抗压强度试验　　　　B. 坚固性试验

C. 抗冻性试验　　　　D. 压碎值试验

13. 桥梁工程用石料抗压强度试验的标准试件采用边长为(　)mm 的正立方体试件。

A. 50　　　　B. 70

C. 150　　　　D. 200

14. 集料的公称最大粒径是指(　)。

A. $P = 100\%$ 的筛孔尺寸　　　　B. $P = 90\% \sim 100\%$ 的最小的筛孔尺寸

C. $P = 100\%$ 的最小的筛孔尺寸　　　　D. $A_i > 10\%$ 的最大的筛孔尺寸

15. 粗集料的压碎值试验，压力试验机应按 1kN/s 速度均匀地加荷到(　)kN，并稳荷 5s，然后卸荷。

A. 100　　　　B. 200

C. 300　　　　D. 400

16. 集料几种密度的大小顺序为(　)。

A. 毛体积密度 > 表观密度 > 密度　　　　B. 密度 > 毛体积密度 > 表观密度

C. 密度 > 表观密度 > 毛体积密度　　　　D. 表观密度 > 毛体积密度 > 密度

17. 规准仪法用于测定水泥混凝土用粗集料的哪项指标？(　)

A. <26.5mm 的颗粒含量　　　　B. 级配

C. 坚固性　　　　D. 针、片状颗粒含量

18. 细度模数应采用 0.15 ~ 4.75mm 粒度范围的细集料的(　)参数计算。

A. 筛余质量　　　　B. 分计筛余

C. 累计筛余　　　　D. 通过率

19. 水泥胶砂 3d 强度试验应在(　)时间内进行。

A. 72h ± 30min　　　　B. 72h ± 45min

C. 72h ± 1h　　　　D. 72h ± 3h

20. 下列(　)指标不能反映水泥的细度。

A. 比表面积　　　　B. 总表面积

C. 45μm 方孔筛筛余量　　　　D. 80μm 方孔筛筛余量

21. 塑性混凝土的坍落度范围为(　)。

A 小于 10mm　　　　B. 大于 160mm

C. 100 ~ 150mm　　　　D. 10 ~ 90mm

22. 混凝土经试拌坍落度、黏聚性、保水性均满足设计要求，此时的配合比称作(　)。

A. 初步配合比　　　　B. 实验室配合比

C. 基准配合比　　　　D. 施工配合比

23. 测定混凝土劈裂抗拉强度除用于评价混凝土的受拉抗裂性和与钢筋的黏结力外，还可以用于评价其（ ）。

A. 抗剪切性能　　B. 干缩和温缩裂缝
C. 抗折性能　　D. 抗震性能

24.（ ）指标反映改性沥青的弹性。

A. 针入度指数　　B. 弹性恢复率
C. 延度　　D. 当量软化点

25. 我国道路石油沥青的标号依据（ ）指标划分。

A. 针入度　　B. 软化点
C. 延度　　D. 密度

26. SMA 沥青混合料的配合比设计的关键参数之一是（ ）。

A. ρ_f　　B. ρ_b
C. VCA_{mix}　　D. VCA_{DRC}

27. 沥青混合料标准马歇尔试件的高度要求为（ ）。

A. 63.5mm ± 1.3mm　　B. 65.5mm ± 1.5mm
C. 95.3mm ± 1.3mm　　D. 95.3 ± 2.5mm

28. 无机结合料稳定材料的冻融试验，如试件平均质量损失率超过（ ），即可停止试验。

A. 2%　　B. 3%
C. 5%　　D. 10%

29. 无机结合料稳定材料抗冲刷试验方法，要求水泥稳定类和二灰稳定类标准试件的标准养生龄期分别为（ ）。

A. 7d、28d　　B. 14d、28d
C. 28d、90d　　D. 28d、180d

30. 钢材经时效处理，（ ）指标可以基本恢复。

A. 抗拉强度　　B. 屈服强度
C. 断面收缩率　　D. 弹性模量

二、判断题 （总共 30 道题，每题 1 分，共计 30 分）

1. 搓条法可测出土的塑限。（ ）
2. 直剪实验与三轴实验均可测出土的强度指标。（ ）
3. 酒精燃烧法适用于快速简易测定细粒土（含有机质的土除外）的含水率。（ ）
4. 土的击实试验采用重型击实。（ ）
5. 直剪试验，当剪切过程中测力计百分表无峰值时，剪切至剪切位移达 6mm 时停止。（ ）
6. CBR 试验试件泡水时，水面应高出试件顶面 30cm。（ ）
7. 承载板法适用于不同湿度和密度的细粒土的回弹模量测定。（ ）
8. 土工合成材料的厚度测定方法只适用于复合土工织物。（ ）

9. 土工合成材料的伸长率是对应于最大拉力时的应变量。（　）

10. 水泥比表面积是评价水泥细度的一项指标，单位为 m^2/kg。现行《通用硅酸盐水泥》（GB 175—2007）只规定 P·Ⅰ、P·Ⅱ型硅酸盐水泥的细度采用比表面积指标。（　）

11. 硅酸盐水泥的主要矿物组成为 C_3S、C_2S、C_3A、C_4AF，其中 C_3S 的早期强度低后期强高，C_3A 反应速度快、释热量大，C_2S 体积收缩小，C_4AF 抗化学腐蚀性好。（　）

12. 当水泥混凝土保水性差时，应适当增大砂率予以调整。（　）

13. 水泥混凝土轴心抗压强度试验可以采用 ϕ150mm×300mm 圆柱体或 150mm×150mm×300mm 棱柱体为标准试件，试验方法与立方体抗压强度试验相同。（　）

14. 对于同种混凝土，其立方体抗压强度试验结果高于轴心抗压强度试验结果。（　）

15. 在桥梁混凝土配合比设计中，以抗压强度作为设计指标；而在钢筋混凝土结构设计中，以轴心抗压强度作为设计指标。（　）

16. 砌筑砂浆砌筑石料时，砂浆的强度主要取决于水泥强度和用量。（　）

17. 砌筑砂浆抗压强度等级是以边长为 70.7mm 的正立方体试件在标准养护条件（温度：20℃±3℃。相对湿度：水泥混合料砂浆为 60%～80%，水泥砂浆和微沫砂浆为 90% 以上）下，28d 抗压强度的平均值确定。（　）

18. 沥青的 PI 值越高，沥青对高温的敏感性越低，因此路用沥青应该选择 PI 值高的沥青。（　）

19. 确定制作沥青混合料试件拌和与压实温度的方法，可通过测定沥青黏度，绘制黏温曲线，按规定要求确定适宜的等黏温度。当缺乏沥青黏度测定条件时，也可按规范查表选用，并根据沥青品种和标号作适当调整。对大部分聚合物改性沥青，通常在普通沥青的基础上提高 10～20℃；掺加纤维时再提高 10℃左右。（　）

20. 南方地区铺筑沥青路面与北方地区相比，选择沥青标号要低。（　）

21. 弯曲流度仪法（BBR）测定沥青的弯曲蠕变劲度和 m 值，是一顶评价沥青低温性能非常重要的试验方法。测量的沥青弯曲蠕变范围为 20～1000MPa。（　）

22. SMA 与 OGFC 混合料具有相同的特点。（　）

23. 液体石油沥青宜采用针入度较大的石油沥青，使用前按先加热沥青后加稀释剂的顺序，掺配煤油或柴油，经适当搅拌稀释制成。掺配比例根据使用要求由试验确定。（　）

24. 无机结合料稳定材料振动压实试验的目的是确定含水率—干密度曲线，获得最佳含水率和最大干密度。（　）

25. 无机结合料稳定材料标准养护室温度为 20℃±2℃，高温养护室温度为 60℃±1℃，相对湿度均要求在 95% 以上。（　）

26. 固体体积率是表达填隙碎石压实程度的一项指标，相当于填隙碎石的填隙率。（　）

27. 石灰稳定土快速养生试验中，在到达规定养护龄期的最后一天，需要在 60℃±1℃的恒温水槽中浸水。（　）

28. 半刚性基层稳定材料的抗冻性是以标准养护 28d 的试件，经 5 次冻融循环后的饱水无侧限抗压强度与冻前饱水无侧限抗压强度之比来评价的。（　）

29. 结构设计中，通常以钢筋屈服强度作为设计计算的取值依据。（　）

30. 钢筋焊接接头弯曲试验的试样长度宜为两支辊内侧距离另加 150mm。（　）

三、多项选择题 (总共20道题,每题2分,共计40分;每道题有2个或2个以上正确答案,选项全部正确得满分,选项部分正确按比例得分,出现错误选项该题不得分。)

1. 直剪试验的方法有( )。

A. 固结快剪　　B. 快剪

C. 慢剪　　D. 固结慢剪

2. 压缩试验可整理出的曲线有( )。

A. e-p 曲线　　B. p-s 曲线

C. e-lg$p$ 曲线　　D. p-τ_f曲线

3. 砂土相对密度试验,目的是求得( )指标,用于计算相对密度。

A. e_{max}　　B. e_{min}

C. e　　D. ρ_d

4. 下列属于土工合成材料物理性能试验的是( )。

A. 厚度试验　　B. 垂直渗透性能试验

C. 拉伸试验　　D. 单位面积质量测定

5. 石料的耐久性试验包括下列( )。

A. 抗压强度试验　　B. 坚固性试验

C. 抗冻性试验　　D. 磨耗性试验

6. 关于细集料亚甲蓝试验,下列说法正确的是( )。

A. 确定细集料中是否存在膨胀性黏土矿物

B. 适用于<2.36mm(或0.15mm)的细集料,也适用于矿粉

C. 当细集料 $P_{0.075}$ <0.3%时,可不进行该项试验,认为合格

D. 亚甲蓝值用MBV表示,该值越小,说明细集料试样越洁净

7. 用于水泥混凝土的砂,应对( )有害杂质有所控制。

A. 泥或泥块　　B. 有机质

C. 轻物质　　D. 三氧化硫

8. 关于细集料砂当量试验,以下( )说法正确。

A. 测定细集料中的黏性土或杂质

B. 测定细集料中<0.075mm颗粒含量

C. 目前沥青混合料用细集料对砂当量指标做了具体要求

D. 砂当量=试筒中集料沉淀物的高度/(试筒中絮凝物+沉淀物)的总高度,以百分率表示

9. 硅酸盐水泥的矿物组成中,( )是强度的主要来源。

A. 硅酸三钙　　B. 硅酸二钙

C. 铝酸三钙　　D. 铁铝酸四钙

10. 某水泥混凝土的设计坍落度为30~50mm,经配合比设计、试拌,测得坍落度为25mm,较佳的调整措施为( )。

A. W/C 不变,增加水泥浆量　　B. 增减单位用水量
C. 减少砂率　　D. 采用减水剂

11. 新拌砂浆的和易性包括(　)方面的要求。
A. 流动性　　B. 可塑性
C. 黏聚性　　D. 保水性

12. 掺外加剂的普通混凝土配合比设计中,下列说法正确的是(　)。
A. 以抗弯拉强度作为主要设计指标
B. 单位用水量计算公式为:$m_{wa}=m_{wo}(1-\beta)$,其中 β 为外加剂的减水率
C. 外加剂掺量计算按单位水泥质量的百分率计
D. 砂石用量按质量法计算

13. 评价沥青混合料水稳定性的试验方法有(　)。
A. 马歇尔试验　　B. 冻融劈裂试验
C. 浸水系数试验　　D. 浸水马歇尔试验

14. SMA 沥青混合料具有(　)特点。
A. 间断密级配　　B. 间断开级配
C. 沥青和矿粉用量较多　　D. 使用机制砂,且用量少

15. 表达改性沥青低温柔韧性的指标有(　)。
A. 脆点　　B. 当量脆点 $T_{1.2}$
C. 5℃延度　　D. 黏韧性

16. 无机结合料稳定材料击实试验,在(　)情况下,选择乙法。
A. 缺乏内径 10cm 的试筒　　B. 与承载比试验结合进行
C. 公称最大粒径为 19mm　　D. 现场试验检验

17. 无机结合料稳定材料养生试验规定(　)。
A. 试件有明显的边角缺损,应作废
B. 质量损失指含水率的减少
C. 质量损失包括由各种不同原因从试件上掉下的混合料
D. 质量损失:小试件≤1g,中试件≤4g,大试件≤10g。否则,应作废

18. 无机结合料稳定材料室内抗压回弹模量试验可采用(　)。
A. 劈裂法　　B. 顶面法
C. 承载板法　　D. 贝克曼梁法

19. 钢筋经冷拉后,可以通过(　)方式进行时效处理。
A. 自然时效　　B. 常温时效
C. 热处理时效　　D. 人工时效

20. 钢筋焊接接头拉伸试样的受试长度取决于(　)因素。
A. 焊接方法　　B. 焊缝长度
C. 夹持长度　　D. 钢筋直径

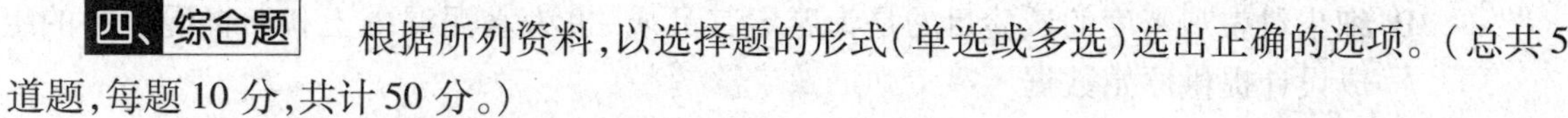

根据所列资料，以选择题的形式（单选或多选）选出正确的选项。（总共5道题，每题10分，共计50分。）

1. 土的直剪试验，其中两组数据为：

竖向压力 σ(kPa)	水平剪应力 τ_f(kPa)
50.0	78.2
100.0	84.2

（1）根据表中数据，土的强度指标为（ ）。

A. $c=72.2\text{kPa}, \varphi=6.84°$　　B. $c=52.2\text{kPa}, \varphi=8.84°$

C. $c=25.2\text{kPa}, \varphi=15.43°$　　D. $c=28.2\text{kPa}, \varphi=9.56°$

（2）影响土的内摩擦角 φ 的因素，下列说法正确的是（ ）。

A. 土的孔隙比越小，φ 值越大

B. 土的孔隙比越大，φ 值越大

C. 土中粗粒越多，形状越不规则，表面越粗糙，φ 值越大

D. 一般情况下，土的密度越大，抗剪强度越高

（3）关于土的压缩系数 a 与压缩模量 E_s 的描述，下面正确的选项是（ ）。

A. 同一种土，压缩系数 a 是变值，随着压力增大，a 减小，E_s 增大

B. 同一种土，压缩系数 a 是定值，随着压力增大，a 与 E_s 均不变

C. 同一种土，压缩系数 a 是变值，随着压力增大，a 增大，E_s 减小

D. 以上说法均有可能发生

（4）直剪试验存在的主要缺点有（ ）。

A. 试验时不能严格控制试样的排水条件，并且不能测量孔隙水压力

B. 剪切面限定在上下盒之间的平面，而不是沿土样最薄弱的剪切面破坏

C. 剪切面上剪应力分布不均匀

D. 剪切面上剪应力分布均匀

（5）关于土的抗剪强度的描述，下列选项正确的是（ ）。

A. 同一种土，不论采用直剪试验的哪种试验方法，所得强度指标相同

B. 同一种土，不同的直剪试验方法，所得强度指标不同

C. 快剪试验近似地模拟了不排水剪切过程

D. 土的抗剪强度与土受力后的排水固结状况有关

2. 关于细集料的表观密度与表观相对密度试验的问题如下：

（1）细集料的表观密度与表观相对密度的含义，解释正确的选项有（ ）。

A. 细集料的表观密度是指其单位表观体积的干质量，也称为视密度

B. 细集料的表观相对密度是指细集料的表观密度与4℃水的密度之比。以方便计算和在工程中的应用

C. 细集料表观密度试验采用标准法（即容量瓶法），测得的表观体积不包括其开口孔

隙体积

D. 细集料表观密度的试验目的是为鉴定其品质，也为水泥混凝土和沥青混合料的组成设计提供原始数据

(2)关于建筑用砂的表观密度试验，对于样品数量与样品处理，正确的说法是(　)。

A. 取砂样缩分至约660g，烘干，冷却，分为大致相等的两份备用

B. 试样应在105℃的干燥箱中烘干至恒量，并在干燥器中冷却至室温

C. 一次试验应称取300g的烘干试样，精确至1g

D. 应一次准备好平行试验所需的试样数量

(3)建筑用砂表观密度试验的要点为(　)。

A. 将称取的试样装入容量瓶，注入自来水至接近500mL刻度处。用手摇转容量瓶，使砂样充分摇动，排除气泡

B. 塞紧瓶塞，静置48h左右，然后用滴管小心加水至容量瓶500mL刻度处

C. 塞紧瓶塞，擦干瓶外水分，称出瓶、砂与水的总质量

D. 倒出瓶中的水和试样，洗净容量瓶，再向瓶中注水至500mL刻度处，塞紧瓶塞，擦干瓶外水分，称出瓶与水的质量

(4)建筑用砂表观密度试验，对试验用水的要求有(　)。

A. 应使用冷开水

B. 使用冷开水与自来水均可

C. 试验中两次注入容量瓶中的水，以及从试样加水静置的最后2h起直至试验结束，其温度相差不应超过2℃

D. 整个试验过程中，水温应控制在15～25℃的范围内

(5)砂的表观密度试验结果如下表，请找出试验结果表达错误之处(　)。

试验次数	砂的质量(g)	砂+瓶+水总质量(g)	瓶+水质量(g)	水温修正系数(水温=22℃)	砂的表观密度(kg/m^3)	
					单个值	平均值
1	300.0	860.6	674.2	0.005	2640	2650
2	300.0	864.3	677.1	0.005	2655	

结论：依据《建设用砂》(GB/T 14684—2011)，该砂的表观密度满足规定要求

A. 质量称量，数据记录的精确度

B. 第2次试验中，计算砂的表观密度单个值的精确度与两次试验平均值的计算值

C. 第1次试验中，计算砂的表观密度单个值的精确度

D. 结论

3. 有关水泥混凝土抗压强度的问题如下，请依题意回答：

(1)关于水泥混凝土试件的养护，下列正确的方法是(　)。

A. 试件成型后应立即用不透水的薄膜覆盖表面

B. 试件拆模前后的标准养护温度均为20℃±5℃，相对湿度为95%

C. 混凝土试件可以在温度为20℃±2℃的不流动的$Ca(OH)_2$饱和溶液中养护

D. 标准养护室内的试件应放在支架上，彼此间隔10～20mm，为使试件表面保持潮

湿,可以采用水直接冲淋

(2)水泥混凝土抗压强度试验,试件受压速度控制正确的是( )。

A. 小于 C30 的混凝土,加荷速度取 0.3 ~ 0.5MPa/s

B. C30 ~ C60 的混凝土,加荷速度取 0.5 ~ 0.8MPa/s

C. 大于 C60 的混凝土,加荷速度取 0.8 ~ 1.0MPa/s

D. 所有混凝土试件均应缓慢同速加荷

(3)一组水泥混凝土试件的抗压强度试验结果如下:极限破坏荷载分别为 860.24kN,722.85kN,670.49kN,抗压强度计算正确的选项是( )。

A. 33.4MPa　　B. 32.1MPa

C. 33.37MPa　　D. 试验结果无效

(4)混凝土抗压强度、抗压强度标准值与强度等级,表述正确的是( )。

A. C30 指混凝土的设计强度为 30MPa

B. 测定一批混凝土试件的抗压强度,计算其抗压强度平均值一定大于其抗压强度标准值

C. 设计一强度等级为 C30 的混凝土,即该混凝土的抗压强度标准值为 30MPa

D. 抗压强度标准值是按数理统计方法计算得出的,即一批混凝土试件中实测抗压强度低于该值的概率应不超过 5%

(5)下列( )描述了混凝土立方体抗压强度与轴心抗压强度之间的关系。

A. 混凝土的立方体抗压强度与轴心抗压强度都是指标准试件单位面积所承受的极限荷载

B. 混凝土立方体抗压强度试验的标准试件较轴心抗压强度的标准试件小,因而抗压强度低于轴心抗压强度

C. 混凝土立方体抗压强度试验因受环箍效应,使得其测定值低于轴心抗压强度

D. 一般,混凝土轴心抗压强度为立方体抗压强度的 0.7 ~ 0.8 倍

4. 用于某高速公路的沥青混合料进行室内车辙试验,该工程处于 1 ~ 2 气候分区。请回答下列问题:

(1)车辙试验结果与技术标准如下表,结果计算正确的选项是( )。

试件编号	时间 t_1(min)	时间 t_2(min)	t_1 时的变形量 d_1(mm)	t_2 时的变形量 d_2(mm)
1	45	60	5.27	6.04
2	45	60	5.14	5.92
3	45	60	5.63	6.37
动稳定度(1 ~ 2 区)		不小于	800 次/mm	

A. 单个值为:818 次/mm,808 次/mm,851 次/mm;试验结果为:818 次/mm

B. 单个值为:818 次/mm,808 次/mm,851 次/mm;试验结果为:826 次/mm

C. 单个值为:654 次/mm,646 次/mm,681 次/mm;试验结果为:660 次/mm

D. 单个值为:654 次/mm,646 次/mm,681 次/mm;试验结果为:681 次/mm

(2)沥青混合料车辙试验的条件为( )。

A. 轮压 0.7MPa,温度 60℃　　B. 轮压 1.0MPa,温度 60℃

C. 轮压 0.7MPa,温度 50℃　　D. 轮压 1.0MPa,温度 30℃

(3)表征沥青混合料抗车辙能力的指标有(　)。

A. 马歇尔稳定度　　B. 残留稳定度

C. 动稳定度　　D. 马歇尔模数

(4)该沥青混合料的抗车辙能力不显著,采取以下(　)措施可加以提高。

A. 选择 20℃常温条件试验　　B. 采用改性沥青

C. 添加抗车辙剂　　D. 设计间断级配

(5)经马歇尔试验测得该沥青混合料的毛体积密度为 2.355g/cm^3,则制备一块车辙试件需要沥青混合料(　)kg。

A. 10.60　　B. 10.92

C. 21.83　　D. 或 A 或 B 或 C

5. 某试验室检测一种沥青的三大性能指标,结果如下表,就该种沥青的试验结果回答以下问题。

序　号	技术指标		
	针入度(25℃)(0.1mm)	延度(15℃)(cm)	软化点(℃)
1	80	114	51.1
2	77	121	51.3
3	76	126	—
试验结果	78	>100	51.2

(1)试验结果处理,下列(　)表述正确。

A. 针入度 3 次平行试验结果极差未超出 4(0.1mm),结果计算与表示正确

B. 延度结果处理与表示均正确

C. 软化点试验结果处理不正确,应准确至 0.5℃

D. 软化点应平行试验 3 次

(2)该沥青适用于(　)气候分区。

A. 1－2　　B. 1－3

C. 2－2　　D. 2－4

(3)有关沥青针入度指数 PI 与针入度—温度感应系数 A,说法正确的是(　)。

A. 该沥青 $A=0.03888$,PI $=0.19$

B. 该沥青 $A=0.03859$,PI $=0.24$

C. A 值越高,表明沥青的高温稳定性越好,但沥青易老化

D. PI 值越高,表明沥青的高温稳定性越好,但沥青易老化

(4)反映沥青感温性的指标有(　)。

A. 软化点　　B. 针入度

C. 针入度—温度感应系数　　D. 针入度指数

(5)关于沥青的技术性能,以下(　)说法正确。

A. 针入度表征沥青的条件黏度,有条件者应测定 60℃ 动力黏度,采用绝对黏度指标真实反应沥青的黏度

B. 根据 PI 值,可以判定该沥青属于溶—凝胶型结构,筑路性能较好

C. 该沥青的 PI 在 -1.5 ~ +1.0 范围内,为 A 级沥青

D. 采用诺模图法确定 PI 值,需测定 3 个或 3 个以上不同温度的针入度,而不需要沥青的软化点

第五部分　模拟试题答案

模拟试题(一)答案

一、单项选择题

1. B　2. B　3. B　4. D　5. A　6. A　7. B　8. A　9. B　10. A
11. A　12. C　13. B　14. D　15. D　16. C　17. A　18. B　19. C　20. C
21. A　22. D　23. A　24. B　25. D　26. B　27. C　28. B　29. A　30. C

二、判断题

1. √　2. √　3. √　4. ×　5. ×　6. √　7. ×　8. ×　9. ×　10. √
11. √　12. ×　13. √　14. √　15. √　16. ×　17. ×　18. ×　19. ×　20. √
21. ×　22. √　23. √　24. ×　25. ×　26. √　27. ×　28. √　29. ×　30. √

三、多项选择题

1. ACD　2. ACD　3. ABC　4. ABD　5. ABC
6. ABC　7. BCD　8. ABC　9. ABD　10. ABCD
11. ABC　12. ABC　13. ACD　14. AC　15. ABC
16. BC　17. AC　18. ABCD　19. BC　20. BD

四、综合题

1. (1)C　(2)A　(3)A　(4)BCD　(5)ABC
2. (1)BC　(2)BCD　(3)ACD　(4)AC　(5)ABCD
3. (1)BD　(2)ABC　(3)ABCD　(4)BD　(5)ABC
4. (1)AD　(2)A　(3)ABC　(4)BC　(5)ACD
5. (1)BCD　(2)B　(3)C　(4)CD　(5)ACD

模拟试题(二)答案

一、单项选择题

1. B　2. B　3. A　4. D　5. A　6. C　7. C　8. B　9. D　10. A

11. A	12. A	13. B	14. A	15. C	16. B	17. B	18. B	19. C	20. A
21. B	22. B	23. B	24. A	25. C	26. A	27. B	28. B	29. C	30. B

二、判断题

1. √	2. √	3. ×	4. ×	5. √	6. √	7. √	8. √	9. √	10. ×
11. ×	12. ×	13. √	14. ×	15. ×	16. ×	17. ×	18. ×	19. ×	20. √
21. √	22. ×	23. ×	24. √	25. ×	26. √	27. √	28. ×	29. ×	30. √

三、多项选择题

1. ABC	2. ABD	3. BCD	4. ABD	5. ABD
6. ABD	7. AD	8. AC	9. BCD	10. BC
11. ABD	12. AD	13. AB	14. ABC	15. ABC
16. ABCD	17. ABD	18. ABCD	19. ABC	20. ABCD

四、综合题

1. (1) A	(2) ABC	(3) C	(4) AB	(5) B
2. (1) ACD	(2) ABC	(3) B	(4) ABD	(5) AC
3. (1) ACD	(2) ABD	(3) A	(4) CD	(5) AD
4. (1) B	(2) B	(3) AB	(4) BCD	(5) ABD
5. (1) AC	(2) ABC	(3) ABC	(4) A	(5) BD

模拟试题(三)答案

一、单项选择题

1. A	2. B	3. B	4. A	5. C	6. D	7. B	8. D	9. A	10. C
11. C	12. A	13. B	14. B	15. B	16. C	17. D	18. C	19. B	20. B
21. D	22. C	23. B	24. B	25. A	26. D	27. A	28. C	29. C	30. D

二、判断题

1. √	2. √	3. √	4. ×	5. √	6. ×	7. √	8. ×	9. √	10. ×
11. ×	12. √	13. √	14. √	15. √	16. ×	17. √	18. ×	19. √	20. √
21. √	22. ×	23. √	24. ×	25. √	26. ×	27. ×	28. ×	29. ×	30. √

三、多项选择题

1. ABC	2. AC	3. ABC	4. AD	5. BC
6. ABCD	7. ABCD	8. ACD	9. AB	10. AD
11. AD	12. BC	13. BCD	14. ACD	15. BC
16. ABC	17. AB	18. BC	19. AD	20. ABD

四、综合题

1. (1) A	(2) ACD	(3) A	(4) ABC	(5) BCD
2. (1) ABCD	(2) AD	(3) CD	(4) ACD	(5) B
3. (1) AC	(2) ABC	(3) A	(4) ACD	(5) AD
4. (1) B	(2) A	(3) CD	(4) BCD	(5) BC
5. (1) ABC	(2) BCD	(3) AD	(4) ACD	(5) ABCD